21世纪 餐饮企业职业经理人
旅游院校餐饮专业 系列教材

餐饮企业市场准入管理

筹划开一家赚钱的餐馆

蔡万坤 郝四平◎编著

北京大学出版社
PEKING UNIVERSITY PRESS

图书在版编目(CIP)数据

餐饮企业市场准入管理:筹划开一家赚钱的餐馆/蔡万坤,郝四平编著.—北京:北京大学出版社,2007.1
(21世纪餐饮企业职业经理人和旅游院校餐饮专业系列教材)
ISBN 978-7-301-08414-4

Ⅰ.餐… Ⅱ.①蔡… ②郝… Ⅲ.饮食业-企业管理:质量管理-中国 Ⅳ.F719.3

中国版本图书馆CIP数据核字(2006)第155229号

书　　　名:餐饮企业市场准入管理——筹划开一家赚钱的餐馆
著作责任者:蔡万坤　郝四平　编著
责 任 编 辑:张静波
标 准 书 号:ISBN 978-7-301-08414-4/F·1009
出 版 发 行:北京大学出版社
地　　　址:北京市海淀区成府路205号　100871
网　　　址:http://www.pup.cn
电　　　话:邮购部62752015　发行部62750672　编辑部62752926
　　　　　　出版部62754962
电 子 邮 箱:em@pup.pku.edu.cn
印　刷　者:北京大学印刷厂
经　销　者:新华书店
　　　　　　730毫米×980毫米　16开本　20印张　346千字
　　　　　　2007年1月第1版　2007年4月第2次印刷
印　　　数:3001—6000册
定　　　价:28.00元

21世纪 餐饮企业职业经理人
旅游院校餐饮专业 系列教材

内容简介

本书以餐饮企业如何筹建开业、成功打入市场、确保获得优良投资效益为中心，以筹备开业过程的工作内容为主线，在阐述优良创意和框架确定、餐厅选址的理论和方法的基础上，系统介绍了各种类型的酒楼饭庄与餐馆建设的可行性研究与方案制定、建设规划、装修改造设计与施工管理、企业形象设计、设备用品配置、厨房餐厅的环境创造、投资预算与资金使用、领导体制和员工队伍打造、工商注册、菜单设计、管理制度和表格设计及开张营业管理的各种方法、技术和案例。本书的特点是理论严谨、方法具体、案例丰富、定性定量分析结合、实用性和可操作性很强，填补了餐饮企业的研究空白。本书可作为高等院校旅游管理专业、餐饮专业的专业教材和各种类型的餐饮企业投资人、股东、总经理等的培训教材和专业工作指导用书。

执行主编简介

蔡万坤　旅游专业资深教授。男,1944 年 6 月出生,四川渠县人,农工党员、中共党员。1968 年毕业于北京第二外国语学院。曾任北京旅游学院学术委员,《旅游学刊》编委、教研室主任,北京市饭店总公司、东方饭店、京丰宾馆顾问,北京立波宾馆总经理,北京中江之旅酒店管理公司(集团)技术总监,自学考试委员会课程委员,北京市旅游局职称评定委员会副主任,商务部国家经理统考专业负责人,北京市旅游战略规划课题组负责人。1980 年起从事旅游教育和科研工作,主要从事旅游战略、旅游经济和旅游管理研究,是中国旅游管理科学研究的开拓者和奠基人。曾完成《北京国际旅游市场战略规划和战略对策》、《北京旅游战略研究方法》等重要课题,获北京市哲学社会科学和政策研究优秀成果一等奖。曾主持国家旅游局研究课题《中国旅游企业管理大全》、《中国旅游服务质量等级管理全书》,并担任主编。负责制定《北京市旅游饭店质量标准》,是国家"十五"规划重点教材、北京市精品教材《餐饮管理》的编著人。曾任《中国旅游饭店业务管理经典全书》、《酒店职业经理丛书》(六本)、《21 世纪餐饮企业职业经理人和旅游院校餐饮专业系列教材》(八本)的主编。出版论文集《旅游经济与管理探索》和二十多本专业书籍。同时,先后在众多饭店总经理、部门经理培训班讲授专业课程和专题讲座,是享誉国内外的著名旅游专家。

总序

《21世纪餐饮企业职业经理人和旅游院校餐饮专业系列教材》是为适应21世纪我国全面实现小康社会和建成中等发达国家、餐饮行业蓬勃发展、职业经理人队伍迅速成长的需要而组织编写的一套教材性质的餐饮管理专业丛书。全套丛书包括《餐饮企业市场准入管理》、《餐饮企业总经理管理》、《餐饮企业人力资源管理》、《餐饮企业市场营销管理》、《餐饮企业行政总厨管理》、《餐饮企业楼面经理管理》、《餐饮企业财务管理与会计核算》、《饭店餐馆业集团化管理》八本。这套丛书的读者对象主要包括两个层面：一是餐饮行业中各种在职的和流动中的餐饮企业投资人、董事长、总经理、主管及部门经理以上的广大人员；二是全国旅游院校、商业院校餐饮专业广大师生，即未来的餐饮职业经理人。正因为如此，本套丛书在北京大学出版社的关心和支持下，在丛书编委会的策划、组织和编写过程中重点考虑了三个问题，遵循了三个思路。

第一，体例安排和内容选择务求反映现代餐饮管理的科学性和先进性。现代餐饮管理已经发展成设施设备先进、消费环境舒适和经营管理复杂的系统工程，餐饮职业经理则是驾驭企业方向、指挥部门业务的领头人和顶梁柱。他们只有破除传统的餐饮经营以经验管理为主的思想束缚，转而采用科学、先进的管理思想和技术，才能适应现代餐饮企业社会化生产管理的需求。为此，本套丛书在选题设计、体例安排、内容选择和提纲编写过程中站在培养餐饮职业经理人、普及专业知识及管理技术的高度，以已经达到现代化水平的高中档饭店宾馆、酒楼饭庄和餐饮集团企业的先进经验为基础，广泛吸收国际餐饮管理和合资企业的经验及科学管理方法来安排全套丛书的体例和内容结构，因而较好地反映了现代餐饮管理的科学性和先进性。全套丛书不仅介绍了从市场准入的企业选址、规划建设、投资筹划到总经理管理、人力资源管理、市场营销直至财务管理、会计核算和集团化管理，而且每一分册的内容都紧紧围绕不同等级的职业经理的工作内容、工作职责、管理技术和操作方法来安排其内容结构，具有科学性、系统性和先进性。

第二，理论研究和业务管理力求反映现代餐饮管理的前瞻性和客观规律。没有理论指导的企业管理是不成熟的管理，脱离实际业务的管理理论是没有实用价值的理论。恩格斯指出："历史从哪里开始，思想进程也应当从哪里开始，而思想进程的进一步发展不过是历史过程在抽象的、理论上前后一贯的形式上的反映；这种反映是经过修正的，然而是按照现实的历史过程本身的规律修正的，这时，每一个要素可以在它完全成熟而具有典型性的发展点上加以考察。"[①]本套丛书正是运用了这种"历史和逻辑相结合"的理论研究方法。从一开始的策划组织、提纲编写、内容选择、体例安排到组织编写、统稿审查、书稿修改都十分注重餐饮管理的历史和逻辑的结合，力求反映现代餐饮管理的客观规律，全套丛书不仅从餐饮企业的市场准入管理、总经理管理、人力资源管理、市场营销管理、行政总厨和楼面经理管理直到餐饮企业集团管理可以自成体系，体现餐饮企业管理的客观规律，而且每一分册都以不同层次、不同岗位的职业经理为对象，坚持以管理理论为指导，以职业经理的工作内容和业务活动为中心，以科学管理技术和方法的运用为主要内容，按照不同岗位的职业经理业务管理的逻辑顺序和实际工作的先后次序来安排内容结构。由此形成了章节内容清晰、概念观点明确、理论概括具有前瞻性、文字简明扼要的科学体系。全套丛书采用实证研究、流程分析、案例佐证和逻辑推演相结合的方法，提出了不同层次的职业管理人员必须掌握的各种餐饮管理的新概念、新思路、新方

① 《马克思恩格斯全集》第2卷，人民出版社1995年版，第43页。

法。这对提高餐饮企业及其职业经理人员的专业素质和管理水平是十分有益的。

第三,管理方法和专业技术充分体现了现代餐饮管理的实用性和可操作性。现代餐饮管理是融合经济学、管理学、市场学、行为科学和财务管理等各种理论的精神实质,以实用性和可操作性为主的一种管理科学。餐饮企业的各级职业经理人员更是每天都在从事实际管理工作。为此,本套丛书和一般教材的主要区别是:每一分册都以特定的餐饮职业经理为对象,以岗位职责和工作任务为中心,以业务管理过程为主线来设计各个章节的内容,而每章每节又通过案例介绍和点评来引入主题,研究职业经理人员的管理方法和技术,因而,全套丛书充分体现了各级职业经理做好现代餐饮管理的必要性和可操作性。所以,我们将这套丛书定位为教材性质的餐饮管理专业丛书。它们既可以作为职业经理人员的专业和案头指导用书,又可以作为餐饮企业职业经理的培训用书和全国旅游院校、商业院校餐饮管理专业的教材使用。

餐饮业是一个古老而新兴的行业。说它古老,是指自从有人类社会交往开始就有了餐饮业,而传统的餐饮管理多以夫妻店、父子店和经验管理为主。说它新兴,是指现代餐饮管理随着社会生产力的迅速发展和人类生活水平的广泛提高,已经发展成设施设备舒适、豪华,消费环境美观、幽雅,产品与服务质量迅速提高,经营管理过程科学、先进而复杂的社会化生产方式。改革开放以来,特别是21世纪初我国人均国民产值超过1 000美元(2003年开始)以来,餐饮行业进入了快速发展时期。到2005年,全国餐饮业的零售总额已突破8 640亿元,比2004年增长1 156亿元,同比增长15.42%,连续15年实现了两位数的高速增长。根据国际发展经验,一个国家或地区的人均国民生产总值达到1 000—3 000美元时,餐饮业将进入快速发展时期;人均国民生产总值达到3 000—8 000美元时,餐饮业将进入社会大发展时期,地区人口平均250—300人就会有一家餐饮企业。随着我国全面建设小康社会与和谐社会宏伟目标的实现,未来5—10年必将迎来我国餐饮业的黄金发展时期,从而迎来餐饮职业经理队伍的大发展。

我们相信本套丛书的出版，对培养、教育餐饮行业职业经理人，规范餐饮行业职业经理的行为，培养、建设和推动餐饮职业经理队伍的发展，必将起到积极的作用。

组织编写《21世纪餐饮企业职业经理人和旅游院校餐饮专业系列教材》是一个复杂的系统工程。整套丛书涉及范围广泛，专业知识全面系统，科学性、专业性、实用性和可操作性很强。本套丛书虽然采取了由有长期实践经验的餐饮管理专家、教授和实际工作者相结合的编写方式，但由于我们经验不足、时间紧迫，缺点、错误在所难免，欢迎广大读者批评指正。

《21世纪餐饮企业职业经理人和旅游院校餐饮专业系列教材》编委会

2006年3月

前言

《餐饮企业市场准入管理——筹划开一家赚钱的餐馆》是研究怎样做好酒楼、餐馆、饭庄等企业的规划建设、装修改造、开业筹划而使之成功打入市场的一部创新性著作。餐饮企业市场准入管理直接决定企业选址、市场定位、企业等级、规模大小、餐厅主题与风格、消费环境、厨房生产条件和前期投入等一系列根本性问题，是企业赖以存在和发展的前提和基础。所以，本书是《21世纪餐饮企业职业经理人和旅游院校餐饮专业系列教材》的开篇之作。它的读者对象主要包括两个层面：一是餐饮企业现实和潜在的投资人、决策人，从事规划建设的管理人员和在职的总经理、副总经理和部门经理等职业经理人员；二是全国旅游院校、商业院校餐饮专业广大师生，即未来的餐饮职业经理人。正因为如此，本书根据《21世纪餐饮企业职业经理人和旅游院校餐饮专业系列教材》的整体安排，结合餐饮企业规划建设、租赁改造和开业策划管理的理论研究和教材建设尚处于空白状态的实际情况，在书稿科学体系、内容选择、结构安排上进行了比较深入的探讨，重点考虑了三个方面，由此形成了本书理论研究的创新性特色。

1. 探索餐饮企业市场准入的科学化和规范化管理的科学体系，填补餐饮行业管理的研究空白

餐饮企业的市场准入管理是以投资人和经营者的优良创意和目标确定为起点，以企业开张营业、成功进入市场为归宿的一个十分复杂的过程。对这一过程的管理需要大量规划创意、科学选址、可行性研究、投资决策、规划建设、装修改造、开业策划、队伍组建等各种专业知识和科学方法。但是长期以来，我国餐饮行业以经验型管理为主。近年来，虽出版过少量餐饮管理的书籍，但主要是针对企业建成后的经营管理来论述的。专门研究

餐饮企业市场准入管理的书籍极少。理论研究严重滞后是不言而喻的。正因为如此，在我国餐饮企业的投资决策和规划建设中，盲目投资、拍脑门决策、缺乏科学指导、造成资源浪费、先天硬伤、市场准入失败而很快转让脱手等现象广泛存在。为此，本书以探索建立餐饮企业市场准入的科学化和规范化管理的科学体系为己任。全书站在餐饮企业投资人或投资主体，即董事长及总经理的高度，将餐饮企业市场准入管理的全局性工作分为创意目标确定、选址抢占先机、硬件规划建设、优良环境创造、资金筹措使用、设备用品配置、营销形象策划、企业团队组建、扬帆远航准备和搏击风浪任我行等十个专题，并以此为基础来设计全书的章节内容和结构体系，而每章每节的论述都力求内容科学、管理规范、重点突出、逻辑清晰。理论概括和观点表述力求准确、好记，绝不允许那种隔靴挠痒、不着边际的观点和文字表述现象存在，从而形成了餐饮企业市场准入管理的科学化和规范化学科体系。应该说，这是一个有益的探索和良好的开端，填补了餐饮管理的一个研究空白。

2. 理论创新和实际操作紧密结合，务求反映餐饮企业市场准入管理的客观规律

餐饮企业市场准入管理的特点是：涉及的知识范围广泛，知识内容繁杂，具体工作零星琐碎，容易杂乱无章。这也是长期以来，餐饮企业开业策划中广泛存在的问题。本书站在餐饮企业投资人和总经理的高度，将市场准入管理过程的各项工作大致分为规划创意的科学决策、规划建设的科学管理、开业准备打入市场等三个方面，形成以优良创意和目标确定为起点，以开张营业打入市场为归宿的十个专题，较好地反映出餐饮企业市场准入管理中各项专业知识和工作内容的内在联系和客观规律，为餐饮企业的投资人和管理人员提供了清晰的思路和理论依据。全书各章节和各专题的论述十分重视理论观点的创新性和实际操作的紧密结合，如优良创意和目标确定，餐厅选址和可行性研究的区位市场和点位市场，租赁经营的房产运作，餐饮企业的店名设计、形象设计和营销亮点打造，核心团队缔造和人员配备与招聘管理等都有不少创新的原理、概念、原则和方法，充分体现了与实际操作的紧密结合。所以，本书是以有志于投资餐饮行业和企业管理的高中层职业经理为读者对象的一部创新性著作。

3. 力求总结正反两方面的经验教育，将市场定位准确、资金投入合理并成功打入市场作为全书研究餐饮市场准入管理的最高宗旨和指导原则

餐饮企业市场准入管理的目的是要用合理的资金投入打造出市场定位准确、等级规模适当、环境美观幽雅、人员制度健全、管理科学合理、能够成功打入市场的现代餐厅、酒楼、饭庄。但在实际工作中,达成这一目标是一个十分复杂的过程,不少投资人因为没有理论指导而盲目投资、盲目建设,从而导致资金投入过大、企业先天不足、市场定位不准,难以成功打入市场。为此,本书站在餐饮企业投资人和投资主体的角度,以规划建设、装修改造、开业筹划、成功进入餐饮市场的酒楼、饭庄等企业的先进经验为基础,始终贯彻市场定位准确、资金投入合理、成功打入市场的指导原则,广泛吸收餐饮企业市场准入管理中正反两方面的经验教训来安排全书内容。全书每章每节都用案例来引入专题内容,逐一探讨餐饮企业市场准入管理中的各种理论方法和技术,从而为餐饮企业的投资人和开业策划的管理人员提供所需的各种专业知识和管理方法与技术,较好地为餐饮企业的职业经理人员筹划创建餐饮企业,并成功进入市场提供了科学的专业指导。

目前,以餐饮企业职业经理为读者对象,以市场准入管理为内容的餐饮管理专业书籍和教材极少。本书虽然在学科体系和章节内容的科学性、条理性、市场准入管理方法和技术的运用等方面做了一些有益的探讨,但由于作者水平有限,时间紧迫,缺点、错误在所难免,欢迎广大读者批评指正。本书案例主要根据作者和编委会成员的亲身实践和调查资料编写,除在案例中注明出处外,案例内容和企业名称若有雷同或重名,纯属偶然,特此声明。本书由北京联合大学旅游学院旅游管理专业资深教授蔡万坤根据长期从事饭店和餐饮管理教学,亲自参与十多家酒楼、饭庄前期策划、可行性研究的经验和大量调研资料,编写出提纲,征求多方意见。然后,按照《21世纪餐饮企业职业经理人和旅游院校餐饮专业系列教材》整体结构的要求编写。参与本书提纲研究、前期准备的还有郝四平、靳星、刘胜玉、刘宝民、石美玉、蔡华莹等同志,其中郝四平编写了第九章第一节,在此一并表示感谢。

编者

2006年3月

目　录

第一章
优良创意和目标确定
——餐饮企业市场准入的前提和基础

1

第一节　餐饮企业市场准入管理的特点、任务和重要作用

案例

天宏大酒楼投资人的苦恼

王继兵先生是天宏大酒楼的董事长兼总经理。近一段时间以来，王先生的心情有些烦躁。他一边忙于指挥自己的服装生意，一边督导副总经理尽快扭转天宏大酒楼日渐清淡的餐饮业务，他已下定决心将天宏大酒楼尽快转让出去。酒楼门前的转让告示已贴出十多天，当地晚报也已连续十天登出了转让广告说明。虽然已经接到几个电话，有三家单位前来考察和接洽，但都没有下文。王先生看到酒楼的生意越来越清淡，员工的人心已有些涣散。服装生意所赚的部分利润在不断被天宏大酒楼所吞噬，再不赶快转让，后果不堪设想，所以他感到十分苦恼。

一年前，王先生以经营良好的服装生意为资金后盾，在A市二级商业中心大街后面一条胡同内50米远的办公楼一层租了一处房产，租期3年。因为最好的位置房产太贵，经多方考察，找朋友帮忙，才选了现在的位置。酒楼建筑面积520平方米，厨房与库房面积200平方米，餐厅、过道与办公面积300平方米。同时，拥有2个包间，总餐位超过120个。酒楼装修选择了中等偏上水平，与当地几家较有名的餐馆基本雷同。设备用品都是新购置的，整齐、干净、适用，但室内环境似乎缺点新的创意。酒楼装修花了近78万元，餐厅、厨房设备用品购置花了近36万元，房屋装修期间的租金每月23 000元，3个月装修期已付出6.9万元。开业后房租每月合同价4.85万元（半年一付），已付出近29万元。此外，装修改造期间的各种手续办理、关系疏通、公关宣传等

费用已经花去了近10万元。王先生算了一笔账，若按1.5年收回全部投资，每天的固定支出需要6 000元，加上原料成本、人工费用和水电费等支出，酒楼每天的营业额必须达到9 500元以上。但目前日营业额只有5 000元左右，并且处于下降趋势。王先生已想了不少办法，但由于酒楼位置不理想，门前没有停车场，室内装修主题不清、缺少个性，菜品质量、特色不足，若想彻底扭转这种被动局面，必须加大投入，高价重组厨房生产和管理团队。所谓隔行如隔山，王先生实在感到有点力不从心。如果继续加大投入，扭转被动局面，他感到风险可能更大，所以他很苦恼，决心尽快将天宏大酒楼转让出去。

点评

天宏大酒楼给投资人王先生带来的苦恼，其原因是多方面的。这里既有餐饮企业的投资选址、市场定位、开办创意、可行性研究、餐厅主题和目标市场相互适应等方面的问题，又有开业策划、餐饮企业管理、厨房生产、菜品质量等方面的问题，最终都通过企业的财务收支表现出来，它充分说明现代餐饮企业投资策划和市场准入是一个十分复杂的问题。如果盲目投资，造成先天不足，必然给投资人带来严重的损失，甚至难以转让出手。天宏大酒楼的转让给王先生带来的苦恼，正是我们此书所要研究的问题。请广大读者，特别是有意投资餐饮行业、希望每年从8 000—10 000亿元的餐饮大市场中淘金、获取优良经济效益的投资人同我们一道来看一看，究竟应该怎样筹划开办一家赚钱的餐饮企业。

一、餐饮企业市场准入的概念

市场准入是服务贸易经济学的概念，指在自由贸易、不设壁垒的条件下，创造条件准许企业进入市场。餐饮企业的市场准入则是指企业通过规划建设和开业筹划，在自由竞争、不设壁垒的条件下，打入餐饮市场的一种行为过程。餐饮企业的市场准入有三种表现形式：一是餐饮企业在当地和国内不同地区、不同城市的市场准入；二是外国企业进入我国餐饮市场的市场准入；三是我国企业进入海外餐饮市场的市场准入。本书主要研究和介绍我国餐饮企业在国内市场的市场准入管理的原理和方法，其精神实质和方法措施对餐饮企业其他两种形式的市场准入也完全适用。

认真做好餐饮企业的市场准入管理，保证企业成功进入市场是企业长期开展业务经营活动、赚取优良经济效益的前提和基础，也是餐饮企业防止和避免先天不足、发育不良的重要工作。为此，正确把握餐饮企业市场准入的概念，充分认识其重要作用，需要把握以下三个要点：

（一）以健全的市场法规和游戏规则为基础

餐饮企业的市场准入是以自由贸易、不设壁垒、企业可以自由迁徙为条件的。一个国家、一个地区、一个城市，只有建立市场经济体制，坚持对外开放，建立健全市场法规和游戏规则，才能为企业的自由贸易、自由迁徙和市场准入创造必要的社会经济环境。如果闭关自守、壁垒高筑，没有公平竞争的市场经济法规和游戏规则，企业的市场行为将无法可依，市场争端的处理将无章可循。对餐饮企业而言，人治完全取代法制，也就没有市场准入可言。所谓以健全的市场法规和游戏规则为基础，包括两个方面的含义：一是国家和地区要建立市场经济体制，推行自由贸易法则，鼓励企业自由竞争，同时建立健全各项市场经济的法律法规，如贸易法、合同法、仲裁法、关税法、税收法等，同时准许国内外企业自由流动、迁徙；二是餐饮企业在市场准入和开展业务经营的过程中，必须遵守这些市场法规和游戏规则，不得违法投资、违法建设、违法经营。如果违背和破坏这些法律法规，就应受到处罚而被逐出市场。只有以比较健全的市场法规、游戏规则、市场秩序为前提和基础，才能保证餐饮企业的市场准入管理有章可循、有法可依，维护国家和地区的市场经济秩序。

（二）以企业规划建设和开业策划管理为重点

餐饮企业的市场准入，其核心是创造条件进入市场。所谓创造条件，就是要做好规划建设和开业策划，以优良的设施设备、良好的消费环境、优质的餐饮产品和服务质量赢得市场顾客的认可，从而获得优良经济效益。为此，餐饮企业的市场准入就必须以企业的规划建设和开业策划为重点，其中心工作主要包括两个方面：一是企业的硬件建设，包括餐饮企业的规划建设创意、企业选址、企业等级和规模确定、建筑和装修方案设计及其可行性研究、餐厅建造和装修的施工监理、家具设备和餐茶用品的选择配备等。二是企业的软件建设，包括企业筹建和开业策划的班子建设、管理体制、制度建设、人员配备、员工培训、企业形象设计、菜单和产品设计、企业环境卫生和安全管理等。总之，只有坚持以餐饮企业的规划建设和开业策划为重点，认真做好硬件建设和软件建设，才能保证企业成功进入市场，广泛吸引顾客，长期获得优良的经济效益。

（三）以目标市场顾客的广泛认可为归宿

研究和认真做好餐饮企业市场准入管理的根本目的是保证企业成功进入市场，得到目标市场顾客的广泛认可，从而形成开业赢得满堂红、开业赢来客如云的大好局面。为此，在做好餐饮企业规划建设和开业策划的过程中，首先要搞好市场调查和市场定位，认真做好目标市场选择。然后，以目标市场的顾客需求、客源结构预测为基础，确定拟建或租赁经营的企业选址、餐厅规模和档次、餐厅装修美化的主题选择、企业形象设计、开业时的产品风味选择、菜单设计、价格制定等。总之，在餐饮企业的规划建设和开业策划过程中，只有紧紧围绕目标市场的顾客需求，保证企业设施设备、消费环境、产品质量和价格水平等与目标市场的顾客需求相适应，才能确保企业市场准入的成功。所以，以目标市场顾客的广泛认可为归宿，既是做好餐饮企业市场准入管理的根本出发点，也是其根本目的之所在。

二、餐饮企业市场准入管理的特点

餐饮企业的市场准入管理就是策划建设一家酒楼、饭庄，成功打入市场，获得优良经济效益。它是一项复杂、细致的工作，具有以下四个特点：

（一）涉及范围的广泛性

餐饮企业的市场准入管理，从投资意向的确定到建成开业、投入使用，是一个复杂的过程，涉及范围十分广泛。从技术层面的角度来看，它涉及投资创意、市场调查、规划设计、可行性分析、建筑施工管理、餐厅装修改造、开业筹划等一系列工作，其专业技术性较强。管理人员必须熟知各项专业技术，才能有针对性地做好各项工作。从工作协调的角度来看，它涉及投资人、土地和房产的所有者、市政工程，包括水、电、燃料、污水处理等管理部门，餐饮行业管理部门，以及工商、税务、消防、安全、食品卫生、食品检疫等管理部门。只有正确处理同这些部门和人员的关系，才能保证餐饮企业市场准入管理各项工作的顺利开展和准时完成。从经济要求的角度来看，它涉及建筑投资、资金预算、投入产出分析、资金使用与控制、投资效益分析、投资回收期预测等一系列问题，只有掌握投资建设过程中的经济管理知识、定性定量分析方法，才能做好市场准入管理，保证企业成功打入市场，获得优良经济效益。

（二）工作性质的风险性

餐饮企业市场准入管理的一切工作都是面向未来，以市场调查和市场预测为基础的。餐饮市场的不确定因素较多，要想准确把握未来，本身就是比较困难的，必然具有一定的风险性。这种风险性主要表现在市场调查、市场预测、市场竞争分析，以及目标市场确定与规划建设中的资金投入、资金消耗的合理程度。规划建设的前期投入和企业开业后可能和能够实现的餐位利用率、接待人次、人均消费、营业收入之间的合理比例。因此，只有认真、细致地做好投入产出分析和市场预测分析，才能预防和降低风险损失，保证经济效益。

（三）工作内容的复杂性

餐饮企业市场准入管理的工作内容十分庞杂，从提出投资创意、企业选址调查、选址确定与合同签订到建设方案设计、可行性分析报告制定、建筑施工管理、设备用品选购，再到组织结构设计、企业员工招聘、员工培训、开张剪彩等，都有大量、庞杂和细致的工作要做。这些工作有的任务清楚、目标明确，有的杂乱、琐碎。很多工作又必须交叉进行、限期完成。因此，要做好餐饮企业的市场准入管理，必须加强计划性、条理性。要善于做好工作分析，善于运用网络技术来排列工作优先顺序，加强督导检查，这样才能保证各项工作的衔接和协调，保证市场准入管理过程中各项工作的顺利开展。

（四）管理过程的协调性

在餐饮企业市场准入管理过程中，大量工作是互相联系、互相依存、互为条件的，其协调性很强。为此，必须加强协调配合，以便正确处理好与各方面的关系，保证各项工作顺利开展。其主要的协调内容包括与投资人或投资主体负责人的协调、与土地所有者或房产所有者的协调、与政府有关主管部门的协调，以及规划建设与设计方、承包商、装修公司的协调，还有不同工作内容的前后协调等。为此，餐饮企业要做好市场准入管理，必须根据工作计划在不同阶段事先明确需要协调的内容，加强和有关部门、有关人员的联系，搞好协调配合，这样才能提高工作效率，加快工作进展，保证企业尽快投入运营，成功进入市场。

三、餐饮企业市场准入管理的任务

餐饮企业市场准入管理的任务是紧紧围绕投资建设一家酒楼、饭庄来展开的，其主要任务是：

（一）掌握投资意图

餐饮企业的市场准入起源于投资意向。为此，首先要掌握投资意图，即明确和掌握投资人或投资主体在什么时候、什么地方要投资建设或租赁经营一家餐厅或酒楼，其投资意图和目的何在；准备建一家什么规模、什么等级、什么风味的企业；建设投资有哪些要求，资金实力和筹资能力如何等。

（二）开展市场调查

餐饮企业的市场准入能否成功，首先取决于市场需求。掌握投资意向仅仅是事情的开始。意向大多是初步的，不是十分确定。为此，就必须做好市场调查，即要根据投资人或投资主体的意向，在准备投资的地区调查餐饮市场的基本状况、投资环境、现有餐饮企业的数量、分布状况、规模大小、经营风味、市场竞争程度如何，同时调查客源数量、类型、市场规模大小、消费水平和支付能力等。由此确定该不该投资，以及拟建餐饮企业的规模、档次、主要目标市场所在，以便为投资决策提供客观依据，防止企业选址和投资决策发生重大失误。

（三）做好规划建设

在开展市场调查、掌握市场需求、确定能够或值得投资的基础上，下一步的任务就是要搞好规划建设。这是一项复杂的工作，具体任务包括餐厅选址、建筑规模确定或租赁经营的房产取得。企业类型确定，可行性分析，建筑设计，企业内部规划，餐厅、厨房、库房、办公用房的面积分配，基础设施建设和设备购置，投资预算，资金筹措，资金使用等，直到建设完成达到设计要求。

（四）搞好环境美化

现代餐饮企业是以优良的设施设备、优美的消费环境来吸引顾客的。餐厅的装饰风格、消费环境直接影响客源等级和顾客消费。为此，在完成餐厅建设的基础上，还要搞好企业的装饰美化。其具体工作任务包括：确定装饰风格和主题，做好装饰美化的方案设计，以及内部装修、门脸装修的施工管理，餐厅桌椅的选择布置，灯具、门窗、工作台面布置，门厅、餐厅的室内绿化和美化等。总之，餐厅环境装饰美化必须与目标市场的顾客类型、档次、消费水平和支付能力相适应，形成自己的独特风格和显著特色，切忌与当地同类企业互相雷同。只有这样，才能产生形象吸引力，保证企业成功进入市场，具有竞争能力。

（五）做好开业准备

在餐饮企业规划建设和环境美化初步完成、接近尾声的同时，就要迅速做好开业准备工作。其具体工作任务包括建立管理体制，设计组织结构，设置岗位，制定员工岗位职责，根据开业需要做好员工培训，做好开业的菜单设计、原料准备、用品准备，制定各项规章制度，印制各种表格等。这些工作任务都必须在开业策划过程中迅速完成，保证开业需要。

（六）成功进入市场

餐饮企业的市场准入管理是以企业成功打入市场、得到目标市场顾客的广泛认可为归宿的。为此,开张剪彩也是市场准入管理的重要工作。其具体工作任务包括拟订开张剪彩的工作计划,做好企业环境卫生整理、设备调试、开业预测、媒体宣传、重要顾客邀请、工商注册登记办理、法人资格取得等工作,直到正式开张剪彩,成功进入市场。

四、餐饮企业市场准入管理的重要作用

(一) 对企业设施建设和消费环境适应目标市场的消费需求具有十分重要的保证作用

餐饮企业市场准入的根本目的是根据市场需求,建造设施设备,做好装修改造,创造优良就餐环境,适应目标市场顾客的消费需求,从而使酒楼饭庄、饭店餐馆等餐饮企业成功进入市场,得到目标市场顾客的广泛认可,长期获得优良经济效益。而这一目的能否实现,关键在于投资决策和规划建设过程中的市场调查,目标市场的客源预测,新建企业的市场定位,建筑和装修方案的制定和可行性分析,设施设备配备的等级规格,餐厅装修改造的环境美化程度,方便、安全、卫生程度及其与目标市场顾客需求的适应程度等。而这一切,既是餐饮企业市场准入管理的中心工作内容,又是其市场准入管理的目的所在。为此,在餐饮企业的规划建设、装修改造过程中,只有认真做好市场调查、目标市场的客源预测、餐厅选址、建筑方案和装修改造方案设计、设施设备配备和环境美化等一系列工作,才能保证餐饮企业成功进入市场,适应目标市场顾客的消费需求。所以,认真做好市场准入管理,是餐饮企业的设施设备和消费环境能够适应目标市场顾客的消费需求、长期发挥市场效益的根本保证。

(二) 对控制企业建设投资、节省费用开支和提高投资效益具有十分重要的战略性作用

餐饮企业的规划建设、装修改造和开业策划的过程就是企业市场准入的管理过程。在这一过程中,必然要占用大量资金。其资金占用的合理程度,直接影响餐饮企业进入市场后开展业务经营活动的长期效益。如果资金投入过大,费用开支不合理,必然增加建筑投资和开办费用,从而增加进入市场后的资本性固定开支,长期影响企业的经济效益,增加企业的投资风险。而资金占用的合理程度,主要是由市场准入管理的投资预算、企业规划建设方案的可行性分析、投入产出分析和费用开支控制来决定的。为此,在餐饮企业市场准入管理过程中,必须根据企业规划建设、市场定位、设计方案等实际需要,认真做好投入与产出的可行性分析,制定投资方案,搞好投资预算,做

好资金筹措。特别是要在设施建设、装修改造、租赁谈判、合同签订、设备购置、材料选用、用品配备等各个方面做好费用管理,控制费用开支,降低建筑投资、装修费用和开办费用。只有这样,才能降低餐饮企业进入市场后的资本性固定费用,提高投资效益,降低投资风险。所以,做好餐饮企业的市场准入管理,控制企业建设投资,节省费用开支,对提高企业的投资效益具有十分重要的战略作用。

(三) 对做好企业开业策划和基础管理,保证企业成功进入市场具有十分重要的开创性作用

餐饮企业的市场准入管理在完成基础设施建设和餐厅装修改造后,其重点是做好开业策划和基础管理工作。开业策划主要包括环境美化、用品准备、卫生整理、开业前的人员培训、实战演练等。基础管理工作主要包括领导体制和组织结构设计,管理人员的招聘与使用,企业经济管理制度,各项规章制度的制定,企业各部门、各环节、各岗位的工作内容确定,工作程序和操作规程制定,企业产品质量和服务质量的标准制定等。这些工作的完成质量,即开业策划和基础管理工作的质量、效果如何,直接关系到餐饮企业能否以优良环境、优质产品和优良服务成功进入市场,得到目标市场顾客的认可,从而广泛吸引顾客,获得优良经济效益。万丈高楼平地起,餐饮企业只有认真做好开业策划和各项基础管理工作,以崭新的面貌、优良的团队精神创造出优质产品和优良服务,才能成功打入市场,为餐饮企业的长期发展打下坚实的基础。所以,餐饮企业的市场准入管理对做好企业开业策划和基础工作,保证企业成功进入市场具有十分重要的开创性作用。

第二节　餐饮企业市场准入的规划创意

案例

一家开业只有三个月的酒楼为什么急于转让

王贵合先生长期从事建筑工程的承包工作。经过多年努力,已经积累下自己的原始资本。他总想拥有自己的产业,餐饮行业是他乐于选择的投资方向。如果拥有自己的一家酒楼或餐厅,不仅肥水不流外人田,而且在工程业务洽谈和请客送礼方面要方便得多。此外,随着建筑市场的规范、劳动纠纷

的增加,个别腐败官员越来越贪婪和隐蔽,他已经感到承包工程的难度越来越大。投资建设好一家酒楼,必要时也有个好的退身之处,毕竟当一家中档酒楼的投资人和总经理,也是比较风光的事情。

机会终于来了,经朋友多方联系、多处考察,王贵合先生在一所大学面临马路之处找到了投资场所。这里地处新建成的开发区,交通方便,周围居民较多,人口密集,又守着几所学校。餐厅可使用的土地范围长500米,宽50米。门前的空地和小树林还有30多米宽。美中不足的是,在近2500平方米的占地面积中,宽度不足。于是,他决定建一家两层楼的中型大酒楼。王先生的投资创意来自几位朋友的建议和自己多年在商场积累的经验。他过去请客吃饭去过很多豪华餐厅,见多识广。投资决策经多次研究权衡,已经基本确定,分为四步:第一步,拿下场地使用权,这对王先生来说已经是轻车熟路。虽然产权方涉及人员较多,最初只承诺5年的土地使用权,但经过努力,已签下10年合同。土地承包费用虽然较低,但公关与隐性开支已花去了40多万元。第二步,两层小楼的建筑投资,包括基建工程、建筑设计、建筑材料、施工费用等,需要60多万元。第三步,酒楼的室内装修,包括装修设计、接待室、楼下大厅、楼上的雅间和包房、厨房装修、电路、水路、燃气管线、污水排放、灯具等,需要50多万元。第四步,开业准备,包括餐厅和厨房的家具、炉灶、酒水柜台、库房设备、餐具、茶具、酒具和用品配备等,需要30多万元。王先生是一个注重效率的人,除了要正常打点他的承包工程以外,他每天督导检查,经过近半年的艰苦努力,酒楼已经建成开业,取名"避风塘大酒楼"。该酒楼不算开业策划、人员工资、原楼成本,已经基本用光了他的全部资金积累。酒楼实际建筑面积1200平方米,餐厅可接待顾客的面积为800平方米,总餐位320多个。

然而,避风塘大酒楼正式开业后,经营效果并不理想。虽然定价计划控制在人均消费30元左右,但由于客源以学生为主,周围已建起十多家档次更低的餐厅,加之开业策划中的体制建设、人员招聘、制度建设、人员培训等受资金投入的影响,酒楼的经营似乎没有什么特色。开业三个月后,王先生实在感到有些力不从心,终于下决心以略高于总投资的价格转让给了一家从外地来的餐饮行业专业公司。

点评

餐饮业是一个市场范围广泛、投资前景看好的行业。我国餐饮业每年的销售总额高达 8 000—10 000 亿元。虽然北京、上海、广州等大中城市餐饮企业的网点众多,档次、规格各不相同,但大多都有自己的目标市场。各种餐饮企业的市场进入和退出每天都在发生,其原因是多种多样的。王先生是有意从事餐饮行业的投资人,但他经过半年多的艰苦努力所建立起来的避风塘大酒楼却在市场准入中失败了。你能从餐饮企业投资创意和市场准入管理的角度分析一下他失败的原因吗?你所分析的原因也正是我们在本节和以后各章所要解决的问题。请你试着做出自己的分析。

一、餐饮企业市场准入规划创意的特点

餐饮企业的市场准入是从规划创意开始的。规划就是企划,即准备投资建设或租赁经营一家酒楼或餐厅。创意就是创设一个主意或提出一种议案,即怎样和按什么思路投资建设或租赁经营一家酒楼或餐厅。所以,餐饮企业市场准入的规划创意就是为投资新建或租赁经营一家餐厅或酒楼饭庄而提出计划,拿出主意和议案。事实上,一个优良的规划创意既是企业市场准入成功的前提和基础,也是企业成功进入市场的起点。本节避风塘大酒楼开业失败的案例,究其原因在于一开始的规划创意就发生了问题和偏差,如酒楼建设的档次和规模、建筑和装修投资预算、费用的前期投入和目标市场的消费水平等都因规划创意的失误而造成了投入和产出的偏离和错位,必然带来市场准入的失败。

餐饮企业市场准入的规划创意是一项复杂的脑力劳动,是在投资建设、租赁经营过程中通过调查研究、实地考察、经验积累后的周密思考而形成的意向、立意和议案。这种规划创意有以下四个特点:

(一) 思维的广泛性和针对性

餐饮企业市场准入的规划创意是在企业投资建设或租赁经营前所进行的一种智力思维活动,其目的是保证规划创意实施后能够获得预期效果,保证企业成功进入市场。因而,其思维活动必然具有广泛性和针对性。广泛性是指规划创意的涉及范围广泛,它必须充分考虑企业的选址、拟建或租赁企业的规模和档次、建筑与装修风格和主题、市场定位、目标市场的选择、预测

的餐位利用率、人均消费、投入和产出的数量和比例关系等一系列问题。针对性是指企业的规划创意必须紧紧围绕投资新建或租赁经营能够确保市场准入成功和目标市场的广泛认可这一中心来考虑问题,从而提出计划,拿出主意或议案。所以,餐饮企业市场准入的规划创意是一种涉及范围广泛和针对性很强的智力活动过程,需要引起投资人和开业策划的各级人员的广泛重视,切不可盲目从事。

(二) 意向的深刻性和准确性

餐饮企业市场准入的规划创意是为企业投资建设、装修改造服务的。这种规划创意一经贯彻实施,不仅直接决定企业能否与目标市场的顾客需求相适应,而且直接影响和决定企业的投资回收期和长期经济效益。这就必然要求其规划创意要具有深刻性和准确性。所谓深刻性,就是规划创意所提出的意向、立意、计划和议案要建立在深入调查、实地考察、广泛掌握市场信息的基础上,经过深入思考、认真分析、详细推断、多方权衡,以防止规划创意出现较大失误。所谓准确性,就是规划创意所提出的意向、立意、计划和议案,要与企业进入市场后的预测结果基本吻合,能够获得预期效果。所以,要做好餐饮企业市场准入的规划创意,必须依靠有丰富经验、掌握专业知识和规划技术的专家学者和实际工作者。避风塘大酒楼的规划创意和市场准入之所以失败,没有依靠专家学者和有丰富经验的专业技术人员,是其原因之一。

(三) 创意的独特性和预见性

餐饮企业做好规划创意的目的是要创造出具有独特风格和主题的餐厅,从而赢得目标市场顾客的青睐,获得优良的长期投资效益。在餐饮市场比较完全和充分的市场竞争格局已经形成的条件下,一个优良的投资新建或租赁经营的规划创意,就是企业打入市场能够获得成功的一半。所以,餐饮企业的规划创意必须具有独特性和预见性。所谓独特性,就是规划创意所提出的立意、意向、计划和议案,能够创造出主题鲜明、具有独特风格和市场竞争力的酒楼或餐厅,确保开业后的经营成功。所谓预见性,就是在投资建设或租赁经营前所提出的规划创意必须预见到正式开业后的市场动向、发展趋势、消费特点、投资面积和生财面积的比例关系,以及投资过程中资金使用的轻重缓急。这些都是餐饮企业市场准入中规划创意的特点和基本要求。

(四) 规划的可行性和经济性

餐饮企业市场准入的规划创意最终要通过投资建设、装修改造、开业策划等来形成具有竞争力的餐厅或酒楼,必然需要占用大量投资。因此,就要求其规划创意具有可行性和经济性。所谓可行性,是指规划创意提出的意向、立意、计划能够投入实际运用，具有可操作性，与投资人的资金实力或资金筹措能力相适应。所谓经济性，就是规划创意的方案或议案要坚持经济、适用、美观，既体现等级规格，又与市场定位和目标市场的顾客需求、支付能力相适应，这样才能保证企业进入市场后能够获得优良的经济效益。

二、餐饮企业市场准入规划创意的构成要素

餐饮企业市场准入的规划创意是一种复杂的智力活动过程。一个完整且优良的规划创意是由六个基本要素构成的，可简单概括为图 1-1。

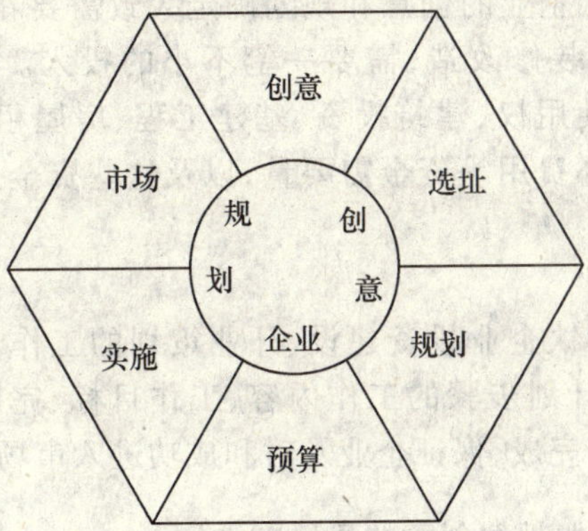

图 1-1　餐饮规划创意构成要素图

（一）市场

餐饮企业的规划建设是由市场需求决定的，没有市场就无须规划。而市场是一个广泛的概念。做好规划、提出创意，关键是选好目标市场、做好市场定位。

（二）创意

有了市场需求，才能提出新建或租赁餐厅、酒楼的创意。创意就是提出符合目标市场需求的新建或租赁餐厅酒楼的建议、意向。创意是市场需求形成的意向。它还是初步的，需要进一步研究确定。所以，创意只能确定大致的方向和意图。

（三）选址

选址是创意的进一步落实。创意所提出的餐厅类型、等级规格、经营风味不同，地理位置也就不同。从市场准入和开业成功的目的和要求来看，餐厅选址是最重要的。选址要在调查研究和实地考察的基础上，充分考虑拟建或租赁经营的餐厅环境、交通状况、人口密度、周围机关团体、企事业单位的多少、流动人口的多少、同类餐厅的数量、等级和市场竞争程度等多种因素，

经多处地址和具体位置的比较、权衡，方可确定。

（四）规划

规划是在选址的基础上对新建或租赁经营的餐厅酒楼的策划，即要基本明确准备建成一个什么类型、什么等级、什么规格、准备经营什么风味的餐厅或酒楼，餐厅面积有多大，厨房、餐厅、库房、办公面积的分配比例，生财面积和辅助面积的比例等。所以，规划是餐饮企业创意的进一步落实，是保证市场准入能否成功的重要工作。

（五）预算

预算是根据餐饮企业的创意和规划确定大致需要花多少钱。餐饮企业要想做好规划建设、装修改造，需要一笔不小的投入。预算就是要经过预测，分析、明确土地使用权、建筑投资、基建工程、房屋租金、设备购置、用品配备、装修改造、开办费用等资金需要量，以及这些资金怎样筹措、使用和控制等。

（六）实施

实施就是确定餐饮企业投资建设、开业策划的工作步骤，即要制定一个工作计划，明确每个计划步骤的工作内容、工作目标、完成时间，以保证餐饮企业规划创意的分步完成，保证企业及时和成功进入市场。

三、提出餐饮企业规划创意的思维方法

餐饮企业的规划创意是为投资人即企业未来的股东或业主投资建造或租赁经营酒楼、饭庄提供决策依据的。这种规划创意一经采纳，获得贯彻实施，就直接决定投资方向，影响投资效益。提出和拟订规划创意是一个调查研究和智力活动的过程，需要采用多种思维方法，其常用和主要的思维方法有以下几种：

（一）多向性思维方法

餐饮企业的规划创意构成因素多、涉及范围广，直接决定企业的投资方向和投资效益。如果因为规划创意出现偏差造成决策失误，往往会造成难以挽回的重大经济损失，因而需要慎重对待，采用多向性思维方法。所谓多向性思维，就是要多层次、多方面、多方位考虑问题，要对规划创意涉及的问题进行多角度、多因素、多变量的系统思考、立体思维。例如，餐饮企业的规划创意起源于市场需求，在考虑市场需求时就不能笼统地说有多大的市场需求，而必须同时考虑当地的市场需求总量、市场需求层次、市场需求的产品风味、顾客类型、现有市场的竞争程度、市场需求的缺口等，这就是多向性思维。再如，做好餐饮企业的规划创意，必须充分考虑选址。在考虑餐厅选址时，需

要考虑的因素包括：什么类型的餐厅适合在何处选址；可供选择的地址有几处；每处地址的具体位置；餐厅朝向；是否面临大街；当地的交通状况如何；门前有无停车场；当地周围人口密集程度；每天的客流量；当地周围已开了多少家餐厅酒楼，它们的经营状况如何，竞争程度如何；如果在此选址，地价和租金水平如何；当地市政基础设施的可利用程度如何等。这些都需要利用多向性思维，通过权衡比较才能做出选择。总之，多向性思维体现在餐饮企业规划创意所涉及的各种因素和各个方面，切忌简单化。

（二）创造性思维方法

餐饮企业规划创意的目的就是要为业主或投资人创造一家有新意、有特色的餐厅或酒楼、饭庄，确保企业能够成功打入市场，所以必须进行创造性思维。也就是说，规划创意的思维活动不能简单地重复和模仿，而要善于从未来市场竞争的需要出发，对影响餐厅投资建设、市场形象、未来经营效果的各种因素进行综合思考。从新的角度、新的视角提出全新的意向、立意、议案。如餐饮企业规划创意要做出规划、提出意向，就必须考虑拟建餐厅或酒楼与现有同类餐厅或酒楼有何不同、餐厅环境有何新的创意、室内布局和就餐环境有何创新、餐厅装饰的主题有何创新、产品风味与特点需要哪些创新等，这就是创造性思维。总之，在餐饮企业规划创意中，没有创新、创造和特色，就没有生命，就意味着失败。在本章开头天宏大酒楼的案例中，投资人王继兵先生的餐厅之所以一开业就陷入了被动，最后被迫将天宏大酒楼转让出去，其中一个重要原因就是规划创意缺乏创新性，一味地追求与别的餐厅装饰相同，因而毫无特色。所以，创造性思维是餐饮企业规划创意和投资建设中必需的思维方法。

（三）辩证性思维方法

餐饮企业规划创意所提出的意向、立意、规划和议案在实施过程中所面对的客观环境和具体情况是复杂多变的。因此，在调查研究、提出和拟订规划创意的过程中，就要多方面考虑问题，采用辩证思维方法。所谓辩证思维，就是在分析规划创意的各个要素，提出意向、创意和议案时，既要考虑事物的正面，又要考虑事物的反面；既要从好的方面去设想，又要从坏的方面去思考，从中概括出符合实际、切实可行，又能预防不利因素影响的立意、规划或议案。例如，在考虑新建企业市场需求时，既要考虑现实需求，又要考虑潜在需求，还要考虑可能发生的需求不足或需求短缺。只有经过权衡、比较、分析后，才能最后决定是否在此选址。再如，在提出新建或租赁开设餐厅或酒楼创意时，要从低档、中档、高档、豪华级等不同角度，分别考虑其可行程度和不可行程度；在综合考虑规划创意的效果时，既要正确考虑成功因素，又要反面考虑影响成功进入市场的不利因素，提出预防措施。所以，辩证性思维也是广泛性、全面性思维，是餐饮企业规划创意中需要坚持和运用的思维方法。

（四）战略性思维方法

餐饮企业的规划创意是为投资决策服务的，是一项战略性很强的工作。因而，研究提出其规划创意也必然要求运用战略性思维方法。所谓战略性思维，就是要在调查研究、掌握各种信息资料的基础上，做好未来3—5年的市场预测，分析各种因素，然后根据市场需求提出规划创意，预测新建餐厅可能的投资效益和逐年经济效益。要做到站得高、看得远，规划创意的意向、议案能够避免失误，防止决策失败。

第三节　餐饮企业市场准入的目标和工作要领

案例

成功打入市场的天兴居饭庄的开业策划

天兴居饭庄是一家五星级高档酒楼，地处A市金融商业区的附近，营业面积1 800多平方米，以经营广东海鲜为主。楼下一个分隔式布局的大厅装修豪华。一进门的接待厅有点像四星级饭店的前厅设计，舒适典雅。一层和二层设有15个豪华包间，其中有4个KTV包间，总餐位720多个。开业三个月来，餐位利用率达到140%左右，每天的营业额超过6.5万元，最高达到10万元。虽然投资总额超过500万元，但在与附近三家高档餐厅的竞争中已取得领先优势，预计一年半即可收回全部投资。可以说，天兴居饭庄已经取得了开业策划的巨大成功。

天兴居饭庄是由北京××饭店管理公司为地产商刘兴安先生完成开业策划的。房屋建在一座高档写字楼和一座金融大厦之间的空隙处。一年半以前，金有财先生带着五名开业策划人员受北京××饭店管理公司委托，按公司与地产商签订的饭庄开业策划合同，来到刘兴安先生处。经过详细交谈合同内容，明确了双方的权利和义务，以及解决开业过程中重大问题的联系和处理程序与方法。

金有财先生大学本科毕业，在一家五星级饭店当过工程部经理，又在一家四星级饭店当过四年餐饮部经理。因饭店总经理的人事变动产生了一些矛盾，金先生在北京××饭店管理公司谋得了一个部门经理的职位，月薪比原任餐饮部经理时高3 000元，因而前来负责天兴居饭庄的开业策划工作。

金有财先生是一位阅历广泛、经验丰富、办事干练又有餐饮经营专业知识的领导人物。当他负责天兴居饭庄的开业策划时，投资人刘先生只确定了投资意向，饭庄还是刚刚开始动工的一个工地。金有财先生召集经过事先挑选的五名成员，经过多次研究、实地考察，成立了饭庄开业策划领导小组，制定了详细的工作计划，明确了工作任务和目标：

第一步：市场调查。时间为15天，范围以饭庄为中心，向四面辐射，车程在半小时内。

第二步：市场定位。时间为7天，根据研究调查结果分析，确定饭庄等级规格、装修主题、经营风味、主要目标市场、产品结构、价格水平等。

第三步：工程督导和施工监理。建筑施工4.5个月，饭庄装修1.5个月，设施设备安装15天。工程验收日为××月××日。

第四步：体制和机构设计。时间××天，审查日为××月××日。

……

第九步：开业准备15天。用品配备、环境清理等。

第十步：开张剪彩（××月××日）。顾客邀请、媒体宣传、总经理致辞、门前迎宾。

金有财先生带领着他的开业策划小组人员，每完成一项工作就做出总结，然后进入下一步。他制作了一份工作交叉网络进度图，遇有重大问题及时与业主方联系，请示北京××饭店管理公司领导，限时做出决定。经过8个多月的艰苦努力，硬是将原定14个月的策划开业期缩短为9个月，使天兴饭庄成功进入市场，获得了预期的优良经营效果。金有财先生也在当地成了小有名气的人物，多家公司都力邀他担任酒楼、饭庄开业策划的领导人物。

点评

现代餐饮企业的市场准入要通过开业策划来成功打入市场，确保开业成功，获得优良经济效益。其工作千头万绪，内容十分琐碎。如何将这些千头万绪的工作按照不同阶段、不同目标形成工作体系和框架结构，按照周密的工作计划形成工作要领，保证高标准、高质量、高效率地完成，本身就是一项系统工程，需要高度的智慧和丰富的经验，也需要高度的责任心、组织能力和协调能力。金有财先生的成功经验,也是我们在这里要研究和介绍的主要内容和方法。它对有意投资和从事酒楼、饭庄工作的人员来说,无疑是十分有益的。

一、餐饮企业市场准入的目标确定

投资开办一家酒楼饭庄,从投资意向确定、企业选址到开业准备进入市场,是一项复杂的系统工程。它必须在一个较短的时间内,高质量、高效率地完成各项具体工作,保证企业尽快开业,成功进入市场。因此,合理确定市场准入的各项目标,分步完成各项工作任务,保证各项工作的衔接和协调,就是做好市场准入管理的必要条件和重要方法。天兴居饭庄的金有财先生之所以能够比规定的时间提前完成开业策划,成功进入市场,就是因为他很好地掌握了这项目标管理技术。

运用科学方法,合理确定餐饮企业市场准入的各项目标,推行目标管理,要掌握以下三个原则:一是业主意向明确原则。开业策划和市场准入都是为业主的酒楼饭庄服务的。只有明确业主即投资方的意向、目的要求、准备投入的资金与保证程度,才能保证开业策划和市场准入的正确方向。二是阶段与时限划分明确原则。开业策划的具体工作很多,又有明确的时间要求。只有将各项目标分为不同的阶段,明确规定每个阶段各项工作的完成时限,才能保证工作进度,及时且成功打入市场。否则,时间拖得越长,前期投入越大。不仅造成晚开业的绝对损失,而且降低投资效益,延长投资回收期,这是业主方十分忌讳的。三是工作细分排列具体原则。餐饮企业市场准入中的各阶段目标都是通过各项具体工作的完成来实现的,只有将各项工作细分,逐项详细排列,明确进度要求,使其工作内容和目标要求协调一致,才能保证各项目标的顺利完成。

餐饮企业市场准入的目标确定主要采用分步目标确定方法,其具体目标和方法可概括为图1-2。

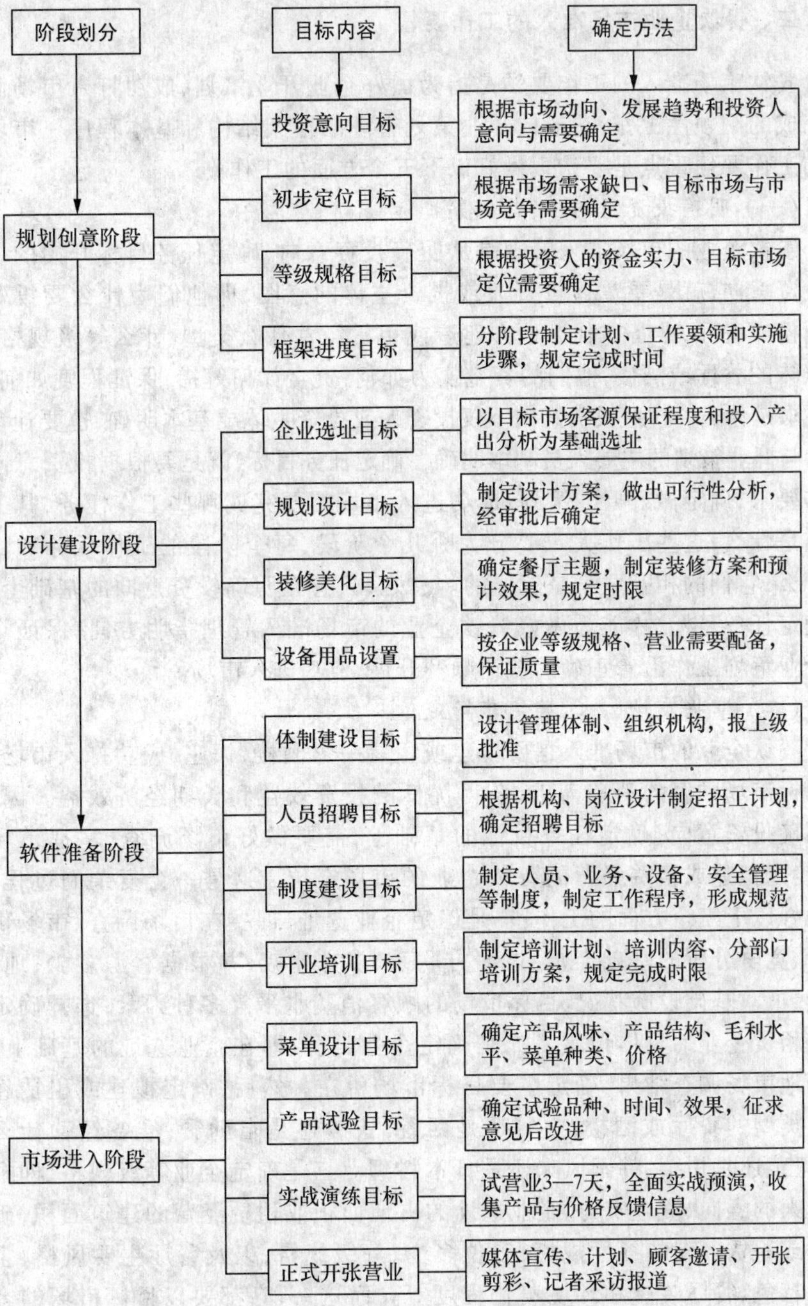

图 1-2　餐饮企业市场准入目标确定图

二、餐饮企业市场准入的工作要领

餐饮市场准入的工作要领是指为做好企业开业策划、成功打入市场而需要完成的纲领性工作,它形成开业策划管理的框架结构和基本程序。市场准入的工作要领重点是要认真做好以下五个方面的工作:

(一)明确投资意向,确定任务目标

餐饮企业的市场准入管理是从明确投资意向、确定任务目标开始的。明确投资意向,就是要掌握投资人或投资主体的意图,即他们为什么要投资新建酒楼或餐厅,准备在什么地方建造或租赁经营什么类型、什么等级规格、什么风味的餐厅或酒楼,他们的资金实力如何,资金如何筹措,保证程度如何,基本要求是什么。这些投资意向不仅投资人或投资主体要基本明确,也要让负责和参与开业策划的主要人员基本明确。确定任务目标,就是要根据投资意向和基本要求,确定做好开业策划、成功进入市场需要完成哪些工作任务,其工作内容是什么;这些工作大致要分为哪几个阶段,每个阶段的工作任务和目的是什么;它们的相互联系是怎样的。总之,只有在明确投资意向的基础上,大致确定任务目标,才能为做好餐饮企业的市场准入管理指明方向,保证企业的开业策划工作沿着正确的轨道顺利开展,成功进入市场。

(二)掌握市场需求,确定市场定位

餐饮企业的市场准入是要新建或租赁一家酒楼、饭庄,成功打入市场,迎合目标市场顾客的消费需求,获得优良的投资效益和长期经济效益。因此,在明确投资意向、确定任务目标的基础上,需要做好市场调查,掌握市场需求,确定拟建或租赁经营的餐饮企业的市场定位。这是一个复杂的过程,需要做好以下三个方面的工作:一是确定企业选址,即要在市场调查、市场供求分析、竞争分析的基础上,经过多方联系、多方比较,并根据客源多少、地价、租金、市政基础设施状况、目标市场的顾客消费水平等多种因素,选择确定拟建或租赁企业的具体位置。二是确定企业类型,即在企业选址的基础上,根据当地市场调查结果,确定主要目标市场所在。然后,确定拟建或租赁经营什么类型的餐厅或酒楼,中餐还是西餐,快餐还是自助餐;准备经营什么风味,粤菜还是川菜,韩国风味还是日本料理。三是确定企业等级规格,即根据投资人的意向、资金实力、企业选址的占地面积或租赁经营的建筑面积,确定拟建或租赁经营的餐厅规模、餐位多少、等级规格,以及餐厅主要风格、主要经营特色、餐厅装修和环境美化程度等。而这一切,都要以目标市场的客源预测为中心,顾客需求、投资人的意图和资金实力同拟建或租赁经营的企业

类型、等级、规格、档次高低、企业风格特点结合起来,保证市场定位的准确性。

(三)做好可行性分析,搞好设施建设与美化

餐饮企业的市场准入是以优良的设施设备和美观典雅的消费环境为前提和基础的,这是企业能否成功打入市场的重要条件。在掌握市场需求、确定市场定位的基础上,必须认真做好可行性分析,搞好设施建设与美化。这是一个更加复杂的过程,其重点是要做好以下七个方面的工作:一是搞好建筑设计,即根据市场定位所确定的企业类型、等级规格、主要风格特色,认真做好建筑设计。具体包括建筑规模,建筑造型,餐厅、厨房、库房和办公室等企业内部规划,建筑施工的图纸设计,基础设施设计等。二是搞好装修设计,包括每个餐厅装修风格、装饰主题、装饰材料、装修完成的顾客消费环境要达到的效果等。三是做好施工预算,即根据建筑设计和装修设计,确定企业设施建设和装修美化需要投入的资金量、资金筹措渠道和方法措施。四是做好可行性分析,即以建筑设计和装修设计为基础,以客源预测和投入使用后的餐位利用率、人均消费预测为依据,进行投入产出分析,编制出3—5年的可行性分析报告,以便为投资决策提供依据。五是做出投资决策,即根据可行性报告和投入产出分析,请示投资人或投资主体及有关领导,分析企业市场准入的成功程度、投资利润和经济效益的高低、投资回收期的长短和市场潜力的大小。如果可行性很低,甚至根本不可行,就要放弃投资。如果可行性报告存在某些不足,则要修改、调整建筑设计和装修设计、投资预算和可行性分析报告,最后做出投资决策。六是做好施工管理,即在投资决策的基础上,做好工程招标、施工监理、施工协调、设备购置与安装调试等工作,保证餐厅建设、装修改造工程按设计标准和要求如期完成。七是做好工程验收,即在建筑完成和装修完成的基础上及时组织人员做好验收工作。验收过程中存在的问题要按合同责令施工单位限时修理,保证企业尽快投入运营。

(四)做好体制与制度建设,搞好开业培训

体制、制度和员工既是餐饮企业市场准入的前提和基础,又是保证企业成功进入市场、提高管理水平、服务质量和经济效益的根本保证。为此,在餐饮企业的装修改造快要完成时,就要做好企业的体制与制度建设工作,搞好开业培训。这也是一个复杂的过程,重点要做好以下五个方面的工作:一是做好领导体制设计工作,即根据企业投资性质,与投资人或投资主体协商,确定企业的领导管理体制。例如,是采用董事会领导下的以三权分立为特点的总经理负责制,还是采用董事长兼总经理的领导体制,或者直接采用总经理负责制。这些都要根据国家政策、投资结构、企业性质等多种因素来确定,并

要制定出明确的领导职权如何分配和行使的有关规定。二是做好组织结构和岗位设置的设计工作，即根据已经形成的企业规模、等级规格、接待能力和领导体制要求，首先做好组织结构设计。然后，在因事设人、高效精简的原则下，根据需要做好工作岗位设置，制定人员编制。三是做好员工招聘工作。即根据组织结构设计、岗位设置和任职条件，做好管理人员、厨师和有关技术人员、服务人员等各类人员招聘工作，保证开业需要。四是做好开业培训工作。即在做好培训计划的基础上，安排培训内容，做好员工培训的组织工作，保证餐厅开业后的员工素质、产品质量和服务质量。五是拟订各项管理制度，包括员工守则、劳动纪律、采购制度、厨房生产、餐厅服务的管理制度等，以规范员工行为，保证餐饮企业成功开业。

（五）筹划开张营业，成功进入市场

餐饮企业在完成规划建设、做好人员准备、体制和制度建设的基础上，即可筹划开张营业工作，以保证企业成功进入市场。在这一过程中，重点要做好以下五个方面的工作：一是办理注册登记，包括工商注册登记、税务登记、餐厅卫生检查登记、安全防火检查、取得营业执照和市场准入的法人资格。二是做好菜单设计、产品风味和产品结构安排，采购各种食品原料，保证开张营业需要。三是搞好营业场所的环境卫生、家具设备和用品安排、摆放、调试，做好产品试制。同时，要印制各种原始记录表格、账单。四是做好开业前的公关宣传工作，包括企业标牌悬挂、标语横幅、彩旗制作与悬挂、报刊宣传等。五是做好开张剪彩准备工作，包括剪彩仪式制定、有关领导邀请、重要顾客邀请、领导致辞准备、记者采访安排、祝贺开业的花篮准备等。在此基础上，即可选择良辰吉日，正式开张营业，成功打入市场。

三、餐饮企业市场准入的成功标志

餐饮企业市场准入的工作内容千头万绪，十分繁杂。经过一个较长时期的规划建设和准备，企业是否能够成功进入市场，怎样检验一家酒楼、饭庄是否成功进入了市场，是有其客观标志的，这些标志主要包括以下几个方面：

（一）餐厅档次规格是否适应目标市场的消费需求

餐饮企业的类型多种多样，档次规格各不相同。任何一家餐饮企业要想成功进入市场，必须针对目标市场顾客的消费需求制定战略。因此，餐厅档次规格是否适应目标市场的消费需求就成了检验企业市场准入管理是否成功的首要标准。这一标准具体表现为：餐厅开业能否迅速吸引目标市场的各类顾客，顾客类型、客源层次、消费水平和支付能力与餐厅档次规格是否相适应，人均消费是否达到事先设计的标准,餐位利用率是否达到当地同类和同等企业平均水平以上,是否有良好的市场潜力,2—3个月内餐位利用率是否处于增长趋势。

（二）餐厅消费环境是否具有独特风格

在餐饮企业比较完全和充分的市场竞争格局已经初步形成的条件下,一家新的餐厅酒楼能否成功进入市场,在很大程度上取决于餐厅的消费环境是否具有独特风格,是否对目标市场的顾客具有广泛的形象吸引力,顾客是否乐于前来用餐或举办有关的活动。因此,餐厅消费环境是否具有独特风格也是餐饮企业是否成功进入市场的检验标准之一。这一标准具体表现为:餐厅整体装饰布置要有特色,要形成自己的独特风格,做到主题鲜明、美观大方、整洁舒适;餐厅的外观造型、外观设计、门脸装饰、门前亮化、企业标牌、霓虹灯装饰等要与众不同,具有特色,能够起到良好的宣传广告效果;餐厅内部的消费环境要具有特色,室内装饰美观,布置典雅,空间构图形象优良,顾客进出方便,室内空气、温度、气氛适宜,顾客乐于在此消费;餐厅菜单设计、员工服装服饰、台布口布、花草布置要有特色,与餐厅主题风格、经营风味互相协调、相得益彰;餐厅主题和风格对顾客有广泛吸引力,能够获得顾客的广泛好评。

（三）餐厅开业是否能够广泛吸引顾客

餐饮企业市场准入管理最终是以目标市场顾客的广泛认可为归属的。所以,餐厅开业是否能够广泛吸引顾客就成为检验是否成功打入市场的主要标准。这一标准的具体表现是:餐厅经营风味、产品结构、菜单设计合理,价格和收费标准与档次规格、目标市场的消费水平和支付能力相适应;餐厅开业后每天的餐位利用率达到和超过同类企业水平,在2—3个月内,顾客数量处于增长趋势,有良好的市场发展潜力和竞争优势。

（四）企业投资效益是否达到预期效果

餐饮企业的投资效益既是投资人开办餐厅的主要目的所在,也是检验企业是否成功打入市场的重要标准。这一标准主要表现为:开业2—3个月内,以每天的餐位利用率、接待人次和人均消费为基础,计算餐厅的营业收入、成本率、毛利率、费用消耗和营业利润。如果按月计算,营业收入扣除营业成本、人工成本、营业费用和税金后,其营业利润较高,扣除企业的建筑投资、还本利息、开办费用等支出后,其投资利润率达到预期效果,预计在一年半以内能够收回全部投资,而且尚有投资人的利润分红,若能如此,市场准入管理就是成功的。如果收不抵支,企业处于亏损状态,不能按期还本利息、收回投资,企业经营又处于下降趋势,那么,市场准入管理就是失败的。

第二章
选好风水宝地
——抢占餐饮企业市场准入的先机

第一节　餐饮企业的选址原则及其影响因素

案例

餐厅选址——几家欢乐几家愁

在北京四环路东北角的小营地区，一个文化、商业和小区居住相结合的繁华街区已经形成并正处在发展过程中。这里有多所大学、多处档次较高的新建居民小区和各种商业设施，多条公交线路也已开通，街道繁华、人口密集、交通方便，各种活动频繁的局面已初步形成。在以育慧里为中心的交通干线周围，已经建起几十家档次规格各异、经营风味各不相同的餐厅，竞争局面已经形成。这些餐厅、饭馆多以中低档为主。不过，2003年以来，高中档饭庄酒楼开始在这里落户。其中，中档以上的有近10家，仅南北交通线及东向交通线上就有6家，不在主干线上的有4家。餐厅开在一层的有6家，开在二层和二层以上的有4家。每家企业的具体位置、朝向、门前环境、面积大小各不相同，经营风味和菜品档次也有一定区别。由于餐厅选址不同，市场准入的前期投入区别较大。目标市场的客源构成似乎没有太大的区别。正因为如此，在这10家酒楼饭庄中，开业不到3个月就转让出手的有3家；3个月至1年左右转手的有5家；多次转手的也有3家，停业后房屋改作他用或暂时闲置的已有3处。这些转让或多次转让的企业由于选址、租金和市场准入管理的水平不同，大多在进入市场后就处于被动局面，餐位利用率常常低于50%—60%。从餐厅选址和市场准入管理的效果来看，真的应验了“几家欢乐几家愁”的老话。这是很值得有意从事这一行业的有关人员深思的。

点评

餐厅选址直接决定企业市场准入立足之地，是企业成功进入市场、长期发展的根基。但餐厅选址并不是简单地选择一个地点，它涉及所选地区的市场需求、客流量大小、目标市场的规模、地价和房产租金的高低，以及拟建企业的基础设施状况、投资大小、市场的可进入程度和企业吸引力的大小等一系列问题。本案例所述因餐厅选址所形成的“几家欢乐几家愁”的局面，其实质都与企业选址和市场准入管理存在密切的联系。你能对此做出分析和判断吗？你的分析和判断大多是我们在本章所要阐述的问题。不妨请你随我们一起来探讨。

一、餐饮企业选址的金科玉律

餐饮企业选址直接决定企业市场准入的成功与否，影响企业长期经济效益，是企业长期经营能否成功的前提和基础。所以，对餐饮企业投资人和经营者的重要程度来说：第一是地址，第二是地址，第三还是地址。这就是餐饮企业选址的金科玉律。

餐饮企业选址的金科玉律是由四大要素决定的，即需求、可能、可行、可赚。① 需求。是指目标市场的消费需求。餐饮业的市场范围十分广泛，任何一家餐厅、酒楼都不可能面向所有的市场，它只能针对某一特点的目标市场。因此，餐饮企业的选址就必须以目标市场的消费需求为依据，必须在市场调查和市场供需分析的基础上，找准市场定位，确定自己的目标市场。而这一目标市场的所在地区，就是餐饮企业选址的可选地址。② 可能。新建一家酒楼、饭庄，必须要有合适的可供选择的土地或地皮。如果没有或者不适宜，餐厅选址也就不能成功。租赁经营一家酒楼饭庄也必须要有合适的可供出租的房产，如果没有或者不适宜，餐厅选址也就无从谈起。③ 可行。是指在目标市场所在地区选择一处具体的土地或房产的可行性如何。它包括在此选址的区位环境、地区人口总量、客流量是否可行，当地餐厅数量、餐厅类型、市场竞争方面是否可行，可选地址的具体位置、朝向、面积大小、楼层高低、交通状况、顾客的可进入程度是否可行，投资人的资金实力、筹资能力是否可行，当地的市政基础设施、地价或租金的价格水平是否可行等。④ 可赚。是指在此选址建造或租赁经营一家酒楼饭庄，预测结果的经济效益和投资效益的大小如何。只有可赚，即投资效益和经济效益能够达到预期效果，才能在此选址。所以，餐饮企业选址的金科玉律并不是简单地选择一个地址。它必须将需求、可能、可行、可赚四大要素结合起来，才能做出最后决策。在这四大要素中，需求是前提，可能是基础，可行是核心，可赚是目的。金科玉律中的"三个第一"：第一个地址代表"需求"，第二个地址代表"可能和可行"，第三个地址代表"可赚"。这就是餐厅选址的金科玉律的实质所在。

二、餐饮企业选址的基本原则

餐饮企业选址涉及的因素较多，需要多方权衡。要做到选址合理，保证所选地址市场准入成功，具有优良的市场潜力，就必须遵循以下三个基本原则：

（一）依托人气、确保客源的原则

餐饮企业是以设施设备和就餐环境为凭借，运用餐饮产品吸引顾客前来消费。就企业经营的商业性质而言，它是"坐商"，而不是"行商"。因此，客源是餐饮企业的衣食父母，是企业的生命和希望所在。要想办好一家酒楼饭庄，首先要有人气，然后才有财气。为此，餐饮企业选址必须遵循依托人气、确保客源的原则。

餐饮企业的人气首先是由企业的选址决定的。位置越优越，人口与人流密度越大，客源越丰富。餐饮企业选址要遵循依托人气、确保客源的原则，在具体运用时，要把握好以下四个要点：一是要以所选地点为圆心，以周围一定距离为半径，保证地区人口和人流的密度。一般说来，高档餐厅的半径以0.5个小时的车程为宜，中档餐厅以步行20分钟以内的半径为宜，家常菜或大众低档餐厅的半径距离以步行10分钟左右为好。此外，人口和人流的密度越大越好。二是要以所选地点为中心，将客源市场分为中心区、次中心区和边沿区三个不同的区域。中心区的半径距离在200—300米，次中心区的半径距离在300—500米，边沿区的半径距离在500—1 000米，最长一般不超过2 000米的范围。如果是交通方便、停车条件较好的高档餐厅，其最远半径距离也只能在20—30分钟的车程以内。三是人气旺盛的着眼点必须放在拟建餐厅的目标市场上，要以预测的餐厅日均客源量为基础。中心区的客源量要达到70%左右，次中心区达到30%左右，边沿区则在10%左右。四是人气旺盛最终要通过拟建餐厅预测的餐厅上座率的高低体现出来。预测的餐厅上座率一般不能低于50%，理想的餐厅上座率应在65%—70%。在预测的餐厅上座率中,忠诚客户或回头客一般不应低于40%。如果餐厅客源达不到上述要求,则不宜在此选址。所以,依托人气、确保客源不是泛泛而谈,而必须要经过市场调查和客源预测来确定。

(二) 交通方便、地利人和的原则

餐饮企业的选址是否能保证人气旺盛,与其所选地址的交通条件密切相关。地利人和则是指所选餐厅的具体位置、朝向好,视野开阔,顾客进出方便。餐厅选址要注重协调与周围社区、主管部门的关系,做到和气生财。因此,餐饮企业选址必须遵循交通方便、地利人和的原则。

在具体操作时,要把握以下五个要点:一是道路交通方便,地区公交线路四通八达,可进入程度高。二是具体位置、朝向、层高合理,最好面临大街,以底层最好,可视程度高。三是目标市场的顾客进出方便。高中档餐厅必须有足够面积的停车场。四是区位环境较好,周围没有污染源。500米范围内没有垃圾场或粪便处理场,空气流通环境好。五是熟悉当地政策法规,能与社区和当地主管部门搞好关系,特别是跨地区、跨省界和国界的餐饮企业选址,更要注重投资环境。所谓天时不如地利,地利不如人和,没有地利、人和的环境和条件,在"强龙压不过地头蛇"的环境下,即便所选地址良好,也难以保证成功进入市场,长期获得优良经济效益。

(三) 有利竞争、确保盈利的原则

餐饮企业是以盈利为目的的生产经营性企业,科技含量和市场准入的门槛较低,市场范围广泛,专利保护困难,容易形成市场竞争局面。因此,餐饮企业选址必须坚持有利竞争、确保盈利的原则。

餐饮企业的选址直接影响企业进入市场后的客源多少和盈利水平。为此,要遵循有利竞争、确保盈利的原则,在具体运用时要把握以下五个要点:一是餐厅档次规格竞争。如果在同一市场范围内有三家以上与拟建餐厅档次规格相同的餐饮企业,就要设法避开,修改或调整自己的等级规格。二是主题风格竞争。每一个餐厅的装饰布置和环境美化都有自己的装饰主题和风格。在餐厅选址和装饰美化时,要尽量避免雷同和抄袭,以防止不必要的竞争。三是经营风味竞争。如果在同一市场范围内已有三家以上风味雷同的餐厅,也要设法避开,即改变和调整自己的产品风味。如果自己的厨师技术难以避开,那就要调整自己的产品结构、花色品种和产品价格,从而避开产品风味竞争。从表面看,产品风味竞争似乎和企业选址无关。事实上,在餐厅选址和规划建设中就必须确定经营风味。换句话说,经营风味的选择是从市场竞争的需要出发的。而餐厅选址所确定的经营风味又与企业的设施设备配备和餐厅内部规划密切相关。四是市场范围竞争。餐厅选址的市场范围分为中心区、次中心区和边沿区。如果在同一市场范围内同一类型、同一规格、同种风味的企业竞争激烈而所选地区的区位优势又较好,那就应放弃中心区或次中心区而到附近的另一中心区去选址,或者到附近的地区选址而使自己的企业在邻近的市场范围内重新形成中心区、次中心区和边沿区,从而避开市场范围竞争。五是做好盈利水平预测,即在餐厅选址的同时,要认真做好市场调查,根据拟建餐厅和市场供求关系分析,制定1—3年的可行性分析报告,预测拟建企业的盈利水平。如果预测结果说明,新建企业能在1—1.5年收回全部投资,保证还本付息,租赁经营的餐厅能在8—15个月收回全部投资,企业进入市场后,其利润率在3个月内能达到或超过当地同等企业的平均水平,其企业选址就是好的。如果投资回收期太长,预测利润率又太低,那就应该放弃在此选址,另选其他地方。所以,餐饮企业要坚持有利竞争、确保盈利的选址原则,要具体问题具体分析,将选址原则落到实处。

三、餐饮企业选址的影响因素

餐饮企业选址是一个比较复杂的过程,也是企业市场准入工作的起点。选址优良,本身就意味着经营成功了一半。但同时,餐饮企业选址又受多种因素的影响,这些因素主要来自三个方面,需要餐饮企业的投资人和经营者在市场调查的基础上认真考虑、仔细分析,然后做出正确的选择。

(一) 区位市场因素

餐饮企业选址总是在一个合适的地区选择一个合适的地点。因此,所选地区的市场环境如何?区位优势何在?就是企业选址首先要考虑的因素。地区选择合理、市场环境优良,区位优势明显,就为餐饮企业的市场准入和经营成功创造了良好的先机。反之,则会造成先天不足,给企业进入市场后的业务经营留下隐患。所以,餐饮企业选址首先要考虑区位市场因素。

餐饮企业的区位是指企业所在地区的市场范围。它以企业拟选地点为中心,以市场覆盖的中心区、次中心区和边沿区的距离为半径,辐射一个地区或城市。而区位的选择又以市场半径为重点。区位市场要考虑的具体因素很多,主要包括八项:一是地区经济发展水平。地区经济越发达,人们的生活水平越高,餐饮市场的客源越丰富。反之,市场规模越小。二是市场半径的人口总量。地区人口总量越多,外出就餐的顾客数量越多,有利于餐厅选址。三是人均可支配收入水平。一个地区或市场半径内的人均可支配收入水平越高,外出就餐的顾客比例就越大,越有利于餐厅选址。四是地区交通状况。

餐厅选址一定要选择交通方便、车辆和行人进出便利的地方，否则必然影响客源。五是地区流动人口规模。地区旅游资源丰富，大中型商场、企业、机关团体越多，流动人口规模越大，越有利于餐厅选址。六是市场半径的餐饮企业竞争程度，同一类型、同一等级、同种风味的餐饮企业竞争越激烈，越不利于餐厅选址。反之，则比较适合在此选址。如果某一地区已经形成具有相当规模和广泛影响的餐饮市场，如食品一条街、美食中心等，则只要在市场半径内和在目标市场的选择上避开竞争对手，就可在此选址。七是地区市场规划。如果属于规划建设的拆迁范围，则不宜选址。如果是渐成规模的开发地区，又适合在适当时机选址建设，进入市场。八是市场半径范围内预测的拟选目标市场的客源保证程度。这一因素是由区位优势的前七大因素决定的。如果目标市场的客源数量充足，如果选址后的规划建设对目标市场的客源有广泛吸引力和市场竞争力，则适宜在此选址。反之，则应另选其他地址。

总之，影响餐饮企业选址的区位优势的具体因素是多种多样的，上述各种因素都要经过市场调查、实地考察，在取得可靠信息资料的基础上，经过综合分析、多方权衡比较后，才能掌握区位优势的程度，从而最终决定餐饮企业是否在此选址。

（二）点位市场因素

餐饮企业选址是十分具体的。区位虽好，但具体位置不佳，本身就可能造成餐厅选址的失败。所以，餐饮企业选址必须充分考虑点位市场因素。

点位是指企业所在的具体地点，即以企业位置为圆心的周围市场环境。在区位优势已经确定的条件下，点位因素往往更重要。点位市场要考虑的具体因素也很多。主要包括七项：一是企业可选地点，即可供选址的具体位置。包括是否面临大街或交通要道、企业占地面积大小、企业朝向如何等。具体位置越好，越有利于餐厅选址。二是市政基础设施，即企业周围的水、电、燃料供应、污水处理等市政基础设施状况。这些市政基础设施越齐全、配套，越有利于餐厅选址。如果不配套或不齐全，必然加大企业投资，增加企业成本。企业在此选址时，就要十分慎重。三是地价与租金高低。土地价格是新建企业必须考虑的因素，房产租金则是租赁经营的企业必须考虑的因素。地价与租金越高，企业的固定支出越大，如果地价或租金太高，严重影响投资效益，则不宜在此选址。四是所选地点周围的繁华程度。选点周围越繁华，商业网点、公寓写字楼越多，越靠近大学、科研机构、政府办公大楼，人气越旺盛，越适宜在此选址。五是选点位置的可视程度。可视程度越高，门前可亮化条件越好，越适宜选址。如果位置在胡同、小巷内或大街与交通要道的背面等，则不宜在此选址。六是选点周围的治安环境。当地治安环境良好,垃圾废弃物处理条件好,则宜于在此选址。七是食品原料采供点分布状况。选点周围有大中型市场、农贸市场和批发市场,可以节省运输费用,适合餐厅选址。总之,影响点位优势的具体因素也是多种多样的。这些因素主要通过实地考察,掌握信息资料,然后经过综合分析,才能决定餐饮企业是否应该在此选址。

(三) 拟建规划因素

餐饮企业选址的目的是为了新建或租赁经营合适的酒楼饭庄。企业的拟建规划和餐厅选址的区位优势及点位优势是密切相关的,如快餐厅的地址最好选在人流密集、人气旺盛的商业中心区,家常餐厅的地址则以居民小区、办公区域为好,大众低档餐厅往往选在大中学校周围,高档豪华餐厅则以商业中心区域且有足够占地面积的地点为宜。所以,餐饮企业的拟建规划也是餐厅选址要考虑的因素,只有结合这些因素和区位优势及点位优势,才能合理选址,为企业的市场准入和业务经营创造先机。拟建规划的具体因素主要包括四项:一是拟建企业类型。快餐、自助餐、火锅、烧烤、高中档风味餐厅等不同类型的企业,餐厅选址的具体要求也不完全相同,要具体分析。二是拟建企业等级。等级越高,投资越大,必须以区位和点位的客源预测为基础,在高消费较集中的地区选址。三是拟建企业规模。档次相同的餐厅,规模越大,餐位越多。如果区位和点位市场容量不足,竞争过于激烈,则不宜扩大规模,甚至应该放弃在此选址。四是拟建企业资金。如果资金不足或难以筹集到必要的资金,选址和规划就失去了依托。总之,企业拟建的规划设想也是餐厅选址要考虑的因素,这些因素和区位及点位的各种因素结合,才能为餐饮企业的正确选址提供可靠的依据。

四、餐饮企业选址的衡量标准

餐饮企业的选址决策直接影响企业市场准入的成功与否和开业后的长期经营效果,具有十分重要的作用。那么,怎样衡量餐饮企业的选址好坏呢?用什么标准来衡量呢?根据企业选址的影响因素和经济效益要求,可以采用三项指标来衡量。

(一) 客源市场预测标准

客源是餐饮企业选址的主要限制条件。一家餐厅选址是否合理,可以根据所选地址的拟建餐厅等级、规格、餐厅类型和经营风味,以目标市场客源预测为依据,用以下标准来衡量:

客源总量——开业 3 个月内,预计餐厅日均上座率不低于 50%,理想上座率65%—70%，越高越好。

客源分布——开业3个月内，在预计客源总量中市场中心区客源占60%左右，次中心区客源占30%左右，边沿区客源占10%左右。

客源稳定程度——开业3个月内，根据市场预测餐厅客源比较稳定，在预测的客源总量中，两次或两次以上前来用餐或宴请的回头客或忠诚客户能达到30%—40%。

（二）选址建设投资标准

餐饮企业选址和拟建餐厅建设投资有密切关系，而建设投资又直接影响企业市场准入后的固定支出和投资效益。一家餐厅选址是否合理，可以用以下标准来衡量：

单位面积地价——适用于选址后新建的餐饮企业。以占地面积为基础，根据市场调查，每平方米土地的合同价格原则上不高于当地平均价格，租期越长，价格涨幅越低。

单位面积房租——适用于选址后租赁经营的餐饮企业。以建筑面积为基础，根据市场调查，每平方米房屋的合同价格原则上不高于当地平均水平，楼层越高，价格越低。租期不应低于3年，时间越长越好。

单位面积建筑投资——适用于选址新建的餐饮企业。根据拟建的餐厅等级规格、豪华程度，预算每平方米的建筑投资应低于当地同一等级规格、同种类型的餐厅。等级越高，单位面积投资越高。

单位面积装修费用——根据拟建或租赁经营的装修等级、主题风格和豪华程度，预算每平方米的装修美化费用应不高于当地同一等级、同等规格的餐厅。

（三）选址预测效益标准

餐饮企业选址合理、地理位置优越，才能带来优良的经济效益，保证市场准入成功。一家餐厅选址是否合理，可以预测为基础，用以下主要标准来衡量：

预测日均收入——以预测日均接待人次和人均消费为基础，在进入市场3个月内，日均收入扣除原料成本、人工成本、营业费用和税金后，大于日均资本性支出总额，其比率不应低于银行利率。

预测投资报酬率——以预测为基础，在进入市场3个月内，餐厅月投资利润率大于银行利率，能够弥补按月度计算的餐厅总投资和贷款利息，并略有盈余。

预测投资回收期——以预测为基础，选址新建的酒楼餐厅，其投资回收期应在1—1.5年,高档豪华餐厅不应超过2年;选址租赁经营的餐厅,其投资回收期应在8—16个月。

预测企业利润率——在保证企业投资报酬率和投资回收期的前提下,预测拟建或租赁经营的餐厅,在开业3个月内的利润率应高于当地同一类型、同一等级规格的餐厅利润率。

第二节 餐饮企业选址的工作步骤

案例

肯德基打进北京市场的区位分析

1985年,担任肯德基东南亚地区副总经理的托尼·王给公司总经理梅耶写信,计划打入中国市场。他认为,现在正是打入中国市场的有利时机,肯德基比任何其他美国快餐连锁店都更具竞争优势。虽然麦当劳正在与中国联系,但要使牛肉供应成为可能,还有很长一段路要走。家禽饲养作为中国农业现代化一个优先发展的领域,受到政府的大力支持和鼓励。肯德基可以打开中国的大门,并能通过建立一个稳定的家禽供应基地来建立无可争辩的领先地位。

托尼·王的建议得到总经理梅耶的大力支持。1986年4月,公司改组了肯德基东南亚地区办公室,任命托尼·王兼任东南亚地区办公室业务主管,负责打入中国市场的筹划工作。托尼·王不负公司重托,一边组织人员,做好进入中国市场的家禽饲养准备工作,保证鸡肉原料的饲养、加工、供应;一边做好市场调查、收集资料,对打入中国市场的区位优势进行了分析。

东南亚地区是肯德基公司全球五个自治区域之一。到1986年,该地区已建起112个分店,年销售收入5 300万美元。若能打开中国市场,其前景将十分广阔。现在的问题是首先在何处布点、如何让中国人接受西式快餐。托尼·王首先想到的是天津。他已经同天津市政府建立了良好的关系,天津是当时中国三大直辖市之一,是中国北方的工业重镇,区位市场广大,人口众多。但天津也有几个弱点:一是缺乏谷物供应饲养鸡肉,远途运输不仅增加成本,也不利于保证原料的绝对新鲜。二是天津外国旅游者的人数较少,会降低布点后的硬通货收入比例。三是在地理位置上,天津通常是作为北京的门户,作为肯德基在中国布点的首选方案和开拓整个中国市场的战略基地,似乎不具备这项宏伟计划所需的形象和影响。

另一个可选方案是上海。上海是中国最大的城市，有1 100多万居民，是中国最繁荣的商业中心。工业总产值占全中国的11%，外贸出口占全国的17%。上海可以通过正大集团的饲料供应解决肯德基的鸡肉供应问题，保证食品的新鲜度和质量。虽然上海区位优势明显，却也有它的不足：这里的噪音和污染让国际旅游者感到沮丧，外汇收入可能不足。在上海选址作为肯德基打开中国市场的第一个战略基地，似乎也不够理想。

广州是可供选择的另一个方案。广州是中国沿海开放城市之一，离香港很近。从1984年开始，广州已开始为外方投资提供了很多优惠，若首先在这里选址，审批手续会更容易一些。此外，广州人的消费观念更为开放，接受西式快餐消费观念可能更容易些。初步调查，在这里找一个供应鸡肉的来源之地也比较容易。但就肯德基在中国布点的第一个战略基地而言，似乎还有欠缺。

北京是最值得考虑的地点。北京有900万人口，仅次于上海，是中国的政治、文化中心。这里外来人口众多，潜在市场庞大，旅游资源丰富，外国旅游者的规模在全国最大，西式快餐消费观念容易形成，也能保证外汇收入的稳定。北京有良好的地铁和道路交通，全国各地的重要商务审批要到北京来办理。初步调查，北京郊区已经办起好几家家禽饲养基地。北京的现代化宾馆规模大，有大量的流动人口涌入，再加上北京在全国的形象和影响，一切都在暗示，在北京布点区位优势最为突出，是肯德基打入中国市场最强的战略基点。

北京市的城市规模很大。改革开放以来，北京兴起建筑热，四处都是建设工地。要在北京布点选在什么位置呢？托尼·王迅速与北京市有关部门联系，寻找当地合作伙伴。他首先想到的是天安门南边的前门地铁口。这里是北京的中心，交通发达，附近还有十多条公交线路经过。天安门和前门地铁口每天的客流量超15万人，周围半个小时的车程距离内，各种政府机构、外来机构、外贸机构等有上百家，潜在顾客群体在50万人以上。这里实在是最理想的首选之地。

1985—1986年，肯德基公司通过对北京、天津、上海、广州等城市的区位优势比较分析和对北京前门地区的餐馆选点的点位分析，完成了市场准入的选址，迅速进入了紧锣密鼓的规划建设阶段。次年，肯德基在中国的第一家分店——设计新颖、规模居中、整洁卫生、环境舒适的北京肯德基店正式营业，市场准入获得巨大成功。当年就创造了单店销售额全球第一的优良业绩，为肯德基全面进军中国市场立下了汗马功劳。

点评

餐饮企业选址是从市场调查和市场预测开始的，它是一个复杂的过程。肯德基公司的北京分店选址具有战略意义，其工作重点是区位优势和点位优势的比较分析，并且从长远战略发展来考虑。对我国一般餐饮企业的投资人和经营者来说，也许所考虑的范围没有肯德基在北京地区选点布局那么广泛，但其精神实质却是相同的。本案例向我们介绍了餐饮企业选址的工作内容和步骤，这也是我们在这里重点要研究和讨论的问题。在餐饮企业市场竞争局面已经形成、市场进入和退出日趋频繁的条件下，对餐饮企业的投资人、开业策划人员和经营者来说无疑是十分重要的。

一、开展区位市场调查

餐饮企业选址总是在一个地区或城市选择一个合适的地点，然后通过规划建设而打入市场。因此，做好企业选址的第一个步骤是开展区位市场调查。其市场调查的内容和方法如下：

（一）确定区位市场调查的范围

区位是指餐饮企业的市场区域。在中小城市或地区选址，区位的范围就是整个城市或地区；在北京、上海、广州、天津等大城市选址，区位的范围则要进一步细分。如在北京地区选址，其区位可以海淀区、东城区、朝阳区等行政区划为基础，进一步分为前门地区、东三环地区、西单地区、北辰地区等。区位市场对餐厅选址和市场准入影响重大，所以，其调查范围要以区位市场为主。

（二）明确区位市场调查的目的和内容

区位市场调查的目的是收集资料，掌握市场环境和市场需求，以便确定是否应该在这个区域选址。如果在此选址，其目标市场何在，需要建设一个什么类型、什么等级规格、什么经营风味的餐饮企业，才能与目标市场的消费需求相适应。这些都是餐饮企业选址的前提和基础，也是企业选址后能否成功进入市场的必要条件。

根据区位市场调查的目的，其调查内容主要包括四个方面：一是区位市场基本情况调查。具体内容包括区位市场的人口规模（总人口、居民人口、企事业单位人口和每天的流动人口及其比例）、区位市场的经济发展水平、人均国民收入、人均可支配收入，以及人们每周外出用餐的比例、次数、人均消费水平。此外,还有区位市场范围内的大中型商场、饭店宾馆、公寓写字楼、大中型机关、学校、车站、政府机构、科研单位等的数量和分布状况,以及这些单位的餐饮市场需求状况和消费水平。二是区位市场的交通状况调查,包括交通干线分布、交通流量、主要街道分布、交通密集和人流量集中的地点分布情况等。三是区位市场的商圈商情调查,即在车程30—60分钟的距离范围内有几个商业繁华和人流集中的商圈,每个商圈的规模有多大,是否适应在此选点经营酒楼饭庄等餐饮企业。四是区位市场的餐饮市场竞争调查。具体内容包括地区和商圈范围内现有多少家餐饮企业,各家企业的档次、规模如何,经营什么风味,每天的餐位利用率、接待顾客数、产品价格水平、人均消费已达到什么水平等。

(三)选择区位市场调查的方法

餐饮企业区位市场调查的方法多种多样。常用的可供选择的方法主要有:

观察调查法——主要适用于区位市场的交通状况调查、商圈分布调查、人口流量和人流集中程度调查等。其方法是选派调查人员到区位市场的不同地点、不同人流集中地去观察、统计、记录,或乘车、开车体验交通状况。由此获得市场信息资料,为餐饮企业选址提供客观依据。

实地统计法——主要适用于区位市场的客户单位和市场竞争调查。如调查客户单位,可以通过实地走访机关、学校、科研机构等了解情况,获得信息资料,然后制定调查统计表,掌握客户需求。调查统计表可参见表2-1。

表2-1　餐饮区位市场客户调查表

单位名称	业务性质	员工总数	月外出用餐次数	人均消费	常去餐厅等级	单位电话

调查现有餐饮市场竞争状况,也可采用实地统计法,即派人到现有的餐厅、酒楼,通过访谈、实际观察、品尝等获得有关信息资料,然后制作成统计表格,调查统计表可参见表2-2。

表 2-2　餐饮区位市场餐厅调查表

餐厅名称	等级规格	经营风味	餐位总数	餐位利用率	价格水平	人均消费	主要顾客群体

抽样调查法——主要适用于区位市场范围内的居民用餐消费调查、流动人口消费调查，其方法是随机选择一定数量的家庭或流动人员，制定抽样调查表格，派人深入住户或市场，询问、记录调查内容，然后进行统计分析，掌握市场需求状况。如区位市场的居民用餐需求调查，可以询问居民家庭人口、人均收入、人均可支配收入、月外出用餐次数、人均消费等。调查统计表可参见表 2-3。

表 2-3　餐饮区位市场需求调查表

尊敬的顾客：

为响应政府号召，发展第三产业和服务行业，使您在本地区的生活和外出用餐更方便、舒适、实惠，我们×××餐饮有限责任公司计划在本地区筹办一家餐馆。为保证餐馆更适合您的需求，请您协助我们完成市场需求意向调查。请您放心，我们的调查内容绝对为您保密，也不用填写您的姓名和住址。谢谢您的合作！

×××餐饮公司

被调查人编号：　　　　　调查表格：　　　　　　　调查日期：

家庭人口	家庭收入	人均收入	人均可支配收入	月外出用餐次数	用餐目的	同行人数	人均消费	常用风味	其他

您希望的餐厅档次	您希望的餐厅环境	您希望的餐饮风味	您希望的价格水平	您希望的人均支出
您喜欢的用餐方式	您希望的外出距离	您外出用餐的时间	您喜欢的餐饮口味	您的其他要求

调查人：×××

资料收集法——主要适用于区位市场范围内的市场基本情况调查，如地区人口总量，居民人口数，饭店宾馆、公寓写字楼的数量，政府机构、学校、科研单位的人口数量，当地国民生产总值，人均国民收入等。其方法是通过收集报刊、杂志、政府过去的有关统计资料等来收集信息，为企业市场选址提供依据。

二、做好点位市场实地考察

餐饮企业选址是在一定市场区域内选择一个具体的地点，确定位置和方位。为此，在做好区位市场调查的基础上，接下来的第二个工作步骤就是做好点位市场实地考察。点位是餐厅选址的具体位置和地点，它比区位更具体、更直接、更适用。

做好点位市场实地考察的目的就是要在区位市场环境和市场需求已经确定的条件下，决定在什么地点、什么位置建一家什么类型、什么等级规格、什么经营风味的餐厅。点位市场实地考察的内容和方法主要包括以下四个方面：

（一）可选地点的位置比较

即通过实地考察，确定在区位市场范围内有几处可供选择的地点，每一地点的具体位置、朝向如何，占地面积有多大或可租赁经营的房屋面积有多大；是否面临大街或在交通主干线旁边，或在街巷、胡同等较僻静的地方，或在办公楼、居民楼、写字楼等建筑的一层或二层以上；每一可供选择的地点有何比较优势，有何美中不足之处或劣势等。

（二）可供选点的市场比较

即通过实地考察，确定每一个可选地点的点位市场范围，每一个点位的中心区、次中心区、边沿区的范围何在，步行距离、驱车距离是多少；每一个点位的中心区、次中心区的客源总量有多少，现有市场竞争状况如何；如果在此选址，其目标市场的需求何在，市场规模有多大，适宜创办什么类型、什么等级规格、什么风味的餐厅等。

（三）可供选点的市场准入潜力比较

即通过实地考察，确定每一个可选地点的交通状况和顾客进出的方便程度，中心区每日的平均流动人口规模有多大；估计拟建餐厅的餐位利用率能达到多少，价格水平、接待人次、人均消费、市场潜力有多大；地区范围内正在建设或在未来一年内准备建设的饭店宾馆、酒楼饭庄共有几家，档次规模如何，接待能力会增加多少，有无1—2年内规划要建设的大型商场、超市、展览中心、文化广场等设施。这些都会直接影响餐饮企业选址后的市场准入的潜力大小。

(四) 可供选点的市场投入比较

即通过实地考察,与土地占有者或房产所有者接触、询价、谈判,确定每个可选地点的地产价格、房产价格,可使用或租赁经营的期限有多长,价格水平和经营期限的可接受程度如何。如果是选址后新建餐厅或酒楼,根据拟建的企业档次和规模,确定是否需要拆迁,每个可选地点的造价和前期投入有多大,可接受程度如何。如果是租赁经营或转让原有酒楼饭庄,其租赁经营的条件如何,每个可选地点的转让费用如何,等等。这些都要在做好点位实地考察的基础上获取各种信息资料,然后通过分析比较,权衡利弊,最终确定餐饮企业的地点选择。

三、确定企业选址定位

餐饮企业选址和定位是密切相关的。定位是前提,选址是基础。选址定位是指餐厅选址过程中的市场定位。所以,在做好区位市场调查和点位实地考察的基础上,确定企业选址定位就是做好餐饮企业选址的第三个工作步骤,它是区位调查和点位考察的自然结果和必然要求。

确定餐饮企业的选址定位要以区位市场调查和点位实地考察所取得的信息资料为基础,通过综合分析、权衡比较来确定,其选址定位的前提条件和客观依据都是目标市场的消费需求和市场潜力。因此,做好餐饮企业的选址定位,重点要做好以下三个方面的工作:

(一) 确定拟建什么类型的餐厅

餐饮企业的类型多种多样。从餐食性质看,有中餐厅、西餐厅,以及日本、韩国、印度等不同国家、不同类型的餐厅;从经营内容看,有火锅、烧烤、快餐、海鲜、野味等各种餐厅;从风味特点看,有流行风味、地方风味、宫廷风味等不同的餐厅。为此,确定选址定位,就要根据市场调查和区位考察结果,选好一个具体的位置,然后根据所选目标市场的消费需求,确定拟建一个什么类型的餐厅。餐厅类型的确定,主要根据目标市场的需求缺口,然后才是投资人的意向,即需要什么类型,缺少什么类型,就选定什么类型。

(二) 确定拟建餐厅的等级规格

餐饮企业的等级规格有五星级的高档豪华型餐厅,四星级的中档舒适型餐厅,三星级左右的整洁、卫生型餐厅,如家常菜餐厅、大众餐厅等。因此,在拟建餐厅的类型确定后,还要根据目标市场的客源档次、消费水平、支付能力和所选地区的区位及点位市场竞争状况,确定拟建餐厅的等级规格。确定餐厅拟建等级规格的依据，首先是当地市场的需要。缺什么等级、少什么等级、需要什么等级就选什么等级。其次是投资人的意向和资金实力。有多少资金和实力，办多大的事情，不要一味求高、求大、求洋。只有两者结合，并与当地已有餐厅的等级规格，特别是装修风格、主题环境区别开来，才有市场竞争力。如果同一等级规格的餐厅太多，装修主题和风味雷同，必然加剧市场竞争，甚至造成餐厅选址和市场准入的失败。

（三）确定拟建餐厅的经营风味

拟建餐厅的经营风味也是在餐厅选址过程中，根据当地市场需求和竞争状况来确定的。为此，在拟建餐厅类型和等级规格已经确定的基础上，经营什么风味首先要根据当地已有餐厅的经营风味来确定，即需要什么风味，缺少什么风味，当地目标市场顾客喜欢什么风味，就选择经营什么风味。在风味选择上，要切忌同一等级规格的餐厅经营同种风味。所以，拟建餐厅经营风味的选择也要尽可能避开同等规格餐厅之间的过度竞争，这样才能保证餐厅选址和市场准入的成功。

四、做出企业选址决策

餐饮企业选址是为投资主体和投资人服务的，其目的是要选择一个合适的地点筹建一家合适的餐厅，保证拟建餐厅的类型、等级、经营风味都与所选地点的目标市场的规模、客源、档次和消费需求相适应，又能符合投资主体和投资人的意向与资金实力要求。因此，做出企业选址决策既是餐饮企业选址的最后一个工作步骤，同时又需要做好多方面的工作，其主要工作内容和方法如下：

（一）协调好与投资主体和投资人的关系

餐饮企业的选址一般是在投资主体或投资人的授权下，选派并成立一个开业筹划工作小组或委托一家公司，如饭店管理公司、餐饮集团公司等来完成的。因此，在餐厅选址的区位市场调查、点位实地考察过程中，筹划工作小组必须随时加强与投资主体负责人或投资人的联系，搞好协调配合，主要是将工作进展情况及时向投资人或投资主体负责人汇报。必要时，请他们到现场考察。在餐厅选址的过程中，一般要汇报3—4次。如在市场初步情况调查、区位市场全面调查、点位市场实地考察后，都要向投资主体或投资人汇报调查情况和调查结果，提出选址建议并说明理由，征求他们的意见。向他们请示下一步的工作，然后按投资人的指示和要求开展餐厅选址的具体工作。只有加强联系、搞好协调，才能少走弯路，保证各项工作的顺利开展，也为餐厅最后做出选址决策创造条件。

(二) 拟订餐厅选址决策方案

选址决策方案是为投资人和投资主体做出决策提供科学依据的。为此，在区位市场调查和点位实地考察的基础上,要对各种信息资料进行分析整理,拟订出可供选址的决策方案。事实上,应该在什么地方建设什么类型、什么等级规格、什么风味的餐厅,都是由拟选地点的市场环境、市场需求、投资建设的必要性和可行性决定的。因此,餐厅选址决策方案的制定要将影响决策的主要因素一一列出,以供投资主体和投资人分析比较,做出决策。其决策方案的格式可参阅表2-4。

表2-4 餐厅选址决策方案比较表

方案 项目	拟选方案(A)	拟选方案(B)	拟选方案(C)
位置朝向			
占地面积			
使用面积			
门前环境			
拟建类型			
拟建等级			
拟建规模			
土地费用			
单位面积租金			
经营期限			
客源档次			
客源规模			
竞争程度			
交通状况			
预计餐位利用率			
日均用餐人次			
预计人均消费			
预计日均收入			
资金投入量			
投资回收期			

(三) 做好方案论证评估和决策

在拟订投资方案的基础上,投资主体要召集投资人、筹划工作小组人员，聘请专家学者,召开选址方案论证评估工作会议。会议主要内容包括四项:

一是由筹划工作小组介绍餐厅选址的市场调查、点位实地考察的结果，解释根据调查资料拟订的不同选址方案的内容、影响因素及有关数据，以供与会人员分析。二是由投资主体负责人介绍投资意向、公司情况、选址建设餐厅的想法和要求等，供与会人员参考。三是请专家学者进行论证分析，提出各种问题，并由筹划工作小组成员进行解释、补充说明，分析不同方案的优劣。四是由投资主体负责人综合大家意见，做出最后决策，并对选定方案提出需要补充、修改的意见和要求，从而做出最后决定。

第三节　不同餐饮企业选址的操作要点

案例

不拘一格的餐厅选址要点与标准

案例一　抢占大型商圈的全聚德烤鸭店选址技巧

北京全聚德烤鸭是一种传统的著名美食，至今已流传上百年。改革开放后，经多年发展，已成为拥有几十家分店的北京烤鸭集团。集团分店的发展和扩张，主要是近几年来的事情。考察全聚德烤鸭店的餐厅选址，无论是老店还是新店，都以抢占区位市场的大型商圈为原则。例如，北京前门全聚德，地处前门大街，靠近天安门、前门商业区、大栅栏商业中心、珠市口。这里商业繁荣、人流集中、人气旺盛，每天的人流量均在10万人以上。其他如王府井烤鸭店、和平门烤鸭店、西单烤鸭店、北辰地区烤鸭店等无不如此，这些烤鸭店的餐厅选址，并不用担心其他风味餐厅的多少。但它们都十分注重区位市场的商圈规模、繁华程度，在保证地区客流量的前提下，重点以烤鸭质量、餐厅舒适、环境整洁和服务质量开展竞争。面对其他烤鸭每只30多元的激烈竞争，全聚德烤鸭却能坚持每只70—110元左右的销售价格，既保证了客源档次，又实现了餐厅生意兴隆。各个分店的上座率都达到70%—80%，餐位利用率达到150%—170%。所以，全聚德已连续多年成为中国餐饮行业实现销售收入最多的企业。

案例二　常州大娘水饺餐厅选址“五不做”

常州是我国江苏省的一个中小城市。改革开放以来，经济飞速发展，人民生活水平迅速提高，成为我国城镇居民最富裕的地区之一。在这种条件下，当地饭店宾馆、餐厅酒楼众多。而常州大娘水饺虽不是十分豪华的餐厅，却异军突起，开一家火一家。这与大娘水饺餐厅选址的“五不做”是密切相关的。常州大娘水饺餐厅选址“五不做”的具体内容是：

1. 不是大型商圈的中心位置不做。
2. 没有充足的客流量不做。
3. 相对封闭的二层楼以上不做。
4. 户外无独立醒目的广告牌不做。
5. 得不到房东与当地主管部门的良好支持不做。

常州大娘水饺餐厅选址的“五不做”是否体现了我们所讲的餐饮企业选址的原则、工作内容和工作要领呢？是否要经过我们所说的区位市场调查和点位实地考察才能做到呢？其餐厅选址的操作要点是什么呢？不妨请你和我们一起深入思考。

案例三　沈阳烹小鲜面馆的餐厅选址量化标准

沈阳是我国东北地区的老工业基地。在国有企业改革和产业结构调整过程中，曾经一度不尽如人意。国家提出振兴东北战略后，地区经济迅速发展，第三产业日新月异。在这样的背景下，沈阳烹小鲜面馆脱颖而出。说是经营面条，却仍以小鲜食品为主。这家餐馆之所以能迅速发展、生意兴隆，其餐厅选址的定量标准是值得我们深思的，这些定量标准主要有以下七条：

1. 餐厅区位市场的人口密度不得小于每平方公里12 000人。
2. 餐厅点位市场的人流量规模不得低于每天20 000人，餐厅位置面临大街。
3. 餐厅面临街路，每天的车流量不少于10 000辆次。
4. 在餐厅附近2 000平方米面积内有日营业额不少于50万元的大型商场或娱乐场所。
5. 餐厅选址的门面宽度不得低于30米。
6. 餐厅应选在有红绿灯的十字路口附近。
7. 餐厅选址点位所在的街区居民平均每户的年收入不应低于30 000元。

（资料来源：根据平时读书记录整理编写。）

点评

在现代市场经济条件下,随着第三产业特别是服务行业的发展,餐饮业正在成为投资前景看好的行业。不断投资新建或改造,不断形成的市场进入和退出机制,正在使餐饮业的行业结构得到调整。餐厅选址和开业筹划这一新兴的工作越来越受到人们的重视。餐厅选址的原则、内容、工作程序和衡量标准,都不是单纯的理论问题,它必然成为实战操作的工作指导。从上面几个案例的介绍中,你能得到什么启示?这些案例所提出的标准和要求不正是餐饮投资、餐厅选址原理和方法的具体运用吗?

一、高投入要有高产出——高档豪华型餐厅选址要点

高档豪华型餐厅必须有足够的餐位面积。否则,投资大、餐位少,必然导致投资回收期太长。因此,高档豪华型餐厅使用面积一般不应低1 000平方米,餐位总数在500个以上,有装修典雅的大厅和多个豪华包房,餐厅消费环境美观、典雅,达到五星级餐馆标准。若是自建的餐厅,投资回收期应控制在3年以内;若是租赁经营的餐厅,投资回收期应在2年以内。正因为如此,高档豪华型餐厅的选址是十分重要的,高投入必须有高产出。其餐厅选址重点要把握以下三个要点:

(一)区位市场选择

高档豪华型餐厅的区位市场必须选在高档写字楼、大型企业、当地政府机构相对集中的大型高档商圈或大使馆、领事馆比较集中的地区。周围1 000米范围内至少应有3—5个以上这样的大厦或大中型机构,地区人口密度应不少于20 000人/平方公里。预测客源应以集团公款消费与宴请活动的顾客为主,人均消费水平应达到100元以上。经市场调查可争取的客源量 = 区位人口总量 × 月外出用餐比例 × 15%—20% × 拟建餐厅可争取的市场份额 ÷ 30 > 餐厅保本餐位利用率。客源结构比例经努力应达到单位集团消费顾客数占35%—40%,宴请活动占30%—40%,个人付款顾客数占15%—20%。

(二)点位市场选择

高档豪华型餐厅的点位市场内必须交通便利,周围500米以内必须有十字路口,每天的车流量不应少于15 000—20 000辆,主要客源的步行距离应在

500 米左右，行车距离在 5 000 米以内为好。

（三）餐厅位置选择

高档豪华型餐厅的位置选择标准多种多样，可以选在高档写字楼、办公楼、金融大厦内，也可选在新建高档住宅楼、交通干线两边和十字路口，但不宜选在地下室或二层以上。不管选在什么地点，必须把握四个要点：一是必须面临大街或进出方便的地方。二是门前或附近必须有足够面积的停车场和车位。三是餐厅的门面开间宽度不应少于 100 米。四是门面装修和广告牌的大小、高度必须有足够的空间，能保证醒目，在周围 1 000 米范围内能充分发挥招揽顾客的功效。

二、瞄准白领与灰领职员——中档舒适型餐厅选址要点

中档舒适型餐厅的特点是餐厅建造与装修以主题型餐厅为主。不管经营什么风味，其餐厅环境美化大多有一个比较鲜明的主题，环境舒适、整洁美观、气氛宜人。客源对象以大中型公司的白领和灰领职员、中产阶层等人士为主。私人付款居多，也有部分中小型公司、机关、学校、科研机构的宴请或公款消费，并常常接待旅游团队。这种类型的餐厅建筑面积多在 500—1 000 平方米左右。餐位数量没有一定标准，一般不少于 100 个，设有美观、舒适的大厅和多个包间。若是新建的餐厅，投资回收期多在 1—2 年；若是租赁经营的餐厅，投资回收期多在 10—18 个月。中档舒适型餐厅的企业选址也十分重要，可选地址主要有三种地区，每种地区的餐厅选址要把握以下要点：

（一）大中型办公区域选址

大型办公区域包括高中档写字楼、办公楼、金融大厦、商贸大楼、大学、科研机构比较集中的区域。若在这些地方选址，具体操作时要把握四个要点：一是要靠近 1—2 个大楼或直接在大楼一层，以保证客流量。经市场调查可争取的客源量 = 点位（500 米范围内）常住办公人口 × 日外出就餐人数比例 × 拟建餐厅市场份额 > 餐厅保本餐位利用率的日均人次。二是必须交通便利。主要目标市场顾客的步行距离应在 15—20 分钟或 3—4 个街区，门前最好有停车位。三是点位市场若有其他高中档餐厅，数量不宜超过 3 个，餐厅装修主题和环境、经营风味必须与竞争对手有明显区别。否则，不宜在此选址。四是所选地点的可视程度高，门面开间宽度不应少于 80 米，能安装大型广告牌，1 000 米范围内都能看得清楚。

（二）商业集中区域选址

中档舒适型餐厅也可选在大中型商业集中区域。若在这种区域选址，具

体操作时要把握五个要点：一是必须靠近大中型商场或其附近的十字路口，交通方便，进出便利，人流量大。二是具体位置面临大街，门前有停车位。三是餐厅门脸和大型广告牌亮化条件好，可视程度高。四是主要目标市场客源量=点位市场日均人流量×人流就餐比例×拟建餐厅市场份额>餐厅保本餐位利用率的日均人次。五是点位市场上同等规格的餐厅数量不应超过三家，餐厅消费环境、产品风味和经营风格要与竞争对手明显区别开来。

（三）商品房居民区选址

能够购买商品房的居民大多是中等收入以上的家庭，包括高中档商品房居民小区、别墅区、公寓楼等。中档舒适型和高档豪华型餐厅都可在此选址。中档餐厅如在这些地方选址，重点要把握三个要点：一是要把握小区人口总量和市场分割。在商品房居民小区的外出就餐顾客总量中，高档餐厅的客源一般占15%—20%左右，中档餐厅一般占40%—50%左右，大众低档餐厅一般占30%—35%左右。私人付款消费，多数人还是比较节省的。因此，中档餐厅若在此选址，其目标市场客源量=小区人口总量×月外出用餐人口比例×40%—50%÷30×拟建餐厅市场份额>餐厅保本餐位利用率的人均日次。二是具体位置应选在小区进出口、公寓楼一层或附近500米左右的临街十字路口，进出方便，步行20分钟以内即可到达。三是要避免市场竞争过于激烈。一个小区的总人口是有限的，如果同等餐厅的数量过多，就不宜在此选址，以防过度竞争，造成两败俱伤。

三、工薪阶层的美食欢乐宫——大众家常菜餐厅选址要点

大众家常菜餐厅是餐饮企业中数量最多、规模最大、市场范围最广的一种餐厅类型。这种餐厅的特点是：餐厅档次一般，内部装修整洁、美观、适用，有一定主题；目标市场以工薪阶层、区位市场的流动顾客为主，人均消费大多在30—50元左右；餐厅风味多种多样，经营范围包括川菜、粤菜、鲁菜、东北菜、湖南菜、火锅、烧烤、传统风味等。该目标市场可细分为机关、学校、中小企业职工，经济适用房新建小区居民，情侣顾客，婚宴顾客，国内旅游团顾客等。大众家常菜餐厅的选址没有一个统一、准确的标准，但在具体的选址操作上，重点要把握以下三个要点：

（一）区位市场范围的客源选择

大众家常菜餐厅以工薪阶层为主要目标市场，但这一市场范围十分广泛，因而在具体选址时还必须进一步细分。例如，可分为公司社团的工薪阶层、机关学校的工薪阶层、居民小区的工薪阶层、娱乐场所的工薪阶层等。在

市场细分的基础上，再确定目标市场的区位范围。而每一种目标市场的范围都必须以充足的人口量、客流量为基础。其市场范围以可选地点为中心，以步行20分钟、乘车10—15分钟、街区范围3—4个为限制，区位市场不宜过大。细分目标市场可开发的客源量＝区位市场人口总量×每周外出用餐人数比例×30%—40%×拟建餐厅市场份额÷7＞餐厅保本餐位利用率的日均人次。这样，流动人口的就餐人数即可作为餐厅利润的主要来源。

（二）点位市场的餐厅位置选择

大众家常菜餐厅的点位位置选择没有具体的限制。可选地点十分广泛，在商业集中区、居民集中区、大学、机关、大中型商场、办公楼、写字楼、政府机构、科研机构等单位的旁边、附近均可，只要符合区位市场目标客源选择的客源数量要求即可。但在具体操作时，还要把握四个要点：一是必须交通方便，面临大街，最好是客流集中经过的主要路口。二是拟选地点最好在一层或一、二层相连处，不宜在三层楼以上。三是门前可视条件好，门面开阔，广告牌醒目。四是如果目标市场是以团体顾客为主，也可选在大中型旅游景点的进出口处。有停车场。

（三）餐厅选址的市场竞争限制

在确定点位市场位置的时候，一定要考虑到同一区位和点位市场的大众家常菜餐厅不能太多。区位市场范围内一般不超过5家，点位市场步行500米范围内不宜超过3家。如果是在食品一条街、食品中心广场等大型餐饮企业集中的市场选址，竞争对手的相邻距离必须超过500米，否则，不宜在此选址。

四、敢为人先，不拘一格——其他不同餐厅选址要点

餐饮企业的选址是十分复杂的。不管什么类型的餐厅选址，总是以依托人气、保证盈利为先决条件的。除上述高、中、低档餐厅选址操作要点外，还有以下几种情况值得说明：

（一）抢占潜在市场先机——新兴规划区域餐厅选址

新兴规划区域大多是餐饮企业的潜在市场。这种规划区域必须是规划建设的小区、大中型商场、写字楼、办公楼、大学、科研机构等未来人口密集的地区。不管是高档、中档或大众餐厅，还是家常菜餐厅或其他风味的餐厅，若想在这些地方选址、抢占潜在市场先机，必须把握三个要点：一是掌握新兴规划区域的设施规划和分布状况，即要掌握正在建设的设施性质、用途、人口密集程度、人流进出和集中的主要交通路口和场所，以便为选择有利地点提供依据。二是选址建设时机掌握。若是大中型商场、超市，应在企业开业前8—

12个月确定位置,商场、超市等开业1—2个月后建成;若是办公楼、写字楼、机关学校,应在初步建成前1—2个月选址,建成后顾客或单位人员已大批进入;若是居民小区,应在楼盘基本建成后选址,大批住户进入时建造或装修完成,以保证开业后的基本客源。所以,选址进入的时机十分重要。三是市政设施保证。若在新兴规划区选址,必须在交通、水、电、燃气设施、污水处理等市政基础设施已经建成,能直接接入餐厅使用的前提下,方可选址建设,进入市场。

（二）酒香飘逸客自来——特殊垄断型餐饮企业选址

特殊垄断型餐饮企业必须具备两个条件:一是餐厅风味独特,有很强的吸引力,特别是在拟选区位市场内绝无仅有,有较强的垄断性。二是餐厅档次高,装修豪华、典雅,有独特风格。这种类型的餐厅选址重点要把握三个要点:一是必须选在大型高档商业区、富人集中居住区,区位市场范围可以超过30—60分钟的车程距离。因为这种餐厅的顾客绝大多数都是有车族或开车族。二是餐厅选址的具体位置可以灵活些,只要在区位市场的商圈范围内,既可以选在交通干线的十字路口、大楼里面、别墅区的出入口,也可以选在交通和车辆进出方便的街巷、胡同口等处。三是餐厅门面必须宽阔,可视程度高,广告牌醒目,门前有足够面积的停车场。

（三）来去方便与自如——快餐小吃类餐厅选址

快餐小吃类餐厅如肯德基、麦当劳、成都小吃、上海城隍庙等,其客源市场都是消费水平较低的顾客,如学生、普通市民、各类民工等。因而,其餐厅选址以较低档次、时间紧迫的用餐顾客市场为主。重点要把握三个要点:一是快餐类餐厅以流动顾客和一般工薪阶层、公司、政府机构的客源为主。餐厅选址必须选在大中型商场、超市、车站、码头、人流集中的十字路口等处。二是小吃类餐厅的客源消费水平较低,餐厅选址最适宜选在大中学校门前、车站、码头和商场附近人流集中的路口、普通居民区的十字路口等处。三是点位市场周围(300—500米内)必须有充足的客流量。预计的日均接待人次=点位地点日均流动人口×日就餐人员比例×30%—40%×拟建餐厅市场份额>保本日均接待人次。

（四）不怕波动与间歇——城郊景点公园区餐厅选址

城市近郊区的公园、景点也是餐厅选址的较好地点。这种地区一般不宜建造档次太高的餐厅,应以中低档餐厅、快餐厅为主,能够接待团队用餐。这类餐厅的业务波动性较大。平时生意一般,周末、节假日、旅游旺季顾客较多,遇有刮大风、下大雨或冬季生意很清淡,因此,餐厅选址前一定要清楚了解景点、公园的规模和知名度,保证客流总量。否则,不宜在此选址。

第三章
做好可行性研究和规划建设
——打造餐饮企业市场准入的硬件设施

3

第一节　餐饮企业市场准入的可行性研究

案例

一家草率建成的风味酒楼

在N市东北靠近市区的CBD商圈的入口处附近，不久前新建了一家“九州方园”的风味酒家。这里是N市正在规划建设的大型CBD商圈，在“九州方园”周围2 000米的半径范围内，有几十栋公寓、写字楼、商业大厦，原有的高层居民大楼夹杂其间。新的大厦有的已经建成，正在陆续招商引资；有的正在建设，工地一片繁忙景象。“九州方园”则在附近不会拆迁的两栋居民楼之间，利用塔楼前的间隙建成。

“九州方园”建筑面积近2 300多平方米。门前街巷可以停车，一楼是接待厅和营业大厅，二楼有几个包房；后面是厨房、加工间和库房，还有3个办公用房。餐厅装修舒适、雅静，达到中高档水平，共有320多个餐位。餐厅开业已近8个月，但生意一直比较清淡，餐位利用率只有20%—25%。服务人员和管理人员因生意清淡，大多也已陆续离开。酒家总经理兼董事长看到每天顾客稀少、入不敷出，长此下去，如何能够撑得住呢？所以，他请来了当地著名餐饮专家前来咨询。这不，正值中午时分，酒家总经理兼董事长请来的餐饮专家柴先生走进餐厅，看到冷冷清清的大厅内只有4张餐桌有顾客，楼上6个包房也只有一间有顾客。

董事长兼总经理陪柴先生观看了餐厅门前、大厅、每个包房和后厨各部分，一边参观，一边介绍情况：“九州方园”是2年前开始筹建的，先后考察过5个地方，最后在此选址。这里是黄金地段，寸土寸金，土地费用较高，采用了租赁方式,租期5年。5年后餐厅归土地方所有。建筑投资每平方米6 500元左右,装修投资每平方米1 280元左右,厨房、餐厅与办公设备、餐茶用品等开办费用共花了180多万元。原先预计的餐厅上座率为60%左右,人均消费80元,日均营业额3万元左右。没想到,开业近8个月,生意如此清淡。眼看原定投资回收期内,肯定不能收回投资……董事长一边陪柴先生用餐,一边交谈。柴先生随着介绍的深入,随机问道:在酒楼筹建过程中,可行性研究报告是怎样制定的?资金筹措、现金流分析、三年收回投资的预算是怎样制定的?

董事长回答说:我是搞国际贸易的,起初想一边继续我的贸易工作,一边投资建设餐馆。当初筹建时,考察了周围的几家酒楼,请人做了一个大致的测算,我感到与其他几家比,不会有太大问题。建设投资的资金我们比较充裕,感觉前景看好,所以只有简单的测算,没有详细的可行性报告。

柴先生接着问:酒楼筹建过程中,建筑投资、装修费用、设备投资计划内容是什么?实际付出的时间、金额与你的测算有哪些差别?董事长回答说:这家酒楼的开办虽然耗时一年多,但各种不可控因素较多,实际开支与事先测算有很大出入。比如,获得土地使用权,办理筹建手续,以及办理卫生许可证、税务登记、防火安全检查、营业执照、水电通风、管道处理等手续,都有很多说不清的环节和想不到的开支,真是一言难尽。经过努力,虽然建成了,但怎么也没有想到会陷入如此难堪的局面。

随着交谈越来越深入,董事长为柴先生的咨询方案提供了很多有用的资料。

点评

餐饮企业的选址和规划建设是相辅相成的,企业选址好,但规划建设存在严重问题,必然加大建设投资,为正常营业埋下隐患。应该说,"九州方园"的餐厅选址并没有什么问题,为什么在市场准入中仍然困难重重呢?柴先生经过调查,从餐饮企业市场准入的角度归纳出以下几点:

1. 餐厅选址应该说是不错的,但市场准入的时机选择不当。新兴开发区的餐厅建设应该在区位设施基本建成、点位市场客源条件已经形成的时候方可进入市场,而"九州方园"周围的大厦和写字楼大多尚未建成,有的还在招商,从而使餐厅在短期内很难打开市场。

2. 餐厅规划建设是以可行性研究为基础的。很难想象,投资几百万元,甚至上千万元的大中型饭庄、酒楼,没有可行性研究报告,没有细致的分析论证,仅靠简单的测算而盲目投资与规划建设。应该说,这是比较草率的,也是“九州方园”投资人在一年多的费用开支上“一言难尽”的原因所在。

3. 正是由于缺乏科学的可行性分析论证,规划设计和建设无章可循,导致“九州方园”有些被人牵着走的感觉。餐厅设计、基建设计、装修美化等前期投资与所建成的餐厅应该达到的档次、规格不成比例,这将给餐厅的长期经营带来沉重的经济负担,也是“九州方园”很难按期收回投资的原因所在。

4. 对于餐饮企业的市场准入而言,前期的餐厅选址、餐厅设计、体制建设、团队组建、人员培训等都是十分重要的。由于缺乏规划和可行性分析,必然造成软件建设的先天不足,从而带来后天的市场疲软和生意清淡。这也是“九州方园”市场准入初期失败的原因所在。

……

餐饮企业管理专家柴先生归纳的问题还有不少,他所归纳的问题和即将提出的诊断方案,也是我们在本章所探讨的问题。如果你有意投资和从事餐饮行业,你一定有兴趣和我们一起共同探讨,以防止与“九州方园”类似的问题发生。

一、餐饮企业可行性研究的重要作用

餐饮企业可行性研究是针对企业投资建设,从技术、经济与投资效果的角度对其是否可行所进行的一项前期研究工作。餐饮企业的投资建设是一项影响因素多、资金投入大、战略性较强、直接影响市场准入的成功程度及其长期效果的重大决策。如果没有可行性研究,盲目投资建设,就可能造成决策失误,给投资人带来重大经济损失。所以,餐饮企业的可行性研究具有十分重要的作用。

(一)可行性研究是企业建筑设计和投资决策的主要依据

餐饮企业的可行性研究是在餐厅选址的基础上,为企业建筑设计和投资决策提供客观依据。餐厅选址确定了企业区位市场和点位市场的范围,收集了市场需求的有关资料,但是否值得在此投资,应该建设或租赁经营一家什么类型、什么等级规格、多大接待能力的餐厅,投资建设或租赁经营的前期投入需要多少,投资效果如何,是否值得投入这么多资金等问题,只有通过可行性研究,采用谋后而定的方法才能确定。所以,可行性研究是餐饮企业规划建设、建筑设计和投资决策的主要依据,也是预防投资决策失误的重要措施。

(二)可行性研究是企业筹集建设资金的前提和基础

新建或租赁经营一家现代酒楼、饭庄或餐馆,都需要较大的资金投入,少则几十万、几百万元,多则上千万甚至几千万元。其资金来源主要有三条渠道:一是银行贷款。我国投资银行、建设银行规定:企业申请工程贷款,必须提交可行性研究报告,经审查评估,认为申请项目经济效益良好、有偿还能力,又符合国家信贷政策,才会同意贷款。二是企业融资。任何企业要想通过融资来建设或租赁经营具有相当投资风险的酒楼、饭庄,如果没有可行性研究报告,不能用报告内容来充分说明其所投入的资金能够赚钱且风险很小,又有哪个傻瓜愿意掏钱投资呢?所以,企业融资也必须以可行性报告为依据。三是投资人自筹。投资建设餐饮企业都是以营利为目的的。即使投资人或投资主体具有资金实力,如果不进行可行性研究,做好论证分析,那无异于盲目投资,将自己辛辛苦苦赚来的原始资本用在具有一定投资风险的餐饮行业打水漂。这也是我国不少刚刚介入餐饮行业的投资人经常发生投资失误的原因所在。所以,做好可行性研究是餐饮企业筹集建设资金、防止投资失误的前提和基础。

(三)可行性研究是企业取得市场准入而开张营业的必要条件

可行性研究是为企业规划建设和市场准入服务的。企业要想进入市场、开张营业,在建设过程中,必须与有关部门搞好协调,保证水、电、能源供应,取得卫生许可、营业执照等。而要办理这些手续,与政府有关部门和供应单位商谈、签订合同和协议,都必须以企业规划建设的可行性研究报告和设计任务书为依据,环保、卫生、防火安全部门对企业建设的审批,也离不开可行性研究报告。所以,可行性研究是餐饮企业搞好规划建设、筹划开张营业、取得市场准入的必要条件。

二、餐饮企业可行性研究的基本要求

餐饮企业的可行性研究是为投资决策提供客观依据的。为保证决策科学,防止决策失误,做好餐饮企业可行性研究应遵循以下基本要求:

(一)研究工作要相对独立

餐饮企业的可行性研究可由企业投资人或投资主体委托专业公司完成,也可以聘请专业人员成立企业筹划工作小组,由小组成员完成。不管采用哪种形式,其可行性研究工作都要保持相对独立性。所谓相对独立,一方面要在投资人或投资主体的授权下,明确授权范围、职责权限、质量要求、完成时限。另一方面,接受委托的专业公司或工作小组又要独立开展工作,在规定的职权范围内做好调查研究、科学分析及测算工作,保证可行性报告的观点、内容和数据的客观公正性。特别要防止委托人和受托人职权不分、过分干预、凭长官意志随意编写有关数据等现象发生。

(二) 研究内容要坚持实事求是

餐饮企业可行性研究报告的内容较多,又以投资决策和经济效益预测的各种数据为主,为保证报告内容和可行性方案的科学性、真实性、可靠性,因而必须坚持实事求是的原则。所谓实事求是,就是要从实际出发,在可行性研究过程中,区位市场和点位市场的环境分析、投资建设的供需分析、市场需求的客源预测、拟建企业的规模等级、投资效果的经济预测等数据来源,都必须以市场调查资料为依据,切忌主观臆断。可行性报告的编制、报告内容和观点的提出,必须坚持实事求是、客观公正的立场。只有坚持按客观规律办事,才能为企业的投资决策和市场准入提供科学的客观依据。

(三) 研究报告要保证质量达标

餐饮企业的可行性研究结果既是企业规划建设、建筑装修设计、资金筹措的客观依据,又是能否保证企业成功打入市场的前提和基础。因此,就必须保证可行性研究报告的质量。所谓保证质量达标,就是可行性研究的深度和广度。可行性报告的内容要科学、规范,达到质量要求,满足企业投资决策、规划设计、装修改造、资金筹集、资金使用的要求,以防止决策失误。

(四) 研究人员要保证专业技术水平

企业可行性研究与企业正常经营管理的工作性质不完全相同,它属于建筑投资管理的范畴,其专业技术性较强。在实际工作中,不少餐饮企业,特别是一些从贸易、装饰、房地产或其他行业进入餐饮行业的投资人或投资主体,常常发生投资决策失误,导致前期投入过高,市场准入失败,餐厅建成后不得不很快转让出去。究其原因,常常是从企业选址和可行性研究开始就产生了问题。他们要么没有进行科学合理的可行性研究,要么是请几个缺乏专业技术的所谓朋友做一些咨询、考察,其可行性研究工作通常非常草率,仅凭投资人的意愿或为迎合投资人的要求而简单完成。大量投资决策失误的经验教训告诉我们,要做好餐饮企业可行性研究,为投资决策提供可靠依据,必须保证研究人员的专业技术水平。为此,企业必须聘请专业咨询公司或具有实际经验的专家、学者、教授等人员组成餐饮企业开业筹划工作小组,只有研究人员的专业技术水平有了保证,才能保证餐饮企业可行性研究的质量,满足投资决策和规划设计要求。

三、餐饮企业可行性研究的工作步骤和方法

餐饮企业的可行性研究是一项比较复杂、细致的工作。根据国家《建设项目进行可行性研究的试行管理办法的通知》精神，结合餐饮企业的实际情况，其可行性研究的工作内容和方法可大致分为六个步骤。

（一）接受委托授权，明确任务要求

餐饮企业的可行性研究是由企业投资人或投资主体的投资意向决定的。不管是委托专业公司还是聘请专业技术人员组成规划工作小组，接受委托授权，明确任务要求，都是企业可行性研究工作的开始。在这一阶段，重点要注意以下三个问题：

第一，明确任务目的。投资人或投资主体要向受托专业公司或工作小组明确交代开展可行性研究的工作目的、具体任务、职权范围、完成时限和基本要求。最好应将双方的权利、义务、责任形成协议或合同，以保证企业可行性研究工作的顺利进行。

第二，明确质量标准。在正式开展可行性研究前，要在协议或合同中明确提出可行性研究报告要达到的质量标准，包括报告内容的规范性、完整性，市场环境分析、投资估算、经济效益分析数据的可靠性、客观性，可行性研究报告的深度和广度等。

第三，明确验收要求。可行性研究是为企业投资决策、规划设计、组织建设施工服务的，其研究结果即可行性研究报告的内容必须经过论证、评估，能为企业的投资决策提供科学依据。为此，在正式开展可行性研究工作前就应对其研究结果的验收、评估、论证等工作提出具体方法和明确要求，以防止草率行事，影响工作质量和报告质量。

（二）分析投资环境，做出客观评价

餐饮企业的投资环境是保证规划建设的市场环境科学合理的前提和基础。为了做好企业可行性研究，首先要做好拟选地点的投资环境调查，掌握各种信息资料。做到科学选址，然后以调查资料和餐厅选址的信息资料为基础，分析拟建或租赁经营的餐厅的投资环境。由于餐饮企业的客源是以近距离为主的，因而其投资环境分析要以一个城市或地区的经济、社会和客源市场为背景，以区位市场即拟选地点周围30分钟的车程距离为半径的环境状况为重点。因此，分析投资环境、做出客观评价的工作内容和基本方法是：

第一，做好拟选地区的投资环境分析。在一个地区或城市，餐厅投资的地点不止一个，可以通过市场调查权衡比较，选出一个或几个较好地区，然后

分析其投资环境的优劣。其方法是首先确定企业的市场范围和面积大小。然后，调查这一地区周围的商场、超市、公寓、写字楼、机关、学校、科研机构等大中型企业、事业单位和居民小区的分布情况、密集程度、当地人口总量、人口密度、流动顾客的多少等，看地区客源容量是否值得投资，适宜建设什么类型和档次的餐厅、酒楼。

第二，做好区位市场的经济社会环境分析。餐饮企业的区位市场是以30分钟左右的车程距离为半径的。很难想象，没有特殊原因，人们会花1个小时以上的时间跑到很远的地方去吃一顿饭。所以，区位市场的社会经济环境是决定餐饮企业是否值得投资的主要因素。区位市场经济社会环境分析的内容和方法是：首先，运用资料收集、抽样调查、入户调查等方法，收集区位市场范围内的经济社会发展状况和信息资料，如经济社会发展程度、地区经济发展水平、社会消费发展水平等。然后，分析当地国民收入、家庭平均收入、家庭平均人口、家庭可支配收入，家庭月度平均外出用餐次数、用餐人次、人均消费，当地企事业单位外出用餐次数、人次和平均消费，当地居民和企事业单位的餐饮客源流量、客源构成，区位市场范围内的公费宴请、婚宴、寿宴等的发展程度和水平等。通过这些调查分析，为餐饮企业的投资决策提供可行性研究的客观依据。

第三，做好市政交通等可行条件分析。市政交通等基础设施状况是影响餐饮企业规划建设的重要条件。市政主要指供水、供电、供气、排水、排污等设施，交通主要指公交线路、街道、步行干道等。做好这些基础设施的可行性分析，主要是调查企业区位和点位市场周围的交通干线、街道、行人线路的分布，行车时间、交通环境、交通流量方便程度，当地供水、供电、供气、排水、排污等设施的完善程度，可直接施工接通的距离，办理各项手续的方便程度。如果交通不便，市政基础设施的条件不具备，就不宜在此投资。

第四，做出投资环境的客观评价。在上述调查和分析的基础上，运用调查信息和有关资料，测算出拟选地区的餐饮市场客源总量、日均流量、客源层次、消费水平等有关数据和比例，找到企业目标市场所在及目标市场的需求缺口，从而做出餐厅选址的具体位置、朝向、层高、门前环境、开间宽度、可视程度、停车条件、客流量预测等投资环境的客观评价，为投资人拟建一家什么类型、什么等级、什么规格、多大规模、需要多大投资、市场前景如何的餐厅投资决策提供科学、客观、可靠的依据，从而达到可行性研究的目的。

（三）做好供需分析，明确市场定位

新建或租赁经营一家酒楼、餐厅等餐饮企业，是否值得开办，其可行性程度如何，首先是由市场需求决定的。而市场定位的准确程度又是适应市场需求的重要条件。因此，做好区位市场的供需分析，明确市场定位，就是餐饮企业可行性研究的重要内容。在实际工作中，做好这项工作的具体内容和方法是：

第一，掌握现有市场的供应状况。即要以区位市场范围为主，调查现有市场范围内已经开业和正在筹建的饭店、宾馆、酒楼的数量，以及在这些餐饮企业中高档、中档和大众家常菜餐厅的结构比例、经营风味、餐位数量和比例结构，它们的餐位利用率、接待人次、人均消费如何，市场竞争的程度如何，是否能够满足市场需求。这些调查要以定量分析为主，用数据说话，才能为投资人或投资主体是否值得在此投资提供可行、可靠的客观依据。

第二，做出区位市场的需求分析。餐饮企业可行性研究的需求分析是十分具体的，它不可能针对所有市场，而只能根据市场需求分析目标市场的客源和缺口所在。因此，进行区位市场的需求分析就必须根据拟选市场投资环境分析和现有市场供应状况，分析拟选目标市场的客源规模有多大、属于什么和什么档次、他们的消费水平如何。在此基础上，还要进一步分析可以投资开办什么类型、什么档次、多大规模、什么风格、经营什么风味的餐饮企业；如果投资开办，其餐位利用率预计能够达到多少；当地现有同一类型、同一档次、经营同一风味的餐厅数量和位置如何，它们的接待能力、主要客源对象和自己拟建的餐厅是否存在激烈竞争，等等。只有通过这些具体的分析，才能保证拟建餐厅的目标市场准确，填补市场缺口，防止投资决策发生失误。

第三，做好市场需求的潜力分析。是否具有市场潜力是餐饮企业投资决策的重要依据。没有市场潜力的投资决策必然导致企业短命或先天不足。所以可行性研究必须重视市场需求的潜力分析。其分析方法是根据市场调查结果，主要分析当地市场发展状况、发展趋势、旅客流量、客源构成；区位市场举办展销会、交易会、大中型会议的发展现状和趋势，这些会议与活动的用餐和宴请活动的市场潜力；当地正在建设的大中型办公楼、写字楼、公寓、商场、超市的分布情况，距离远近，客源发展趋势；区位市场的人均国民收入、家庭收入和家庭可支配收入的增长速度；流动人口的规模和发展趋势；区位市场的餐饮经营的季节波动程度与发展变化等。通过这种市场潜力分析，为餐饮企业的投资决策提供可靠依据。

第四，确定企业投资的市场定位。在上述分析的基础上，用市场需求的客源总量减去现有市场供应量，就是市场需求缺口；再分析市场需求的餐厅档次、规格、经营风味和市场潜力大小，即可确定餐饮企业投资的市场定位。这种市场定位的特定含义就是要确定在什么区位、什么位置建造或租赁经营一家什么类型、什么等级规格、多大规模、经营什么风味、接待什么类型和消费水平的顾客的餐厅；这家餐厅可能的目标市场的客源规模有多大，市场发展潜力如何。这种市场定位一经确定，就为企业投资的科学决策提供了切实可行的客观依据。

（四）确定拟建方案，做好投资估算

在确定企业投资的市场定位的基础上，规划建设或租赁经营一家什么样的餐厅就是餐饮企业可行性研究下一步骤所要解决的问题。确定拟建方案、做好投资估算的具体工作内容和方法是：

第一，确定拟建餐厅规模和档次。不管是规划建设或租赁经营的餐厅，其规模大小都是由目标市场的客源需求量决定的。其客源需求量的确定方法可分为两个步骤：

一是确定目标市场的需求总量。其计算方法是：

客源需求总量 = 区位人口总量 × 日外出用餐人次比例 - 现有餐位总数 × 现平均餐位利用率 ≥ 地区在建餐厅保本接待人次

二是确定拟建餐厅规模和档次。新建或租赁经营的餐厅总是针对某一目标市场的。拟建餐厅的规模主要根据企业预计的市场销售份额来确定；而餐厅档次主要是指规划建设什么等级的餐厅，是高档豪华型餐厅、中档舒适型餐厅，还是整洁卫生型的大众餐厅或家常菜餐厅。在目标市场的需求总量中，一般高档豪华型餐厅的客源占地区总客源量的15%—20%，中档舒适型餐厅占40%—50%，其余低档消费餐厅占20%—30%。因此，不同档次餐厅的客源需求量，即拟建餐厅的餐位数量的计算方法是：

$$\text{拟建餐厅餐位数} = \frac{\text{区位市场客源需求总量} \times \text{餐厅档次客源份额} \times \text{拟建餐厅市场份额}}{\text{预计餐位利用率}} \geq \text{拟建餐厅保本餐位利用率}$$

例如，北京市某一地区的区位市场占地面积为25平方公里。经调查，平均每平方公里的居民常住人口为15 000人，机关团体等企事业单位在区位市场上班的人口为平均每平方公里12 500人，两类人口平均每天外出就餐人次比例为3.5%和4.2%。区位市场现有餐厅总数258家，餐位总数18 250个，平均餐位利用率78%，在建餐厅餐位总数2 480个。预计餐位保本利用率为52%，请确定区位市场客源需求总量。

在建餐厅保本人次 = 2 480 × 52% = 1 290(人次)

区位市场客源需求总量 = 15 000 × 25 × 3.5% + 12 500 × 25 × 4.2% − 18 250 × 78% − 1 290 = 10 725(人次)。

由于这一地区的餐饮企业存在需求缺口,高中档餐厅比较紧缺,某一公司计划在此开办一家高档餐厅。调查结果显示,该地区高档餐厅的客源份额可占 15%,餐厅计划的市场占有率即市场份额可达 30%。经测算,拟建餐厅的餐位利用率暂定 65%,请确定餐厅建设规模。

$$\text{餐厅拟建餐位数} = \frac{10\,725 \times 15\% \times 30\%}{65\%} = 743(\text{个})$$

第二,确定拟建餐厅的投资方案。在餐厅档次和规模确定的基础上,要进一步确定企业内部的大厅、包房、多功能厅、厨房、库房、门厅、办公用房的面积分配、面积大小,以及停车场的位置、面积、车容量,以便为建筑设计、规划建设、投资估算提供客观依据。

第三,做好投资费用估算。投资费用估算是餐饮企业可行性研究的重要工作,也是对企业投资项目进行财务和经济评价的重要基础数据。其费用估算的项目和方法是:

(1) 建筑安装工程费——适用于新建餐厅、酒楼、饭庄等餐饮企业。主要指建造企业建筑物和构筑物需要的直接和间接费用,这是费用估算的主体,一般占工程总投资的 60% 左右。其估算方法主要根据建筑设计的规模、档次、结构、面积、建筑标准,参照同一地区的同类型、同档次的餐厅,采用概算定额指标,即每平方米需要费用 × 建筑面积的方法估算。

(2) 设施设备购置费——主要包括两大部分:一是指与建筑物相关的供水、供电、供气、消防、排水、电梯、电话、广播音响、交通车辆、机修设备等的购置费用;二是指餐厅营业设备,包括餐厅、厨房、办公室、接待厅、附属服务项目的营业家具、厨房机械、器具、台案、炉灶、库房冷藏、冷冻设备、办公用各种家具、计算机、收款机等各种设备,具体项目很多。其估算方法是根据实际需要,采用设备单价加综合费用,逐项累计计算。

(3) 土地与工程相关费用——这部分费用很多,包括土地使用费、征地拆迁补偿安置费、市政合理分摊费、建设单位管理费等。其费用估算方法是根据费用项目、国家政策标准和实际需要,逐项估算后累计确定。

(4) 租赁经营房屋租金——主要适用于租赁经营的企业。其估算方法主要根据租赁合同或协议,按每平方米日租金 × 租用面积 × 天数 + 相关费用确定。

(5) 企业装修改造费用——指装修材料、装修设计、装修施工管理等各项费用,其费用总额较大,一般要占工程总投资的 40% 左右。如果是租赁经营的餐厅,则无房屋建设费用。其装修改造费用,包括室内各餐厅、厨房、办公用房和门脸装修等费用,要占总投资的 80% 以上。其费用估算方法是以装修合同或协议为基础,根据装修改造等级按每平方米价格 × 面积大致确定。

(6) 筹建办公与家具生活购置费——指筹划开业期间的办公、生活、家具等所必需的费用。其估算方法是按照费用项目,参照国家规定的标准和实际需要大致确定。

(7) 营业用品购置费——主要指筹划开业需要一次性购置的各种营业用品的费用,包括各种餐茶用品、服务用品、卫生用品、客用物品、准备开业的食品原材料、办公用品等。其估算方法是根据开业准备需要,制定营业用品购置清单,按照购置数量,参照物价水平大致估算。

(8) 开业培训费用——指筹划开业,即工程验收前的管理人员、厨师、服务人员开展专业技术培训所需要的费用。其估算方法是参照国家《工程建设概预算费用定额》,按实际需要和建筑投资的一定百分比大致确定。一般为 1%—3% 左右。

(9) 不可预见性费用——指在工程建设和筹划开业过程中难以预料的杂项开支。其估算方法是以工程总投资为基础,一般按 3% 左右确定其估算额。

(10) 贷款利息——按国家规定,贷款利息在企业市场准入后要计入固定资产价值。餐饮企业新建或租赁经营的投资回收期较短,按工程建设财务管理规定,发生借款的当年,均假定在年中发生,按半年估算利息。以后各年按全年计算。其利息估算方法按年度贷款和利率逐年计算。

(五) 分析经济效益,编制可行性研究报告

不管是新建还是租赁经营一家餐饮企业,是否值得投资或可行性程度如何,关键取决于开张营业后经济效益的高低,而可行性研究的最终结果又是以报告形式出现的。所以,做好经济效益分析,编制可行性研究报告是企业可行性研究中最重要的工作之一。其分析内容和编制方法是:

第一,销售收入分析。以拟建餐厅的餐位数为基础,预测大厅、雅座、包间、宴会等的餐位利用率和人均消费,预测食品收入。酒水收入根据同类餐厅档次,以食品收入为基础,确定饮料比例来预测其销售收入。其他收入预测主要根据拟建企业的娱乐、按摩等服务项目的设置情况,预测其收入占食品饮料收入的百分比来大致确定。销售收入分析以开业年为主,以后各年度主要是预测餐位利用率或接待人次和人均消费的逐年增长比例,由此做出销

售收入分析。

第二,原材料成本分析。根据拟建餐厅的等级、规格、经营风味和价格水平,调查区位市场和点位市场同等规格、档次的餐厅的价格水平、原料价格、毛利率水平,从而分别确定食品和饮料的预计成本,确定企业原料成本。开业年的成本应包括对外营业的餐厅、宴会、酒水成本,员工就餐成本,签单成本等项目。以此为基础,确定综合成本率。

第三,人工成本分析。开业年的人工成本要根据拟建餐厅的人员结构、筹划开业的工资政策,将人工分为管理人员、厨房技术人员、餐厅服务人员和后勤保障人员,分别确定不同类型人员的平均工资水平,包括基本工资、奖金工资、社会统筹和福利费用。然后,以人员编制为基准,预测开业年的人工成本。以后各年则按当地物价和国民收入上涨水平,确定逐年提高百分比,由此做出人工成本分析。

第四,资本性支出外的营业费用分析。新建酒楼、饭庄等餐饮企业的建筑投资、开办费用、装修费用等前期投入,在企业进入市场后应该统一转化为资本性支出。因此,资本性支出外的营业费用主要是指市场准入、开张营业后的能源费用、企业税、保险费、管理费、购置费、维修费用、销售费用、杂项开支等。其费用分析方法是根据当地同类型、同档次的酒楼、饭庄的费用水平,确定开业年的费用预计占营业总收入的百分比,以此做出资本性支出外的营业费用分析。以后各年则根据当地物价上涨水平大致确定年度费用提高百分比来确定。

第五,资本性支出费用分析。资本性支出主要是由企业开业前的投资转化形成的年度固定支出。这部分费用主要包括三大部分:一是由建筑投资形成的各种固定资产,开业后形成固定资产折旧。其估算方法是采用使用年限折旧法,根据固定资产总额分类,按年度折旧,确定估算额。二是开办费用延减。在开业筹划准备过程中发生的营业用品、办公用品购置费,以及开业培训、注册登记等不可预见性费用,统一作为开办费用处理,一般按1—3年左右分摊,由此估算其费用额。三是按国家规定需要缴纳的土地资源税、房产税等支出。可按国家规定比例、占地面积、建筑投资大致确定。

第六,经济效益分析。在上述分析的基础上,用营业总收入扣除原料成本、人工成本、营业费用和税金,就是营业利润;再扣除资本性支出就是企业的盈利。在此基础上,根据企业的前期投入,即可分析投资回收期、内部收益率、投资利润率,并可做出经济效益分析,为餐饮企业是否值得投资提供可行的客观依据。其中,企业投资回收期和投资利润率的计算方法是:

$$投资回收期=\frac{企业总投资+总利息}{估算月盈利+月折旧}+筹建期(月)$$

$$投资利润率=\frac{估算企业年利润}{总投资}\times 100\%$$

第七,编制可行性研究报告。可行性研究报告是上述各项工作的最终总结,其报告内容较多。编制可行性研究报告要做到内容全面、编写规范、观点明确、条理清楚。其中,企业位置、交通状况,可用图示标出;各种数据必要时要用表格形式表述,关键数据要在观点文字中引用;计算方法可在表格中用公式说明,以便为企业投资人或投资主体的决策提供观点明确、数据可靠的客观依据。餐饮企业可行性研究报告的内容结构可参见图 3-1。

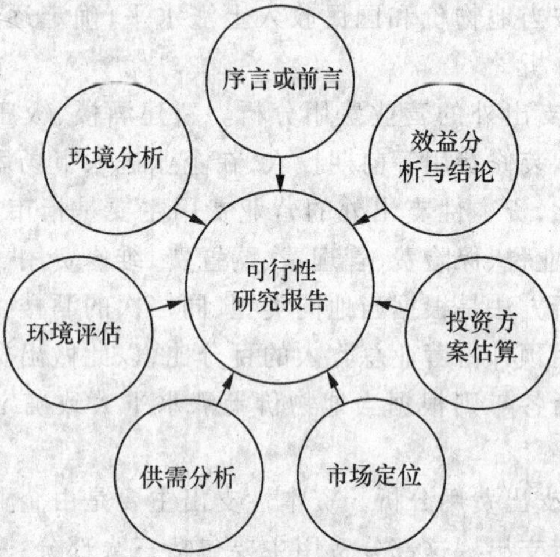

图 3-1　餐饮企业可行性研究报告内容结构

(六)组织方案评估,做出投资决策

餐饮企业的可行性研究报告编制完成后,应由编制单位和人员签字盖章,交企业董事会和投资人。然后,组织专家学者和有丰富实践经验的人员进行论证分析,做出评估。最后,由董事会做出是否投资新建或租赁经营的决策。由此,即完成餐饮企业可行性研究的全部工作。

四、餐饮企业可行性研究工作案例

在餐饮企业可行性研究中,难度较大的是投资估算、经济效益分析和投资效益分析,现举例说明。

案例一　投资估算与资本性支出折算案例

张有诚先生长期在广州地区从事出口贸易，已积累了丰厚的原始资本。他早想回北方老家H市开办一家高档酒楼。经多方调查了解，H市市区东部大型高档商圈高档餐厅市场供应短缺，他在此找到了一个理想的投资场所。为保证投资决策不发生失误，他聘请了一家长期从事饭店开业策划的专业公司做可行性研究和开业筹划工作。公司派来5人承担这项任务，筹建期限一年零两个月。筹划小组经努力工作，已完成餐厅选址、可行性分析、方案初步设计等工作。有关投资估算与资本性支出的资料与数据摘录如下：

（一）餐厅概况

（1）注册餐厅名称。餐厅取名绿宫大酒楼，位于CBD商圈中心区，占地面积3 200平方米，设计建筑面积2 800平方米。楼下设接待厅、大众餐厅和包房，后部为大型厨房，设加工间、洗碗间、面点房。餐厅有4个库房和8个豪华包间；楼上二层有一个多功能厅，可举办宴会、中型商务活动和会议；三楼有娱乐设施和四星级标准的客房，供顾客休息娱乐。大厅餐位150个，包房、多功能厅和豪华包间可设餐位380个。建成后是当地首屈一指的大型豪华酒楼。

（2）投资性质。餐厅性质为有限责任公司，建设总投资1 580万元。其中，注册资本180万元，贷款1 400万元，贷款利率5.2%。计划3年收回全部投资。

（二）投资估算

（1）建筑投资占46.4%，加设计费等共计891万元；装修费用占21.8%，共计345万元；机电设备与营业家具购置费16.2%，共计256万元；其他基建费用占10.3%，共计163万元。其他为不可预见费，其中，开办费用84万元，建设期利息50万元。

（2）费用分摊、贷款利息、还款期限折旧费用，均按投资回收期3年估算；可行性研究的营业期限，首期按5年估算；开办费用按3年分摊，其分摊比例为20%、50%、30%。

【案例分析】

投资估算与资本性支出分摊如下：

（1）贷款额1 400万元。计划第1年920万元，第2年480万元。在总投资中，建筑投资、装修费用、机电设备与家具、其他基建费用均转为固定资产。按5年折旧，不留残值，则每年331万元。

（2）根据投资估算，可列表做出投资费用分摊与开业后的资本性支出额。

表 3-1　餐饮企业投资估算　　　　单位:万元

项　目	第 1 年	第 2 年	第 3 年	第 4 年	第 5 年
计划还款额	466.67	466.67	466.66	—	—
年付利息额	72.80	48.53	24.27	—	—
年度折旧额	289.20	289.20	289.20	289.20	289.20
开办费用额	16.80	42.00	25.20	—	—
建设期利息分摊	10.00	10.00	10.00	10.00	10.00
资本性支出	277.07	278.03	236.87	299.20	299.20

案例二　餐饮企业经营利润分析案例

仍以绿宫大酒楼开业筹划为例,筹划工作小组在可行性研究中已对企业开业年的有关资料做出预测。经筹划工作小组进行可行性分析,绿宫大酒楼开业年和以后五年的有关资料预测分析如下:

表 3-2　绿宫大酒楼可行性分析的收入成本预测

年次 项目	开业年 (5 个月)	第 1 年	第 2 年	第 3 年	第 4 年	第 5 年
大厅餐位利用率	60%	68%	79%	88%	96%	95%
包房餐位利用率	62%	70%	85%	90%	95%	98%
大厅人均食品消费	58 元	5.8%	5.2%	5%	4.5%	4%
包房人均食品消费	96 元	5.2%	4.8%	4.5%	4%	4%
大厅饮料比例	14.5%	15.2%	16%	16.5%	17%	18%
包房饮料比例	18.6%	19.4%	21.5%	22%	23.8%	2.5%
其他收入比例	10.4%	11.5%	12.8%	13.4%	14%	15%
食品成本率	41.5%	41.5%	40%	40%	38%	38%
饮料成本率	35.2%	35%	32%	30%	30%	30%
人工工资额	107.06 万元	5%	4.8%	4.5%	4.3%	4%
人工其他费用	25%	4.8%	4.5%	4.2%	4%	4%

在可行性分析中,人工工资额计算方法为:主管以上的管理人员 12 人,人均月工资 3 520 元;厨房技术人员计划 38 人,人均月工资 2 280 元;服务人员编制 45 人,人均月工资 1 250 元;其他职工编制 25 人,人均月工资 1 160 元。其他福利的人工成本占基本工资的 25%。

除开业年以外,表中以后各年的餐位利用率、人均食品、饮料收入、其他收入、食品和饮料成本等的数据均为年度增长百分比。其中,开业年的其他收入包括烟草、厅堂租金、其他零星收入等,占食品和饮料收入的10.4%。

此外,营业费用的各项预测数据按以下项目估算:

(1)能源消耗,开业及前3年按总收入的4.5%测算,后2年按总收入的4%测算;管理费用,开业及前3年按总收入的3.5%测算,后2年按总收入的3.2%测算。

(2)营业推广费用,包括广告、公关等费用,开业年计划15.8万元,以后各年每年增加1.5%。维修费用估算占总收入的1.8%;其他费用包括餐茶用品损耗、客用物品、服务用品等开支,按营业收入的1.5%测算。

(3)营业税金,包括营业税、城市维护建设税、教育费附加,按税收政策合计为5.5%。财产保险费按地面财产净值×0.3%,估算每年固定费用1.28万元;土地资源税根据国家政策和占地使用面积测算,估计每年固定支出2.36万元。三项合计,每年为12.89万元。

【案例分析】

开业筹划小组在收集预测上述各种资料的基础上,分为四个步骤进行可行性分析,最后汇总。

第一步,绿宫大酒楼营业收入分析。根据测算资料,列表分析如下:

表3-3　绿宫大酒楼营业收入可行性分析　　单位:万元

项目 \ 年次		开业年(5个月)	第1年(360天)	第2年(360天)	第3年(360天)	第4年(360天)	第5年(360天)
一楼大厅	餐位利用率(%)	60	68	79	88	96	95
	接待人次(人)	13 500	36 720	42 660	47 520	51 840	51 300
	食品人均消费(元)	58.00	61.36	64.55	67.78	70.83	73.67
	食品收入	78.30	225.31	275.37	322.09	367.18	377.93
	饮料收入	11.35	34.25	44.06	53.15	62.42	68.03
包房宴请	餐位利用率(%)	62	70	85	90	95	98
	接待人次(人)	35 340	95 760	116 280	123 120	129 960	134 064
	食品人均消费(元)	96.00	100.99	105.84	110.60	115.03	119.63
	食品收入	339.26	967.08	1 230.71	1 361.71	1 494.93	1 603.81
	饮料收入	63.10	187.61	264.60	299.58	355.79	400.95

（续表）

项目 \ 年次		开业年（5个月）	第1年（360天）	第2年（360天）	第3年（360天）	第4年（360天）	第5年（360天）
酒楼合计	餐位利用率（%）	61.44	69.43	83.3	87.86	95.28	97.15
	接待总人次（人）	48 840	132 480	158 940	167 640	181 800	185 364
	食品收入	417.56	1 192.39	1 506.08	1 683.80	1 862.11	1 981.74
	饮料收入	74.45	221.86	308.66	352.73	418.21	468.98
	小计收入	492.01	1 414.25	1 814.74	2 036.53	2 280.32	2 450.72
	其他收入	51.17	162.64	232.29	272.90	319.24	367.61
	总收入	543.18	1 576.89	2 047.03	2 309.43	2 599.56	2 818.33

第二步，绿宫大酒楼原料成本与人工成本分析。如表3-4所示：

表3-4 绿宫大酒楼原料与人工成本可行性分析 单位：万元

项目 \ 年次	开业年（5个月）	第1年	第2年	第3年	第4年	第5年
食品收入	417.56	1 192.39	1 506.08	1 683.80	1 862.11	1 981.74
食品成本率（%）	41.5	41.5	40	40	38	38
食品成本	173.29	494.84	602.43	673.52	707.60	753.06
饮料收入	74.45	221.86	308.66	352.73	418.21	468.98
饮料成本率（%）	35.2	35	32	30	30	30
饮料成本	26.21	77.65	98.77	105.82	125.46	140.69
食品饮料合计	492.01	1 414.25	1 814.74	2 036.53	2 280.32	2 450.72
合计成本	199.50	572.49	701.20	779.34	833.06	893.75
合计成本率（%）	40.55	40.48	38.64	36.27	36.53	36.47
基本工资	107.06	269.81	282.76	295.48	308.19	320.52
其他人工成本	26.77	67.16	70.18	73.13	76.05	79.09
合计人工成本	133.83	336.97	352.94	368.61	384.24	399.61

第三步，分析绿宫大酒楼预计费用支出。如表3-5所示：

表 3-5 绿宫大酒楼营业费用预测分析 单位:万元

项目 \ 年次		开业年(5个月)	第1年	第2年	第3年	第4年	第5年
销售总收入		543.18	1 576.89	2 047.03	2 309.43	2 599.56	2 818.33
能源	费用率(%)	4.5	4.5	4.5	4.5	4	4
	费用额	24.44	70.96	92.12	103.92	103.98	112.73
管理	费用率(%)	3.5	3.5	3.5	3.5	3.2	3.2
	费用额	19.01	55.19	71.65	80.83	83.19	90.19
销售	增长率(%)	—	1.5	1.5	1.5	1.5	1.5
	费用额	15.80	16.04	16.28	16.52	16.77	17.02
维修	费用率(%)	1.8	1.8	1.8	1.8	1.8	1.8
	费用额	9.78	28.38	36.85	41.57	46.79	50.73
其他	费用率(%)	1.5	1.5	1.5	1.5	1.5	1.5
	费用额	8.15	23.65	30.71	34.64	38.99	42.27
营业税(5.5%)		29.87	86.73	112.59	127.02	142.98	155.01
费用合计		77.18	194.22	247.61	277.48	289.72	312.94
总支出额		107.05	280.95	360.20	404.50	432.70	467.95

第四步,汇总、编制绿宫大酒楼经济效益分析。如表 3-6 所示:

表 3-6 绿宫大酒楼经济效益可行性分析 单位:万元

项目 \ 年次	开业年	第1年	第2年	第3年	第4年	第5年	合计
餐位利用率(%)	61.44	69.43	83.3	87.86	95.28	97.15	84.67
接待人次(人)	48 840	132 480	158 940	167 640	181 800	185 364	875 064
食品饮料收入	492.01	1 414.25	1814.74	2 036.53	2 280.32	2 450.72	10 488.57
总销售收入	543.18	1 576.89	2 047.03	2 309.43	2 599.56	2 818.33	11 894.42
减原料成本	199.50	572.47	701.20	779.34	833.06	893.75	3 979.32
(原料成本率%)	40.55	40.48	38.64	38.27	36.53	36.47	37.94
-人工成本	133.83	336.97	352.94	368.61	384.24	399.61	1 976.20
-能源消耗	24.44	70.96	92.12	103.92	103.98	112.73	508.15
-管理费用	19.01	55.19	71.65	80.83	83.19	90.19	400.06
-销售费用	15.80	16.04	16.28	16.52	16.77	17.02	98.43
-维修费用	9.78	28.38	36.85	41.57	46.79	50.73	214.10
-其他费用	8.15	23.65	30.71	34.64	38.99	42.27	178.76
费用合计	77.18	194.22	247.61	277.48	289.72	312.94	1 399.15
营业税	29.87	86.73	112.59	127.02	142.98	155.01	654.20

（续表）

年次 项目	开业年	第1年	第2年	第3年	第4年	第5年	合计
营业利润	102.80	386.50	632.69	756.98	949.56	1057.02	3885.55
营业利润率(%)	18.93	24.51	30.91	32.78	36.53	37.51	32.67
房产税	—	9.25	9.25	9.25	9.25	9.25	46.25
保险费	—	1.28	1.28	1.28	1.28	1.28	6.40
土地资源	—	2.36	2.36	2.36	2.36	2.36	11.80
资本性支出	—	277.07	278.03	236.87	299.20	299.20	1390.37
企业纯利	102.80	96.54	341.77	507.25	637.47	766.96	2452.79
投资利润率(%)	6.51	6.11	21.63	32.1	40.35	48.54	31.05

【结论】

经可行性分析，绿宫大酒楼是一个优质投资项目。经分析，营业利润率最低18.93%，五年中最高37.51%，平均32.67%；扣除资本性全部支出，按年度分析，投资利润率最低6.11%，最高48.54%，平均31.05%。若坚持投资，保证市场准入成功，可在8—12个月收回投资。

第二节　餐饮企业市场准入的建设工程设计

案例

这家大酒楼有点先天不足

福缘居大酒楼地处A市商业区入口处500米内，是利用面临大街的商场侧面和居民楼之间的胡同空地建设而成的。酒楼坐北朝南，面临胡同，离商业主干道400米左右，营业场所深入居民区内。由于受建设用地的限制，餐厅呈纵深型布局，门脸开间20米左右，是一种二层小楼的简易建筑。预计5年左右，这里老式居民楼和西边的平房都会被拆迁。

从商业主干道走进胡同400米左右的福缘居门前，楼上的霓虹灯广告牌十分显眼。门前已无空地停车。进入一楼，迎面是一处大众餐厅，不同型号的餐桌整齐地摆在两边。进去不到50米是餐厅服务柜台兼吧台，餐厅装饰整洁、美观，以绿色为主。大众餐厅侧面并排有4间包房，装修效果良好。从柜台侧面的狭小楼梯上到二楼。楼上有一处小门厅,南面是一处雅座餐厅和两间包房,北面是库房和办公用房。一楼柜台后面是酒楼厨房,酒楼共有餐位210多个。厨房设有炒菜炉灶5台,冷荤间靠近热菜厨房。面点间在热菜和冷荤间之间,后门入口处有一个简单的加工间。库房楼下一间,楼上两间,只有一处办公用房。财务室在办公室内用一隔断分开。从建筑布局看,酒楼使用面积960多平方米。其中,餐厅面积630平方米,厨房面积170多平方米,库房和办公用房140多平方米。营业过程中,餐厅上座率虽然较高,但上菜速度较慢,顾客往往需要等上20—30分钟。如果接待婚宴、寿宴,有时上菜要等40分钟以上。开业6个月来,已有不少食客再也不愿来此用餐了,但后厨每天仍然显得很忙乱。这不,已经发生了多次碰撞打坏餐具的事故。为此,还辞退了几名员工。厨房的员工也常常互相埋怨,而餐厅服务员又常常受到顾客投诉。福缘居大酒楼的总经理,特别是楼面经理和厨师长常常为此犯愁,甚至已有两人提出了辞职申请。你觉得酒楼的主要问题在什么地方呢?

点评

福缘居大酒楼就其餐厅选址和市场环境而言,都是相当不错的,但开业刚刚6个月,却投诉不断,客源流失,员工之间互相埋怨,骨干员工开始流失。其中很大原因在于酒楼设计建设中明显存在的问题,造成先天不足,这里至少存在三个问题:一是建筑设计的酒楼面积分配不合理,厨房面积太小,造成工作忙乱,互相碰撞。二是厨房炉灶太少,延误上菜时间,造成顾客等候时间太长,引起顾客投诉和食客流失。三是内部管理有些混乱。由于先天不足,必须要通过后天管理包括适当改造来解决,而经理们还在互相埋怨、犯愁。长此下去,酒楼经营的前景是可想而知的。福缘居大酒楼的先天不足,也正是我们所要研究和探讨的问题。

一、餐饮企业建设工程设计的原则

餐饮企业的建设工程设计是针对新建餐厅、酒楼、饭庄等企业而言的。如果采用租赁经营方式,则不在此研究范围。做好新建企业的建设工程设计,是在餐厅选址和可行性研究的基础上,保证企业建设符合国家政策规定和质量要求,预防先天不足,成功打入市场的重要前提和基础,也是组织企业工程建设的根本依据。其建设工程设计必须遵循以下四条原则：

（一）总体布局与城市规划相协调的原则

餐厅、酒楼、饭庄等新建餐饮企业，虽然规模、档次不如饭店、宾馆或公寓、写字楼等大型建筑，但大多建在商业往来频繁、人流集中的商业中心区、繁华闹市区或居民小区，以面临大街为主。因此，其建筑设计的总体布局必须与城市规划相协调。贯彻这一原则的具体要求是：建筑造型设计要美观、大方，与周围环境和建筑物协调；门脸设计要具有自己的风格、特点，可视程度高，能够起到美化市容的作用，有利于招揽顾客，保证成功进入市场。若有附属设施，要与主体建筑的餐厅、厨房设计保持协调，做到美观、大方。

（二）分区功能配合良好，有利于市场准入的原则

新建酒楼、饭庄，特别是大中型酒楼等餐饮企业的分区功能主要包括四个部分：一是接待服务区域，包括顾客进门处的接待厅、大众餐厅、雅座餐厅和各种包房及其过道、门厅等。二是产品生产区域，包括热菜、冷荤、面点厨房及其各种配套设备、过道、排污、排水、排油烟设备及洗碗间。三是原料保障区域，包括加工间、干货库、酒水库和冷藏库等。四是员工办公区，包括经理办公室、财务室、各部门集体办公室等。做好企业建设工程设计，必须确保这些分区功能协调配合良好，有利于企业建成后成功打入市场。贯彻这一原则的具体要求是：整体设计的分区功能面积要合理，位置要适当，有利于各功能区内的各项设施充分利用和互相配合。接待厅和餐厅要尽量靠近和面临大街，重要包房要相对安静。厨房必须紧靠餐厅，距离较近；加工间和库房最好在一层靠近后门，原料进出和废物处理方便；办公室要适当分散，有利于工作和接待来访顾客。只有在建设工程设计中事先解决好这些问题，才能防止营业后的先天不足，保证餐饮企业各项业务活动的顺利开展。

（三）技术设备与市政工程配合良好的原则

餐饮企业建设工程设计必须事先考虑到供水、供电、排污、供暖、排油烟、通风等各种技术设备的位置、安装。这些技术设备必须和市政基础设施配合良好。贯彻这一原则的具体要求是：供水和排污设计必须分开。为保证材料质量和卫生要求，厨房排油烟、换气、通风设计要保证气流量大小合适，设备安装位置合理；冷荤间的温控、消毒设备要求技术先进、保证质量和卫生达标。凡需与市政基础设施接通的设备设计，要尽量靠近管道线路，减少拐弯，减少建筑投资。

（四）预防为主，确保安全与方便的原则

新建的餐厅、酒楼等餐饮企业营业后，其安全方便程度本身就是由工程

设计决定的。因此,其工程设计必须贯彻预防为主、确保安全与方便的原则。其具体要求是:加工厨房的设计必须注意加工安全,废物、废料处理方便;库房设计要确保安全系数高,温度控制合理方便,防盗措施严密;厨房设计要充分考虑厨师人员的操作方便、安全,节省来回走动的时间,提高劳动效率。

二、餐饮企业建设工程设计标准

对于新建餐馆、酒楼、饭庄等餐饮企业,国家没有颁布单独的建设工程设计标准,主要参照国家颁布的《旅游饭店设计暂行标准》和国家旅游局饭店星级评定标准,地方政府的餐馆星级标准,结合新建企业的实际情况,确定其建设工程设计标准。其标准要求如下:

(一)总体设计标准

新建餐馆、酒楼、饭庄等餐饮企业的建筑质量、高度、出入口方向、总体布局要符合城市规划要求,充分利用基地面积;单体设计要满足使用功能要求,做到造型美观、布局合理、与周围建筑协调、分区明确、空间分布恰当、利于管理、方便服务。

(二)门脸设计标准

门脸是餐饮企业招揽顾客、形成良好第一印象的关键部分,它代表企业的整体设计风格。其设计标准是:门脸面积、高度、宽度要与建筑规模、建筑风格相协调,做到宽大、美观,具有与餐厅性质、经营风味、企业名称相得益彰的特殊风格大门宽敞,装饰美观、气派,进出方便;门前企业名称、标牌设计醒目、大方,可视度高;门栏美观,最好有寓意独特、招揽顾客的楹联或对联设计;门前或建筑物上的大型广告牌、霓虹灯要设计独特、光彩照人,夜间门前亮化效果良好、色彩斑斓;门前顾客进出的通道宽敞,美化环境的雕像或装饰物等设计要协调、大方,有艺术感染力。

(三)门厅设计标准

大中型和高中档以上的新建酒楼、饭庄等餐饮企业在进门处一定要有适当面积的门厅。门厅是接待顾客、展示企业菜点、提供预订和引导顾客进入餐厅的营业场所,其设计标准是:门厅位置选在大门里边的正面或侧面,面积一般不少于20—30平方米;门厅内设接待柜台、预订电话、预订记录簿,领位员在此接待顾客,引导顾客和提供预订服务;门厅的一边或两边设大型餐饮产品展示台,提供彩色照片和实物展示,顾客可在此观看和现场点菜,同时设沙发、座椅供顾客等候、休息。门厅的整体设计要美观、大方、高雅、整洁,菜品展示、接待、预订、引导服务功能要齐全、充分。

（四）餐厅设计标准

餐馆、酒楼、饭庄等新建餐饮企业的餐厅可按大众餐厅、雅座餐厅、包间餐厅、多功能厅分类设计。

第一，大众餐厅的设计标准。位置以一层为好，尽量面临大街或侧面临街，大玻璃设计透视街景。餐厅造型根据企业建筑造型确定，餐位数以占企业总餐位的40%左右为宜。整体设计要根据企业性质、经营风味、经营方针选择餐厅主题。可供选择的主题很多，如江南水乡、海南风情、农家小院、海边渔港、水浒山寨、红楼美景等。室内设计要做到主题突出、美观大方、气氛宜人，具有形象吸引力。

第二，雅座餐厅的设计标准。与大众餐厅分开，位置宜在大众餐厅后面或楼上，环境设计要典雅、宁静。餐位数以占企业总餐位的30%—40%为宜。室内设计以高雅主题为主，突出文化特色。具体主题的选择也要根据企业性质、经营方针和经营风味确定，如宫廷风格、官府风格、热带风光、山水风格、历史典故等。室内柜台高雅、美观，餐位面积适中、过道通畅，整体协调，灯光照明和环境气氛幽雅，具有形象吸引力。

第三，包间餐厅设计标准。包间餐厅又称包房，是餐饮企业集体用餐、小型宴请的理想场所和经济收入的重要来源。其设计标准是：餐位数量安排在企业总餐位的30%—50%左右。可设1张餐桌的小型包房，2张餐桌的中型包房，3—4张餐桌的大型包房。大、中、小型包房的比例一般以小型为主，中型适当，大型最多只设1—2个。包房餐厅的设计必须坚持每间包房的设计风格、设计主题各不相同，以事先设计的包房名称为依据而分别设计，如杏花村、桃花园、翠竹厅、怡春苑等。具体名称和意境五花八门、千奇百怪，关键在于设计人员和企业领导者的文化修养和意境创造与创新能力。在包间名称和意境确定的基础上，其室内设计要做到空间宽敞，餐桌、座椅、沙发、电视、接手桌等室内设备齐全、良好，整体布局美观、大方，环境气氛高雅、舒适，空调、供暖、采光良好，顾客进出、餐厅上菜方便。

第四，多功能厅设计标准。一般中小型餐饮企业不单独设多功能餐厅，只有高中档或大中型酒楼、饭庄等餐饮企业才设多功能厅。其设计方法一般是与雅座餐厅配合，共同设计，中间用活动隔断分开，既可打开供宴请、会议、举办活动之用，又可关闭当雅座餐厅使用。其设计标准一般参照雅座餐厅标准设计。

（五）厨房设计标准

厨房是餐饮企业的生产基地，其设计的合理程度直接影响产品生产和工作效率。餐饮企业的厨房设计是比较复杂的，其设计标准如下：

（1）厨房整体设计标准——热菜、冷荤和面点厨房及其配套设施的面积应占企业营业总面积的30%左右。在厨房总面积中，热菜厨房及其加工间、出菜间、洗碗间面积设计为50%左右，冷菜厨房及其洗菜间、操作室的设计面积为30%左右，面点厨房包括加工间及炉灶与烤制间的设计面积为20%左右。厨房位置紧靠餐厅和库房，三种厨房布局合理，协调配合良好，有利于产品生产和出菜销售。

（2）热菜厨房设计标准——在热菜厨房总面积中，出菜间面积占10%左右，设在餐厅和炉灶间之间；炉灶间面积占60%左右；洗碗间面积占10%左右，设在炉灶间旁边或后部；加工间面积占20%左右，设在炉灶间后面靠近后门原料验收间与库房。炉灶间内的炒菜炉灶与员工操作面积、各种案板及橱柜的占地面积和员工通道面积比例按4:4:2的标准设计，厨房开窗面积和墙面面积的比例按大于1:6的比例设计。厨房内的烹饪、洗菜用水、污水排放、排油烟设备、大型排蒸汽的抽风机等设备设计位置合理，功率与使用要求相适应，操作使用方便。其中，不锈钢材料的排气罩口和灶台的四周宽度按大于0.25米的标准设计，罩口风速按大于0.75米/秒的标准设计。厨房和餐厅之间隔热、隔气味、隔风的装置效果良好。厨房照明设计中的自然照明窗与地面比例按1:5的标准设计，人工照明的一般照度值不低于50 LX，操作台面不低于300 LX，灯具均有防破损的防护罩。厨房门窗的缝隙按小于1厘米的标准设计。

（3）冷菜厨房设计标准——冷菜厨房必须与热菜厨房分开设置。在冷菜厨房总面积中，洗菜间、冷菜操作间和炉灶间的面积比例按25:50:25的标准设计。其中，冷菜操作间的温度按不高于15℃、红外线或紫外线消毒按不小于每平厘米70微瓦的标准设计，员工和工作服要具备二次更衣、二次消毒的条件。冷菜厨房的通风、照明设计标准与热菜厨房相同。整个冷菜厨房的设计布局要协调，三个部分互相联系；室内宽敞，操作方便，与热菜厨房配合良好。

（4）面点厨房的设计标准——在面点厨房的总面积中，加工区和炉灶区的面积按4:6的标准设计。其中，加工区的和面机、饺子机、案板、橱柜等设备的面积要占自身面积的60%左右，炉灶区的烤箱、烤炉、蒸锅、煎锅等设备的面积要占自身面积的70%左右。厨房整体布局合理，通风、照明与冷菜和热菜厨房设计标准相同。

（六）库房设计标准

新建酒楼、饭庄等餐饮企业一般可设干货用品库、保鲜库和冷库、酒水库等3—4个小库房。除大型高档企业外，可不设极冷库。其库房设计的标准是：库房总面积按企业营业面积的10%左右设计。在库房总面积中，干货用品库、保鲜库、冷库和酒水库的面积按相应比例设计，库房位置应靠近厨房和后门，便于原料进出。每个库房要有安全系数较高、性能良好的门锁，门窗安全。保鲜库的温度按0℃—6℃、冷库温度按－5℃—－15℃的标准设计，并设有温度调节设备，酒水库和干货库以室温为宜。

（七）办公用房设计标准

餐厅、酒楼等新建企业的办公用房一般留3—4间即可，一间为总经理办公室，一间为财务室，一间为综合办公室，一间为后勤工作间。其面积按企业总面积的10%—15%的标准设计，位置可在厨房、餐厅、门厅、楼梯等处，最好分开设置。其设计重点是：财务室要有安全措施，各办公室要有计算机联网设备，其设计与装修水平要与企业等级规格相适应。

（八）防火与卫生间设计标准

大众餐厅、雅座餐厅、包间、各个厨房和食品库房按防火区标准设计。应设防火墙、防火门、安全出口，配消防器材和灭火栓，建筑设计的耐火等级达到国家二级标准；厨房燃气管道与开关性能优良、使用安全，厨房、锅炉房、变电室、库房、餐厅等重点防火区，有自动报警设计、事故照明设计。此外，还有明显的疏散指示标志。

卫生间设计标准——新建餐厅、酒楼等餐饮企业必须设有男、女分设的公共卫生间，高档豪华酒楼的包房区可单设卫生间。其设计标准是：卫生间面积按每30个餐位设1个厕位的标准设计，设固定洗脸、洗手台面，配大面积梳妆镜、上下水开关；厕位采用脚踏式冲水设计；整个卫生间面积宽敞，照明充足，通风排气良好，室内清洁无异味。

食品卫生设计标准——在餐厅适当位置设垃圾桶、立式烟头箱，洗碗间单设消毒池或消毒柜，厨房加工间外设垃圾桶。各种垃圾、废物每天清除，确保卫生质量达标。

三、餐饮企业建设工程设计的工作程序和方法

餐饮企业市场准入的建设工程设计是一项比较复杂的专业技术工作。作为业主方的投资人或投资主体一般很难自己完成，需要委托建筑工程的专业设计单位和人员。因此，建设工程设计的工作程序和方法可大致分为以下

三个步骤：

（一）提出要求，签订委托设计协议书

餐饮企业的投资人或投资主体在完成企业选址和可行性研究的基础上，为保证企业建设符合国家政策规定，保证建筑工程的功能符合餐厅营业需要，保证建筑工程质量，首先必须委托专业设计单位或人员承担设计任务，然后签订委托设计协议书。其具体工作内容和方法如下：

第一，寻找有饭店、宾馆等餐饮企业设计经验的专业设计单位和人员。社会工程建设包括办公楼、写字楼、居民楼等各种各样的建设工程。工程性质和功能不同，其设计要求和技术要求也不同。餐厅、酒楼等餐饮企业建筑工程的专业技术性很强，与一般民用建筑区别较大。为此，新建餐饮企业的投资人或投资主体必须寻找到有饭店、宾馆或餐厅酒楼设计经验的专业设计单位或人员，一般是国家有关部门的建筑设计院、工程设计院、建筑研究所等单位，判断他们是否有餐饮企业设计经验，主要是请他们提供承担过设计工作的酒楼、饭庄的样本，实地考察和调查设计效果。只有这样，才能保证企业建设工程的设计质量，防止可能发生的功能不全、设计不配套、设施浪费、影响营业等现象发生。

第二，提出企业经营思路和设计要求。新建餐厅、酒楼的工程设计是为企业营业创造优良生产经营条件服务的，建筑设计必须满足经营思路和生产经营活动的需要。所以，在选好设计单位和人员后，必须提出企业经营思路和设计要求。具体包括：拟建餐厅的规模，等级规格，餐位总数，内部大众餐厅、雅座餐厅、包间餐厅的数量和餐位比例，餐厅的经营风味，不同餐厅和相应的厨房、库房、办公用房的设计标准和要求，门脸、广告、橱窗、接待门厅、停车场建设的基本要求等。只有让承担设计的单位和人员明确了这些要求，才能保证设计质量能够满足餐饮企业的业务功能需要，提高设计质量和水平。

第三，签订企业委托设计协议书。委托设计协议书是在设计单位和人员经过餐厅地点的实地考察、明确建设方各种要求的基础上，经双方友好协商，反复谈判，讨价还价，明确双方权利、义务、责任的基础上签订的。其内容主要包括：① 设计工程的名称、规模、餐厅性质、餐厅档次、投资额、建筑地点、占地面积、建筑层高等。② 业主方即投资人或投资主体需要提供的资料项目、内容、技术要求、设计方案完成期限等。③ 设计方要完成的勘察设计、初步设计、图纸设计等的工作内容，阶段划分、完成进度，设计文件的份数，必须达到的质量等。④ 委托设计的收费标准、收费依据和支付办法。⑤ 违约责任和其他事项。

委托设计协议书经过双方领导审阅、签字盖章，即可产生法律效力，双方必须共同遵守。协议书一般3—4份，除双方各执一份外，在办理建筑工程审批的有关手续时，还需要使用和上报。

（二）做好建设工程初步设计的审查工作

新建酒楼、饭庄等餐饮企业的工程设计主要包括初步设计和施工图设计。初步设计是由设计方在实地勘察、提出建设工程蓝图的基础上完成的，它又是施工图设计的主要依据。为此，作为业主或建设方的投资人或投资主体，要根据委托设计协议书的进度要求，组织做好建设工程初步设计的审查工作。其审查内容和要点主要包括以下各项：

第一，设计文件。文件是否齐全，内容是否完善，文字说明是否清楚，图纸是否清晰、准确，有无“错”、“漏”、“碰”、“缺”等现象。

第二，设计深度。投资规模和建筑标准是否符合业主要求；总体布局是否合理、美观、大方、协调；门脸设计效果如何；土地利用、主要设备和材料选择是否符合施工准备要求；是否符合投资控制、银行贷款要求；设计深度能否为下一步的施工图设计提供依据；建筑结构、主要设备选型是否先进、合理、适用、经济，符合拟建企业的等级规格。

第三，功能设计。不同餐厅、厨房、接待厅室、库房和办公用房设计的面积分配是否合理，整体布局是否协调；每种厅房的位置、造型、基础设施和主要设备配置是否能够满足其功能要求；建筑顺序和期限安排是否科学、合理，有利于提高建设进度；厨房、餐厅、库房和办公用房的设备造型是否符合生产、服务、保管和餐饮管理的功能要求等。

第四，环保设计。整体设计是否与周围城市建筑相互协调，防火设计是否符合地方消防部门的要求，供水、供气、排水、排污、厨房垃圾、废物油烟处理设计是否符合地方环保、卫生管理部门的政策规定和要求，餐厅、厨房、库房的温控、换气、公共卫生间设计是否达到要求的标准等。

第五，投资控制。初步设计的建筑投资、基建工程及主要设备选型、造价和预算是否与企业等级、规格、餐位多少相适应，是否符合总投资的基本要求，预计的投资效果是否存在问题。

餐饮企业建设工程初步设计的上述内容要请地方政府有关部门人员、专业人员和专家学者共同审查，在肯定成绩的同时，对存在的问题提出修改意见，让设计方认真修改、补充、完善，最后达到初步设计要求。

（三）及时组织施工图纸设计会审

施工图设计是根据批准的工程初步设计编制的，它是餐饮企业组织新建工程施工的主要依据。为此,餐饮企业的投资人或投资主体要根据委托设计协议要求的进展,及时组织施工图会审。所谓会审,就是由委托单位牵头,设计单位向建设施工单位进行技术交底,听取意见,保证工程符合施工要求。施工图设计会审的主要内容是:总平面布置图,建筑结构、排水、通暖、电气工程施工图,建筑装修图,设备安装图,施工设计说明,施工预算等。施工图设计的内容十分详细,包括企业整体布局,餐厅、厨房、库房、厅室、办公用房、卫生间等单位设计的尺寸,工程招标、投标和施工要求等。在会审过程中,施工图经过审查、修改,即可作为餐饮企业建筑施工的主要依据。

第三节　餐饮企业市场准入的工程建设管理

案例

返修给这家餐馆带来了营业损失

天福来饭庄是一家有240个餐位的中档餐厅,地处滨海市新兴商业区十字路口附近,是利用一栋写字楼和一栋公司办公楼之间1 600平方米的土地建成的。饭庄位置优良,市场环境较好,拥有大众餐厅、雅座餐厅各一间,还有8间包房,功能齐全。饭庄从筹建、设计到开业,用了14个月。两个半月前,饭庄新聘来的总经理范成业先生是一位有着20多年餐厅管理经验的精明人物。经过精心筹划、市场分析,范总组织行政总厨和有关人员设计了三种类型的菜单,而每种菜单的主要菜点又有大、中、小三种规格和不同标准的价格。由于饭菜质量好,对所选目标市场的适应性和针对性较强,所以,两个月前饭庄刚开业,生意就很火,午、晚两餐的餐厅上座率很快达到90%—95%。但范总经理也遇到了麻烦,餐厅厨房和公共区域老是需要返修,已经引起部分顾客的不快。他预计的平均上座率98%—105%的近期目标不仅没有如期实现,反而在最近几天已降到了80%—85%。范总经理已几次就此事与董事长进行了交涉。他陷入了两个月来紧张工作后的沉思:

第一次,开业第10天后的一天晚餐,上座率已达到92%,然而厨房煤气突然火力不足,影响菜点质量和出菜速度。范总千方百计采取了临时措施,勉强补救,还向好几位要投诉的顾客做了耐心解释。当晚,组织施工单位抢修,好不容易才解决了问题。

第二次，开业第14天，厨房洗碗间出了问题。中午的餐具到快开晚餐时还无法进行高温消毒，只好组织人工用消毒剂操作，返修用了2天时间才达到设计标准。

第三次，开业第28天，库管员打开平时开启不多的冷库时发现温度不达标。已有部分原料必须赶快使用，也有500多元的进价损失。

……

范成业先生只想起这些较大问题，至于卫生间下水不畅、不少工作间线路的小修小补，那就更多了。好在经过交涉，董事长对他很信任。他已组织人员做了全面检查，拟订了修补计划；同时已向董事长建议，扣下工程余款，不尽快完全修好，决不罢休。范总经理对客源的尽快恢复和扩大也已成竹在胸，拟订了一套周密的计划。

点评

新建餐饮企业的工程建设管理是相当复杂、细致的，其工作质量直接影响餐饮企业市场准入的成功程度。范总经理所遇到的问题大多是建筑施工过程中的质量管理不到位造成的。你能列举出可能发生的主要问题和解决办法吗？

天福来饭庄开业不到两个月发生的这些问题，之所以给餐厅营业带来了损失，其原因就在于此。而之所以损失还未扩大，关键在于范总经理的菜单设计和产品定价及丰富经验。所以，请你和我们一起来探讨餐饮企业工程建设管理的相关问题和方法。

一、餐饮企业工程建设的审批手续办理

新建餐厅、酒楼等餐饮企业的工程建设，其规模一般较小，大多利用城市或机关、学校、企事业单位的土地建设；其审批手续要比饭店、宾馆、公寓、写字楼、办公楼、居民小区等大中型建筑简单一些，重点要办理以下审批手续：

（一）企业选址报告审批

餐饮企业的选址报告是在餐厅选址的基础上完成的。选址报告的内容主要包括企业选址依据、所选地址地理位置、地区概况、选址周围环境的区位图纸、建设项目的位置图、规划或租用土地的许可证书或租用合同，同时附有

建设地点有关单位的供水、供电、排水、供气等方面的意向证明。如果是无主管部门的投资人或投资主体,选址报告主要报城市规划部门、城建主管部门审批,以取得许可证明书;如果是有主管的投资主体,先报上级主管部门审批,同时报城市规划部门、城建主管部门审批;如果是租用其他机关、学校、企事业单位的土地,也可由土地所有单位出面报批,办理相关手续。

(二) 企业可行性报告审批

新建餐饮企业的可行性报告一般委托专业公司或人员研究制定。报告完成后,先由投资人或投资主体组织专家、专业技术人员座谈、修改,然后形成正式报告(报告内容参见本章第一节),同时附上餐厅选址报告,以及资金来源、供水、供电、供气、排水、排污等意向协议书。投资主体的申请审批报告,先报上级主管部门批准,然后报地区城市建设主管部门和城市规划部门审批。如果是租用其他单位的土地,也可由土地所有单位出面报批。

(三) 工程设计文件审批

新建餐饮企业的工程设计是在餐厅选址和可行性研究的基础上,经过上级主管部门、城市规划或建设主管部门批准后,根据设计任务书的要求而完成的。其设计内容主要包括初步设计和施工图设计,设计文件以初步设计为主,报地方政府有关部门即规划与建设主管部门审批或备案,即可办理建设工程规划与开工建设许可证,然后组织施工建设。

二、餐饮企业工程建设的招投标管理

随着市场经济的发展和国家经济建设"抓大放小"政策的逐步落实,餐饮企业建设已经形成以私有和民营为主的格局。新建餐饮企业的工程建设已经越来越广泛地采用招标、投标方式。所以,做好招投标管理工作是搞好企业工程建设、保证工程质量、节省建筑投资的良好途径。

新建餐厅、酒楼、饭庄等餐饮企业的工程建设的招投标管理,重点要做好以下三个方面的工作:

(一) 工程建设的招标通知书制定

新建餐饮企业工程以单项建设为主,其招投标工作一般是在可行性研究报告和建设工程设计完成的基础上进行的,也可以将工程设计和施工建设一起招标。单就建设工程的招标通知书制定而言,其内容主要包括以下四项:一是建设工程简介,包括工程名称、地址、占地面积、建筑面积、层高、工程地形图等。二是建设工程设计或设计要求,包括工程整体布局、建筑造型、餐厅类型、建设等级和规格等。三是建设工程环境与质量要求,包括整体质量、单项单体工程质量、主要设备选型、建筑环境协调与质量要求等。四是对投标单位的资质、资格要求,即参加竞标单位必须具备的基本条件。总之,新建餐饮企业工程建设的招标通知书制定是比较复杂的,要做到通知内容简单、明确,条理清晰,有关数据清楚。

(二) 工程招标、议标和承建单位选择

新建餐饮企业的工程招标通知书制定后,应采用公开招标方式,将招标信息公布在当地报纸上,或发给参加竞标的建设单位。邀请招标、议标的竞标单位数量不应少于三个,以超过三个为好,其工程招标、议标和建设单位的选择重点要解决好以下三个问题:

第一,竞标单位的资质摸底。工程建设的招标通知公布或发出后,准备参加竞标的单位情况复杂,资质条件各不相同。为此,发包单位即餐饮企业的负责人对每一个参加竞标的单位要尽可能多地了解情况,做好摸底工作。主要是了解这些单位的名称、住址,有无营业执照,过去承建过哪些建设工程,其技术力量、技术水平如何,资金实力如何,工程建设中的信誉如何,是否承建过饭店、宾馆、酒楼、饭庄等工程项目,有无较丰富的建设经验等。通过摸底,为工程招标、议标和承包单位的选择提供必要依据,防止鱼目混珠,选错了中标单位。

第二,工程议标和竞标处理。工程议标是在竞标单位接到通知后,由餐饮企业筹建负责人与竞标单位接触,根据要求,由他们制定标书,介绍本单位情况,准备承包的理由和条件,如工程设计能力、技术力量、组织施工能力、施工管理经验、工程造价等。所以,议标过程也是摸底过程,工程竞标则是将竞标单位召集到一起,公开竞争,互相报价,陈述承包工程的初步设想、计划和保证条件,然后由招标单位即餐饮企业做出选择。重点要从三个方面进行分析、比较,权衡利弊。一是工程建设的质量保证,即竞标单位有何条件、措施、技术和资金实力(垫付资金的能力)来保证工程建设质量。二是建筑造价的高低,即在保证质量、具有良好资质的条件下,谁的报价较低即选择谁为承包单位。三是工程建设的工期保证。工期越长,投资越大,因此,要比较竞标单位的工期保证及其条件。在前两项竞标条件基本相同的条件下,谁的工期短,即选择谁为承包单位。

第三,工程定标和承建单位选择。在公开招标、摸底、议标和公开竞标的基础上,新建餐饮企业应该选择资质条件好、能够保证工程质量、报价较低而工期最短的承建单位作为中标单位。建设承包单位确定后,餐饮企业必须召开有城建、规划、审计、银行等相关单位的人员、专家和承包单位参加的定标会议。在会上,承包单位介绍建筑承包方案、承包计划、工程进度,参会人员提出修改意见,最后完成餐饮企业建设工程的承建单位选择和确定。

(三) 建设工程规划建设许可证办理

办理新建餐饮企业的工程建设许可证是一项比较复杂的工作。要取得许可证,关键是准备各种审批材料,主要包括经主管部门批准的工程项目计划书,经规划部门批准的工程平面图,经土地部门批准或与土地租用部门签订的用地许可证或租地合同,工程建设的施工图纸,工程地形图,平面晒制地形图,经环保、消防、卫生防疫部门审定的意见表等。上述各种审批材料都要取得主管部门的签章。所以,办理一份工程建设许可证往往要盖八、九个,甚至十几个章。手续办理方法主要是在准备好上述各种材料的基础上,上报地区城市规划部门审批。经过审核同意,由城市规划部门发给建设工程规划建设许可证。这时,新建企业的建设工程才能正式开工建设。

三、餐饮企业工程建设的施工协调管理

在酒楼、饭庄等餐饮企业建设中,除极少数大型高档企业外,大多是利用机关、团体等其他单位的土地建设。极少涉及城市规划中的征地拆迁,其原因在于,一旦卷入城市居民和单位的征地拆迁,其建筑投资将大量增加。绝大多数餐饮企业都很难承担高昂的建筑投资,所以餐饮企业工程建设的施工协调管理大多不涉及征地拆迁工程。其施工协调重点要做好以下三个方面的工作:

(一) 签订工程建设施工合同

施工合同又叫工程承包合同。餐饮企业在招定标、选择确定承建单位后,要和承包单位签订工程建设施工合同,明确双方的权利、义务和经济关系。其合同内容和条款主要包括:

第一,承包施工内容,包括工程名称、工程地点、建筑面积、建筑结构、工程造价、承包方式、建设工期、开工与竣工日期,以及项目计划的批准文件及文号、时间、提交施工图纸的时间等。

第二,工程承包质量,包括整体建筑,单项建筑,基础工程,特殊工程,主要设备和材料选型的质量要求,防火、能源供应、环保、卫生防疫的质量要求,隐蔽工程质量检验,工程质量验收等内容。

第三,工程造价与结算方式,包括工程总造价,基础工程和主要设施造价,大众、雅座、包房、厨房造价;工程价款的支付与结算方式、方法,初次付款和以后逐次付款的收费标准,付款数量与时间等。

第四,双方责任与义务。按建设方和承包方分别列出双方需要承担的主要责任、权利和义务,如建设方建设规划的设计图、施工图的交付时间,承包方的施工进度、隐蔽工程隐蔽前的质量检查、重要设备和材料的质量检查、施工进度、发生质量纠纷的处理办法、施工过程中的工程管理、造成双方损失的处理办法、延误工期的处理办法等。

第五,其他补充条款,包括工程材料和设备的供应分工、进场期限、工程质量、保修期限、保修条件、工程提前或延误的奖罚条件、计算日期说明、交付验收办法、合同有效期等。

餐饮企业施工合同条款在工程质量、工程进度、工程期限、价款和结算方式等方面要尽可能地明确,以方便检查。承包合同经双方友好协商、谈判、讨价还价后,正式签订。必要时,要由公证部门公证,保证合同贯彻执行。

(二)组织施工图纸会审和技术交底

施工图纸会审由餐饮企业建设单位、承包单位、设计单位、工程监理或检查部门等人员参加,其目的是使施工人员和工程管理人员掌握工程设计意图、设计要点,保证工程建设顺利进行。施工图纸会审和技术交底的要点是:

第一,设计结构会审。包括施工图纸是否齐全、清楚、明确,能否满足施工要求;工程结构、工程布局、设备选型是否科学、合理,符合经济原则;餐厅、厨房、库房、门厅等设计的面积分配比例是否合理,位置是否协调。

第二,设计功能会审。包括施工图设计的大众餐厅、雅座、包房、接待厅、热菜、冷菜、面点厨房及其配套设施、库房和企业的供水、供电、排水、排污等功能设计是否齐全、配套,管线设计及其走向是否科学,各种功能设计能否满足企业市场准入后的生产经营要求,工程设计标准是否达到企业等级规格的要求。

第三,施工条件会审。主要审查设计图纸是否符合施工现场条件、物资供应条件和施工技术条件,包括建筑结构、建筑部件、建筑门窗的尺寸是否合理,管线走向、坡度是否正确,与建筑物交叉有无矛盾,各单体或单项建筑之间的连接、尺寸、走向、设计是否合理等。

施工图纸会审过程就是技术交底的过程,也是施工协调管理的内容和依据。会审结果要做好记录,并根据修改意见由设计单位和人员在规定时间内完成。随后,即可由餐饮企业交合同单位正式组织施工建设。

(三)施工过程中做好工程监理工作

新建餐饮企业施工建设过程中的工程监理是保证施工合同得到认真贯彻执行、监督工程质量的重要措施。大中型建设项目要由建设投资单位聘请专业监理公司承担监理工作任务，餐厅、酒楼、饭庄等餐饮企业也应聘请建筑工程监理公司或专业监理人员做好工程监理工作。工程监理的主要任务如下：

第一，监督工程材料和主要设备的质量。根据施工合同对建筑设计的质量要求，在施工单位购进主要建筑材料和设备时，检查其质量、选型是否达标，价格是否合理。如发现问题，应及时与承包单位协商，要求换货或改型，防止以次充好，影响工程质量。

第二，监督地下工程和隐蔽工程按设计要求施工。对地下工程的施工过程和上下水、煤气管线、电路管线、排水防污管线等隐蔽工程所使用的材料、线路走向、隐蔽质量等，事先做好监督检查，防止偷工减料、以次充好、功能缺陷等问题发生。如有问题，应及时制止，坚决更换或返工。

第三，监督建筑工程结构。包括建筑构件选型，地面、墙面、门窗材料选择，厨房水池、冷库设备、厨房排污和排油烟设施选位等的施工质量。要保证按设计要求施工，防止功能与营业要求发生矛盾，影响企业开业后的生产经营活动。

第四，做好施工现场的巡视，每天到施工现场巡视 1—2 次。巡视内容包括检查材料堆放、使用及防火措施落实情况。如发现问题，应与工程施工单位的管理人员协调处理，保证工程顺利开展。

第五，监督工程进度和工期。按合同规定的工期，在保证施工质量的前提下，监督单体、单项和分阶段完成的工程进度和工期。一旦发现工程进度迟缓，进度与合同要求偏差较大，要及时向餐饮企业领导反映并与施工单位协商，以保证工程进度，防止拖延工期，增加建筑投资。

四、餐饮企业建设工程的竣工验收

工程验收是检验工程质量的重要措施，餐厅、酒楼等新建餐饮企业的基建工程和装修大多是一次完成的。如果是基建工程和内部装修分开承包，则要分别验收（本书将在第四章单独讨论餐厅装修改造）。餐饮企业建设工程竣工验收的基本要求及验收内容与方法如下：

（一）掌握工程验收的基本要求

餐饮企业建设工程的竣工验收必须在工程已经完成时按合同要求组织验收，其基本要求如下：

第一，时间要求。工程验收必须按设计规定和承包合同规定的内容，在全部施工完成后，且符合验收条件时进行。验收时，要求工程建筑物四周两米以内的场地要整洁，道路要畅通。

第二，质量要求。工程质量必须符合设计要求和国家规定的质量标准，建筑装修质量应达到国家规定的优良等级。各种机电设备、管线、水、电、燃气、防污排水、冷藏、冷冻设备等的安装调试全部合格，经过试运行符合设计和技术设备的性能要求。整个餐厅、厨房、门前、办公用房、卫生间等工程必须做到窗明、地净、水通、灯亮，采暖、通风、空调等设备运转正常。

第三，接管要求。餐饮企业作为使用单位，其管理机构已经建立，维修人员经过培训持有上岗合格证书，接管后所需的备品、备件（易损件）已储备充分。

第四，验收资料要求。施工单位提交的验收资料必须齐全、手续完善，要保证资料无破损或涂改，技术资料的形成时间、技术数据、调试记录、所配配件等必须真实、准确、完善，抄件资料有转抄人签名和单位盖章。

（二）做好工程竣工的验收工作

新建餐厅、酒楼等企业的工程验收，主要包括以下五项工作：

第一，门脸与接待厅的工程验收。门脸主要验收门前环境、门脸设计、企业名称、标牌、广告牌、门窗、立栏等是否按设计要求达到质量标准，门前亮化、美化处理效果是否达到设计要求。门前接待厅验收主要检查地面、墙面、天花板、灯具、接待柜等的装修效果。

第二，餐厅工程验收。包括大众餐厅、雅座与多功能餐厅、各种包房及其相互连接的门厅、过道、走廊等。主要验收地面、墙面、天花板、灯具、装饰画面和门窗、玻璃、对联、餐厅标牌等的装修效果，观感质量是否达到设计要求，餐厅桌椅、柜台、家具选型是否符合环境美化和功能需要，各处门窗开关是否灵活、严密，家具、柜台规格如何，表面油漆、颜色是否均匀、光亮，工艺是否达到“优良”等级，各处边角、接缝处理、弯曲线条处理的工艺水平，各种电气插头及其绝缘保护效果如何等。

第三，厨房工程验收。包括传菜间、加工厨房、热菜厨房、洗碗间、冷菜间、面点厨房及其加工操作间、各厨房的连接通道等。主要验收各个厨房的面积比例分配、配套空间比例分配是否符合设计标准，厨房的开窗通风面积比例是否达标，通风、排气、排油烟、各种水池的上下水、排水是否通畅，厨房地面、墙面、过道的建筑材料、设备选型、工艺处理是否符合设计要求，各种通风、机器设备配备是否合理等。

第四，库房与办公用房验收。库房主要验收干货库、保鲜库、冷冻库的面积分配是否合理，防火、防盗措施是否有效，温控设备功能是否健全等。办公用房则主要验收装修质量、地面、墙面、天花板、灯具的装修工艺是否达到设计要求,办公设备、通风设备、财务室的保险柜、各种计算机等的齐全、完好程度等。

第五,公共卫生间验收。主要验收地面装修、瓷砖贴面、厕位、便池、洗脸台面、排风设备等是否齐全,上下水是否通畅,装修工艺是否达到“优良”等级。

上述各项工程验收要由餐饮企业、施工单位、设计部门、地方政府有关部门人员组成验收小组,逐项验收。其中,隐蔽工程要以工程监理人员和施工单位有关负责人共同签字的验收单为依据。验收完成后,经过试运行考核合格,还要填写和编制验收报告,并取得施工部门的工程竣工图表、工程决算、工程总结等资料,才能完成餐饮企业建设工程的验收工作。

(三)做好工程技术资料的整理归档

工程技术资料是新建餐饮企业的重要技术档案,也是今后企业财务核算、工程返修和维修,特别是基础设施和隐蔽工程维修的原始资料。做好工程技术资料的整理归档,一要做到技术资料全面,二要按技术资料形成过程归类,三要按一定标准做好技术资料编号归档。技术资料整理归档的内容主要包括以下三个阶段:

第一,工程建设准备阶段。应整理归档的主要技术资料包括工程选址报告、可行性研究报告、初步设计报告、工程概算、工程规划建设许可证明、土地租用合同书等。上述每种技术资料都有很多具体文件和材料,要按先后顺序整理、归档、编号。

第二,工程施工建设阶段。应整理归档的主要技术资料包括建设工程招投标的标书,工程施工承包合同,承包工程建设计划、供水、供电、供气、排水审批文件,施工图纸及说明文件,施工监理记录,隐蔽工程施工记录等。这些资料也要按先后顺序整理、编写、归档。

第三,工程竣工验收阶段。需要整理归档的主要技术资料包括施工单位提供的交付验收技术资料、竣工图纸及说明。竣工决算报告,包括竣工工程概况表、财产交付总表、明细表、财务决算总表、工程验收申请报告、验收会议记录、验收报告书及验收人员签字名单等。

第四章
搞好租赁经营的房产运作与装修美化
——创造餐饮企业市场准入的优良就餐环境

4

第一节　租赁经营餐饮企业的房产运作

案例

开业赢得客如云的一家“二手货”餐厅

肖家垮大酒楼是一家以“农家乐”为特色的西蜀餐厅，经营川菜，以农家特色菜为主，地处北方A市东城的商业与居民区交叉的交通干道上，离路边20米左右。来到餐厅门前，典型的西蜀农家门楼高大、气派，门脸装饰、东西南三面的大型广告牌、霓虹灯和门前亮化处理十分醒目，美观大方。门前只有5—6个车位，部分车辆停在两旁的路边。进入大门，一个设计美观、绘有西蜀美景的影壁不得不让人驻足观看。转过影壁，身着蓝白相间印花土布大襟衣衫、佩红色彩带的领位员满脸笑容地招呼着进进出出的顾客。餐厅内部呈纵向布局。青石板铺地的弯曲过道将顾客引向各种类型的餐桌，小道旁边有两棵榕树，一大一小，枝叶茂盛，散挂在餐桌上方。旁边一处翠竹绿得喜人，竹林边上鲜活的鱼群在溪水和杂草间游动。顾客在竹林边、榕树下的餐桌上用餐，观看碧水鱼游，自有一番情趣。餐厅深处的农家院坝设计更是别出心裁。穿过大众餐厅，迎面一处农家大院的天井设有雅座餐厅，两边是包房，后面是厨房。雅座餐厅青石铺地，边角大树的枝叶伸向中间的餐桌，树下的小餐桌环绕其间，灯光和绿树、花草配合，另有一番情趣。包房的竹帘、门窗宽大，每间包房的设计各不相同。整个餐厅环境宜人，结构雅致而富有农家特色。餐厅开业三个月来，每天营业不到20分钟就客满。总经理兼董事长肖贵和先生看在眼里，喜在心头。

肖家垮大酒楼原是一家国营餐厅，20世纪90年代中期以前，曾经红火过一段时间。随着经济体制改革的深入和市场竞争的加剧，由于受管理体制和资金的限制，餐厅生意一落千丈，设施设备老化，餐厅环境脏乱，早已无法维持。肖贵和先生接手前，餐厅曾经两易其主，但终因经营不得法而退出了餐饮市场。一年以前，肖先生经朋友介绍，通过艰苦的房产转让谈判，以高出当地市场转让价格5%左右的价格，取得了房产经营权，租期5年。肖贵和先生接手后，考察过30多家经营良好的餐厅酒楼，对艺术的业余爱好和对顾客饮食消费心理的分析，促使他高价聘请室内设计专家设计，并经过彻底改造，创造出这种独特的消费环境，加之厨师队伍优秀，市场定位准确，终于使这家“二手货”餐厅赢得了宾客如云的经营效果。

点评

餐厅环境是增强吸引力、招揽顾客前来用餐的基本条件之一。是否能创造出优良的就餐环境是短缺经济时代和小康社会餐厅经营的重大区别之一。肖家塆大酒楼将长期经营不善、多次易手的“二手货”餐厅改造成具有独特农家特色的酒楼，其优良环境所具有的形象吸引力是其重要原因之一。新建餐厅的规划建设和租赁经营的餐厅环境装修与美化在企业市场准入管理中，具有相当重要的作用。我国绝大多数餐饮企业都是以租赁经营为主的，而租赁经营的餐厅环境十分复杂。从租赁经营的房产运作、装修改造设计、改造工程的施工管理到工程验收，都有大量工作要做。让我们从肖家塆大酒楼的成功经验中探讨餐饮企业市场准入的装修改造和环境美化的有关原理和方法，从而为企业成功打入市场创造优良基础条件。

一、租赁经营的企业房产运作的主要渠道和方式

餐饮租赁经营是指房产归业主所有，企业的投资人或投资主体通过签订租赁合同取得房产使用权，将其改造成餐饮企业的一种经营方式。它和餐饮企业的规划建设不同。规划建设是在取得土地的基础上重新建造和装修，建成餐饮企业，其房产归投资人所有或合伙投资人共同所有；租赁经营的房产归业主所有，投资人或合伙投资人只有房产经营权。

酒楼、饭庄等餐饮企业，除少数大型、高档企业是由业主投资、业主经营外，绝大多数都采用租赁经营方式。其主要原因是：酒楼、饭庄等餐饮企业的

规模无法与饭店、宾馆、写字楼、商业大厦和公寓等企业比较，而企业位置又必须选在人口密集、人流集中的商业繁华地区或居民区。这些地区不仅土地昂贵，而且拆迁安装费用高昂，对绝大多数餐饮企业来说，如果要想在这些地区新建餐厅、酒楼等企业，其规划建设的前期投入和企业的经营利润很难保证。加之餐饮企业就餐环境的营业周期较短，一般经过3—4年就必须重新装修改造，企业很难承受接连不断的债务和利息负担。所以，绝大多数餐饮企业都采用租赁经营方式。

租赁经营的餐厅、酒楼等餐饮企业，其房产运作的渠道和方式主要有以下四种：

（一）租用大中型商业设施的房产

在我国市场经济蓬勃发展的推动下，全国各地的城市建设早已形成高潮，各个城市，特别是大中城市的规划建设都以写字楼、办公楼、饭店、宾馆、公寓和商业大厦等大中型商业设施作为当地商圈建设的主要标志，形成商业繁华地区。因此，租用大中型商业设施的房产就成为餐饮企业租赁经营的房产运作的主要渠道和方式之一。采用这种房产运作方式重点要注意以下三个问题：一是租赁经营的适用范围。由于这类房产造价高、租金高，所以，如果采用租赁方式经营餐饮企业，一般适用于开设高中档酒楼、饭庄。二是租赁经营的市场竞争。大中型商业设施大多地处商业繁华、人流集中的集散地，各种商家云集于此。一处大型写字楼、办公楼、商业大厦或超市建成，往往很快就有几家甚至十几家餐饮企业投资人前去租房开办餐馆、饭庄。所以，要特别注意防止过度市场竞争，特别要从产品风味、经营档次、产品价格、餐厅装修的主题风格等经营特色上避开竞争风头，防止两败俱伤。三是进入市场的时机掌握，从一处大中型商业设施基本建成到形成商圈，形成人流集中的繁华区域，少则6—8个月，多则1—2年。因此，若要在此租房经营餐厅，要特别注意掌握好进入市场的时机。一般要在大量住户开始入住或客源形成前1—2个月左右开业。不宜开业过早，形成3—4个月甚至半年以上的餐厅座位大量闲置期。

（二）租用新建小区的房产

随着我国城市建设的快速发展，各个城市，特别是大中城市都在新建离市区较远的居民小区，形成居民集中的各种小区楼群和别墅群及其配套设施。如果租用这种地区的房产开办餐厅酒楼，重点要注意两个问题：一是企业地点的选择，一般应该选在小区入口处、小区附属学校、商场等人流集中的交通要道，以地面一层最好。二是市场进入的时机，租房开办餐厅酒楼最好应在大批居民已经入住、小区人流开始形成的时候开业。如果小区刚刚建成,附属设施不配套,房产商的居民楼房销售进展很缓慢,则不宜急于在此租房开办餐厅酒楼。

(三)租用老城区的房产

城市老城区各种房产很多。其房产业主有各种机关、学校、科研机构、企事业单位的办公用房、闲置平房,也有居民楼的底层,街道、胡同、社区范围内的各种平房等。若在这些地区租用房产新开餐厅、酒楼等餐饮企业,重点要注意三个问题:一是餐饮选址。一定要按本书第二章中介绍的餐厅选址原则、区位和点位市场的要求选择合适的地点、位置,保证客源。二是周围城市规划。城市老城区大多处于改造拆迁过程中,所租用的房产至少在3—5年内不在城市规划的拆迁范围内,以防止开办餐厅的前期投入难以收回,造成投资损失。三是投资意愿、资金实力和租用房产现实条件的适应程度。若在老城区租用房产,其房屋造型、层高、面积、朝向、周围环境都是已经确定的,很难改变。只有准备租用的房产与投资人的投资意向、资金实力,包括餐厅类型、餐厅规模、档次高低、餐位多少等相吻合,才能签订租赁合同。

(四)租用餐厅转让的"二手货"房产

在经济结构转型、市场竞争日益激烈的条件下,各城市、各地区,特别是大中城市,天天都有餐饮企业的市场进入和退出现象发生。因此,租用原有餐厅的"二手货"房产也是餐饮企业采用租赁经营方式的房产运作渠道和方法之一。如果租用餐厅转让的"二手货"房产,重点要注意三个问题:一是摸清房产业主。"二手货"的餐厅转让,有的是初次转手,而更多的是多次转手,房产主人是谁,必须事先摸清。租房合同必须和业主签订,防止多次转手蒙受经济损失和事后可能发生的纠纷。二是摸清餐厅转让的原因。"二手货"的餐厅,大多位置较好,但也有例外。其转让原因是多种多样的,如经营不善、竞争激烈、难以维持、面临破产;投资人转行、出国、举家搬走;房产主人想收回房产,重新出租,提高租金;城市规划会很快占用土地,即将拆迁;原有经营者与房主或当地有关政府机构,如派出所、工商、税务部门关系搞得很僵或躲避债务等。在摸清转让原因的过程中,要权衡利弊,然后决定是否值得签订租房合同,开办餐厅酒楼。三是不留隐患。租房接管"二手货"餐厅,不管其转让原因如何,凡是转让人与业主、当地有关部门、供货单位等存在的矛盾、问题、纠纷等,承租人一概不参与,并在租赁合同中说明"过去问题,概不负责",以防止租赁经营后可能发生的纠纷和扯皮现象。

二、餐饮企业租赁经营的房产运作的工作步骤和方法

通过房产运作取得餐厅经营的房屋使用权是餐饮企业采用租赁经营方式的前提和基础，也是绝大多数餐饮企业搞好餐厅环境装修与美化和开业策划的重要工作。所谓“皮之不存，毛将焉附”，没有房屋，也就没有餐饮企业。在市场经济条件下，租赁经营的餐饮企业的房产运作，也是一项复杂的工作。其工作步骤和基本方法如下：

（一）根据投资意向选择房产地址和规模

采用租赁经营方式取得房屋而开设餐厅酒楼，其房产使用权的取得，首先取决于投资人或投资主体的投资意向，即投资人或投资主体有多大资金实力，准备在什么地方租赁经营一家什么类型、什么等级、拥有多少餐位的餐饮企业；其次取决于在什么地方能够找到符合投资人或投资主体的投资意愿和要求的房产或“二手货”餐厅。两者结合，才能进一步运作而取得房屋租赁经营的使用权。这是餐饮企业采用租赁经营方式的房产运作的首要步骤。其具体方法是：由投资人或投资主体的代理人出面，在明确投资意向，特别是资金实力的基础上，通过报纸、杂志、房地产刊物、朋友介绍等各种方式，寻找在什么地方、什么区位有可供出租的房屋。在了解初步信息的基础上，直接到房产所在地去实地观察、现场考察，并同房主或经营者见面，了解房屋的具体位置、朝向、层高、建筑面积、平面结构、周围环境、出租原因等。通过了解这些情况，主要分析其房产是否适合开办餐厅酒楼，其房屋位置、朝向、层高、使用面积是否符合投资人的意向和要求。如果条件不好，不符合要求，就要另外寻找，直到找到为止。

（二）分析房产所在地点的区位和点位市场环境

投资人租房开办酒楼、饭庄，关键在其房产所在地点的区位和点位市场环境是否适合开办。开始寻租的房产可以有多处，经过比较，选择一处最适合的房产，分析其市场环境。主要分析在半径0.5个小时车程的区位环境和步行距离20—30分钟半径范围内的点位环境是否适合投资意向和要求，包括房产所在地适合开办什么类型、什么等级、多大规模、多少餐位的餐厅酒楼；周围已有多少家饭店、宾馆和酒楼饭庄；当地的人口总量、客流量如何；市场需求的缺口有多大；如果在此租房开办餐厅，其主要目标市场何在；目标市场能够获得的市场份额有多少；现有餐饮企业的客源状况、餐位利用率如何，人均消费有多高；拟办餐厅可能达到的餐位利用率和人均消费如何等。需要分析的市场环境的具体内容很多，都要经过市场调查，取得大量信息资料来完

成。其市场调查和区位及点位市场环境分析的具体内容和方法,请参见本书第二章的相关内容。

(三)做好寻租房产的产权和现状调查

经过市场环境分析,在已经确定租赁所选房产开办餐厅酒楼,且其房产条件又符合投资意向和要求的基础上,还要进一步了解拟租房屋的产权情况。其房产的产权状况主要有三种:一是房产归机关、学校、公寓、写字楼、小区业主、街道等各种企事业单位所有,但房屋尚未出租。这时,主要是找到产权所有人,直接同业主见面。只要业主同意出租,能够将房屋按时腾空,即可同业主谈判,签订租赁合同。二是房产归各种企事业单位或私人业主所有,但房屋已经出租而尚未收回。这时,只要业主同意出租,按时将房屋收回腾空,即可同业主谈判,签订租赁合同。三是房屋属于"二手货"餐厅,有的可能是多次易手。这时,要特别注意调查清楚房屋产权的真正所有人、餐厅转让的真实原因、现有经营者的经营状况,以及是否是想通过餐厅转让而从中盈利,是否想通过提高餐厅转让费用而将破旧设备和餐茶用品倒手等。所以,做好寻租房产的产权和现状调查,特别是"二手货"餐厅转让的情况调查,是防止吃亏上当、消除租房后可能发生纠纷的隐患的必要条件。

(四)做出租赁经营的房产选择决策

在做好上述三个方面工作的基础上,即可根据所选房产的基本状况和投资人的投资意向,经过与业主的寻价、谈判,做出租赁经营的房产选择决定,为餐饮企业的租赁经营取得房屋使用权。

三、租赁经营的餐饮企业租房合同签订

餐饮企业采用租赁经营方式,其前提条件是签订租房合同,取得房产在一定时期的经营使用权,这是餐饮企业房产运作的最终落实。其租房合同的签订,重点要做好以下三个方面的工作:

(一)做好可租房屋的投资效果分析

采用租赁经营方式,投资人或投资主体租房的目的是开办餐厅、酒楼、饭庄等餐饮企业。寻租房屋的位置、面积大小、市场环境不同,可供开办的餐厅规模、档次、接待对象、投资效果也不相同。而房租价格和转让费用的高低又受上述因素的影响。因此,做好可租房屋的投资效果分析,明确在什么条件、什么价格水平下值得租用这一房产,是决定是否签订租房合同的关键。其投资效果分析的基本思路和方法如下:

第一,根据可租房产确定拟办餐厅的等级和规模。根据房屋位置、规模、

面积、区位和点位市场的需求状况，以及目标市场的客源数量和可能获得的市场份额，结合投资人的投资意向和资金实力，确定准备租用这一房产来开办一家什么类型、什么等级、多大规模、可设多少餐位的餐厅或酒楼。只有在正式租房前掌握这些初步情况，才能为做好投资效果分析，进而决定是否租用这一房产提供可靠依据。

第二，预测可办餐厅的日均营业收入。以初步确定的餐厅等级、规模、餐位多少为基础，根据目标市场供求分析和可能获得的市场份额，预测开办餐厅的餐位利用率、接待人次、食品人均消费、饮料比率，进而预测餐厅日均营业收入，计算公式为：

$$\text{日均收入} = \text{餐位总数} \times \text{餐位利用率} \times \text{人均消费} \times (1 + \text{饮料比率})$$

第三，测算可办餐厅的日均成本费用消耗。在日均营业收入预测的基础上，其成本费用消耗主要采用成本费用率来大致确定。具体包括四项：一是原料成本率，根据拟办餐厅等级规格确定，中低档餐厅一般按55%—58%确定，高中档餐厅一般按50%—55%确定，豪华型酒楼饭庄一般按45%—50%确定。二是人工成本率，根据不同地区、不同城市的工资水平，一般在12%—20%之间。三是营业费用率，一般按10%—15%确定。四是营业税金，按国家税种、税率，可安排在5.5%左右。在此基础上，即可预测拟办餐厅的日均成本费用消耗，计算公式为：

$$\begin{matrix}\text{日均成}\\\text{本费用}\end{matrix} = \begin{matrix}\text{人均}\\\text{收入}\end{matrix} \times \left(\begin{matrix}\text{原料}\\\text{成本率}\end{matrix} + \begin{matrix}\text{人工}\\\text{成本率}\end{matrix} + \begin{matrix}\text{营业}\\\text{费用率}\end{matrix} + \text{税率}\right)$$

第四，测算投资回收期的日均投资额。租赁经营的餐厅、酒楼等餐饮企业，其开业前的投资主要包括四大项：一是房屋租金。一般按每天每平方米的租金确定。二是餐厅转让费。主要适用于“二手货”餐厅，由转让者和投资人经过协商谈判确定。三是装修改造费用。一般根据餐厅装修等级，按每平方米费用×装修面积测算。四是正式营业前的开办费用，主要包括筹备期间的人员费用、各种餐饮用具购置费用、营业执照等证件的手续办理费用、培训费用和杂项开支，一般按前三项投资总额的8%—10%测算，除房屋租金外，其他三项费用可根据费用总额和预计的投资回收期来确定日均投资额。租赁经营的餐厅、酒楼等餐饮企业，因正式营业3年左右就必须重新进行装修改造而追加投资，所以根据拟办餐厅的等级规格，其投资回收期必须在8—18个月。所以，其日均投资额的计算公式为：

$$\begin{matrix}\text{日均}\\\text{投资额}\end{matrix} = \frac{\text{转让费用} + \text{装修改造费用} + \text{开办费用}}{\text{投资回收期(天)} + \text{筹备开业期(天)}} + \begin{matrix}\text{房屋}\\\text{面积}\end{matrix} \times \begin{matrix}\text{每日每平方米}\\\text{租金}\end{matrix}$$

第五，分析可租房屋的投资效果。采用租赁经营方式，是否值得租用初步选择的房屋，主要由投资效果决定。它必须满足的基本条件是其日均营业收入扣除日均成本费用大于日均投资额，并能在计划的8—14个月内收回全部投资。这样到企业需要重新改造时，至少还有不少于18个月的集中盈利期。因此，是否值得租用已选择的房产的判断公式为：

回收期日均营业收入－日均成本费用≥投资回收期内的日均投入总额

（二）协商判断房租价格和转让费用

租赁经营的餐厅、酒楼等餐饮企业，其房租价格的高低主要受房屋所在地点的商圈繁华程度、客源档次、消费水平高低、交通方便程度、房屋本身的质量和造价高低等多种因素的影响，低的往往在0.5—5元/平方米·天，高的可达20—50元/平方米·天，甚至更高。协商谈判房租价格，重点要注意六个问题：一是房屋所在地区的价格水平；二是房屋本身的质量高低；三是房产位置的交通方便程度；四是拟办餐厅的客源档次高低和预计的消费水平；五是房屋租用期限的长短，租期一般必须在5年以上，最低不能少于3年，租期越长，价格应该越低；六是区位市场房产的抢手程度。协商谈判房租价格，要综合考虑上述各种因素，先向房产主人寻价，再进行具体协商。如果已经看准了想要的房产，既要表明意愿，又要充分指出房屋具体位置、朝向、交通、基础设施、周围环境等的不足，尽量压低价格，这样通过讨价还价、友好协商，最后达成协议并签订租房合同。如果业主要求在租用期内租金递增，则要尽量避免这种情况。即使同意递增，递增幅度也应以银行存款利率为基础，强调租期越长，风险越大，以此压低递增幅度，降低投资风险。

"二手货"餐厅的转让费用谈判常常难度更大。不少"二手货"餐厅都是租期未到而转手，转让人往往将房屋租金和餐厅转让费用捆在一起高价转让。此外，还有部分人专门从事"二手货"餐厅的转让经营活动。所以，采用租赁经营方式的餐饮企业的投资人在协商谈判"二手货"餐厅时，重点要注意三个问题：一是要找到真正的房屋主人，摸清原有的租房价格，得到房屋产权复印件，最好直接同房产所有人谈判房租价格。二是如果避不开"二房东"，必须将房租价格和餐厅转让费用分开谈，而不能捆在一起谈判，防止"二房东"从中渔利。三是餐厅转让费用谈判，要尽量以转让后是否需要为原则，按转让设备的新旧程度、可用程度清点，列成清单，参照市场进价和折旧程度，逐件确定价格，尽量压价，不能使用的坚决不要。只有这样，通过协商、谈判、讨价还价，才能防止吃亏上当。特别是那些原来从事贸易、房地产、装修等其他行业的投资人，刚刚进入餐饮市场而接受"二手货"餐厅时，更要如此。

（三）签订正式租房合同

在协商谈判房租价格和转让费用的基础上，采用租赁经营方式的投资人或投资主体，即可同房产主人签订正式的租房合同，其合同内容与条款主要包括以下各项：

第一，签约双方的基本情况。包括双方单位或人员的名称、姓名、地址、房产证号、营业执照号码等。

第二，租用房产的内容和价格。包括房产地址、占地面积、周围可使用的面积、房屋结构、平面图形、租用期限、筹备开业期和正式营业期每平方米每天的租金、递增租金、租金计算方法、付款方式、付款时间等。

第三，转让费用与设备物品清单。包括"二手货"餐厅转让费用总额、付款时间和付款方式。转让的主要设备和餐茶用品则要列成清单作为租房合同附件处理，并列出交割时间、交接方式。

第四，双方权利、义务和处罚条款。租房合同中，对双方的权利、义务规定得比较简单。出租人按时交出房屋使用权，"二手货"餐厅的"二房东"按时交出转让的设备和用品，他们分别获得合同规定的租金和转让费即可。这里主要是双方如果违反合同的处罚条款，如房屋一旦出租，房主不得随意干扰餐厅的正常营业，租房人必须按时足额交纳房租，如果违反合同应该怎样处理等。

第五，合同有效期和有关附则，包括合同份数、有限期限、监督办法和生效日期等。

租赁合同一经双方签字盖章，租赁经营的餐饮企业即可取得房屋的使用权，开始组织并做好餐厅装修改造工作。

第二节　租赁经营的餐饮企业的装修改造设计

案例

三塆大酒楼成功的装修改造设计

三塆大酒楼是由租用的A市东城区边上的原棉纺厂的一栋库房改造而成的，原为平房建筑，建筑面积800多平方米。随着城市拆迁改造，工厂已经迁出，库房因在居民区内得以保留。经改造后的酒楼位置尚好，纵深面临大街,交通方便,门前有停车场。酒楼总经理王先生长期从事餐饮企业经营,两年前从一家四星级饭店受聘前来筹备开业。经过精心设计、改造,终于一炮打响。王先生也因业绩突出而以智力资本参股成为公司董事。

两年前,当王总经理接手这家酒楼时,库房还未完全腾空,室内和周围一片狼藉。凭他多年的经验和到全国很多地方考察,并经过市场分析论证,王总经理提出了一套装修改造方案:

(1) 餐厅经营方向。A 市地处北方,常住人口 300 多万,加上流动人口近 400 万。餐饮市场以山东菜、东北菜最多,王总经理提出以经营广东菜为主。这不仅是因为 A 市商业发达,广东、福建来往商人越来越多,而且在酒楼周围 5 公里范围内只有很少几家广东餐厅,大多经营得一般,生意清淡。他的提议虽然遭到公司不少人的反对,但得到公司董事长的支持。

(2) 餐厅改造思路。王总经理和他的筹备小组经过多次研究,确定了餐厅改造的三条思路:一是对库房进行改造。进门处改造成高大气派的海南风情大餐厅,大餐厅周围的二层建 8 个包间,形成天井格局。库房后面一层为厨房,二层设 2 个带隔断的大包房,可举办宴请、活动和小型会议,同时设 4 间客房,供顾客休息和住宿。二是餐厅主题。选海南风光,尽量突出海南风情,具有独特风格,8 个包间每间装修风格均不同,分别按荔垮厅、芭蕉厅、枫林厅等不同风格设计,两个大包房一个按 KTV 包间设计,另一个按玉泉河风景设计。整体装修按四星级餐馆标准设计。三是餐厅装修设计。一楼以舒适和欢乐气氛为主,采用多视角空间布局;二楼以高雅为主,突出南方特色,注重绿色、花草与树木装饰效果。

(3) 餐厅装饰设计。王总经理先后邀请了三家实力雄厚的装修公司参加竞标。它们按照王总经理的要求,有的设计出了草图和效果图,有的设计出了沙盘与平面效果图,都有装修报价和预算清单。王总经理又请来了工艺美术学院的著名室内设计专家进行咨询,从中选择了深圳一家较有名气、设计效果最好的公司承担装修改造任务,并根据专家建议对设计方案进行了修改和完善。装修方案和预算,经过讨价还价,报公司董事会批准后,签订了装修改造合同,立即进行了装修改造。为此,公司支付了 15 万元左右的设计费用。

(4) 餐厅改造效果。三垮大酒楼经过近 5 个月的装修改造,从门脸到室内装饰一新,一个独具风情特色、大厅和每个包间都有不同装饰主题的环境幽雅、气氛宜人的餐厅终于建成了。接着,王总经理又从海南请来了总厨,楼上楼下设计了两套不同档次的菜单。餐厅一开业,在 A 市就引起了不小的轰动,开业不到 1 个月,餐位利用率达到 390% 以上,随后直线上升。在酒楼经营日渐稳定后，公司任命王总经理以三塆大酒楼为旗舰，着手筹划开设餐饮集团公司。

点评

租赁经营的餐厅、酒楼等餐饮企业必须经过装修改造，才能形成优良的生产接待能力和具有吸引力的优良消费环境。装修改造不仅需要较大投资，而且是一项比较复杂的工作，其装修效果又是企业能否成功打入市场的重要条件之一。一家装修良好的餐厅，其前提和关键取决于装修改造的设计和施工质量。不少餐厅、酒楼消费环境较差或平淡无奇，而钱却没有少花，其原因就在于对装修改造的设计工作不够重视。三塆大酒楼的成功经验给我们不少有益的启示，你能从三塆大酒楼的装修改造设计中得到什么启发呢？请你结合实际谈谈自己的感想和认识，这也正是我们在本节中所要研究和介绍的内容。如果你想投资经营或从事餐饮企业，你一定会对这些问题感兴趣的。

一、餐饮企业装修改造的设计原则

设计原则是设计思想的体现。租赁经营的餐厅、酒楼等餐饮企业，其装修改造设计是为创造餐厅优良消费环境服务的。为此，需要遵循以下基本设计原则：

（一）功能与主题相结合的原则

功能是餐饮企业室内环境艺术的决定因素。功能不同，室内环境艺术的要求就不同，其设计要求也就不同。主题则是餐厅室内环境艺术的灵魂，是餐厅是否具有独特风格的集中体现。因此，租赁经营的餐饮企业，其装修改造的环境设计必须遵循功能与主题相结合的原则。功能是指企业内部有大众餐厅、雅座餐厅、各种包房，还有热菜厨房、加工间、洗碗间、冷菜厨房、面点厨房、食品库房和办公用房等。分区功能不同，其环境设计的档次、风格、主题、设备、表面装修的工艺水平也不同。装修设计必须突出室内空间的功能和用途，并加以区别对待。主题是指接待顾客的不同餐厅的装修特色和环境气氛。企业的大众餐厅、雅座餐厅、各种包间餐厅，因其客源档次和消费水平不同，其装饰主题和风格也不一样。每一个餐厅必须选择一个不同的主题，同时又必须与餐厅的功能相结合。各种餐厅可以选择的装饰主题很多，如农家小院、山地风光、海港渔村、星球大战、怡春苑、杏花村、梁山水泊、江南风情、海南风光、热带雨林等，可谓成千上万，变化无穷。餐厅装修改造的环境设计，只有将功能和主题结合起来，以主题为灵魂，以功能为中心，才能设计出环境优美、实用方便的具有独特艺术风格的餐厅环境。

（二）整体协调和重点突出相结合的原则

酒楼、饭庄等餐饮企业的室内环境总是由分区功能构成的。例如，一个大众餐厅或雅座餐厅的室内必然要分为迎客区、过道区、用餐厅、吧台区，包间餐厅室内又会有休息区、餐桌区、接手桌与服务区，整个企业又可以分为餐厅区、厨房区、库房区、办公区等。整体协调既是餐厅环境给顾客形成视觉美感的基本条件，又是餐厅装饰空间构图效果的重要体现。因此，餐饮企业装修改造的环境设计首先要注重整体协调。设计时，必须首先将室内空间按照分区功能的要求分成不同的区域，每个区域的面积大小要合理。然后要采用墙壁、门窗、隔断、影壁、装饰隔板、花草盆景等将分区功能区别开来。与此同时，还要通过事先设计，用装饰材料、装饰部件、装饰图案、人造景观和花草树木等来突出装饰重点。如有一定规模的大众餐厅，其过道可以设计成弯曲的乡间小道、小桥流水，也可以设计成步移景变的竹林、微型山水、古树穿插。没有景观的餐厅则可以重点突出主墙装饰，包间餐厅则要每一间包房有一个重点装饰布置。总之，整体协调要做到厨房与餐厅布局协调，厨房区内的热菜、冷菜、面点厨房和加工间、操作间、洗碗间协调，各餐厅内部的分区功能协调，而在每一个餐厅又要突出重点部位的装饰效果。只有将整体协调和重点装饰结合起来，才能使餐饮企业的装饰设计收到相得益彰的效果。

（三）美观经济与方便实用相结合的原则

餐饮企业装修改造的目的就是要创造美观舒适的消费环境。要从门脸设计开始，包括门前环境、大门装饰、标志标牌、立柱窗户、门前广告牌、霓虹灯、晚间亮化设计，都要美观大方。室内环境的主题选择，人造景观设计，墙面、地面、天花板、灯具设计与造型，餐厅桌椅的造型选择与摆放，吧台设计等，更要美观协调。但美观并不一定要多花钱。装修设计时要尽量选择既能保证功能需要和美感效果，又能节省投资的材料。同时，要坚持就地取材、精打细算的原则，将美观和经济结合起来，做到少花钱、多办事。

餐饮企业的装修改造设计，在美观经济的原则下，还要做到方便和实用相结合。方便就是根据功能需要，尽可能考虑顾客进出、餐厅点菜、传菜上菜、为顾客取酒水和收盘收碗的操作方便，尽可能考虑到厨房原料进出、原料加工、洗菜择菜、烹调上菜等各道工序之间的衔接和协调，尽可能考虑到缩短每道工序与前后工序之间的行走距离,保证方便,提高效率。同时,在装修设计中,还要将方便和实用结合起来。特别是厨房和餐厅装修的设备选型、安装都要突出实用。只有坚持美观经济和方便实用的原则,才能设计出优良的餐厅环境,为餐饮企业的装修改造打下坚实的基础,从而保证成功打入市场。

二、餐饮企业装修改造设计的要点把握

餐饮企业的装修改造设计是由企业负责人提出设计思路和要求,装修公司的专业技术人员或设计专家进行具体设计。经审查批准,然后组织施工。为此,餐饮企业和设计单位的人员应该把握以下设计要点:

(一) 门脸设计

门脸是餐饮企业的脸面,是引起路人和顾客重视、起宣传广告作用而招揽生意的重要条件,也是给顾客留下第一印象的关键部位。因此,要十分重视门脸装修设计。餐饮企业门脸设计的要点是:整体设计高大、美观、大方,门前宽敞,门面、立柱、窗户、标牌、大型广告牌协调、美观、有气派,霓虹灯与晚间亮化处理视觉效果好,整体装饰有特色,与餐厅等级规格、经营性质、餐厅类型相适应。

(二) 室内空间功能分区

进入大门的接待门厅、室内的雅座餐厅、大众餐厅、包间餐厅及其连接的门厅过道、后部的热菜厨房、冷菜、面点厨房及其配套空间,以及各种库房和办公用房等分区功能要清晰,面积分配要合理,与预测的目标市场的客源层次及其比例基本相适应,有利于厨房生产和餐厅销售的协调与配合,能够为顾客进出提供方便。

(三) 不同功能区的装修主题选择

针对不同的餐厅,要分别选择装修主题,如川菜餐厅可选西蜀风情、农家院坝、山峡风光等;淮扬菜餐厅可选江南水乡、竹林胜景、私家花园等。每一个包房餐厅,也要分别选择不同的主题,如桃花园、杏花村、西山晴雪、宫廷仙境等。餐厅主题本质是创造餐厅的文化意境和优良的消费环境,形成能够吸引顾客、陶冶情操的气氛。各种餐厅可供选择的主题成千上万,关键取决于餐饮企业和专业设计人员的想象力、意境创意和创新能力。此外,还要特别注意防止与周围其他餐厅雷同。

(四) 突出主题的餐厅景观设计

餐厅装修改造设计主要是用装饰材料、装修图案、人造景观等来创造室内空间构图,给顾客以美感享受。餐厅景观是形成这种空间构图的主体,而

人造景观又是为餐厅装修主题服务的。所以,一定要注重突出餐厅主题的景观设计。餐厅景观的具体表现形式很多,如小桥流水、曲径通幽、小山小景、人造树景、小溪修竹、影壁画境、五月桃花、樱桃桂果、草原奔马等。但不管采用什么景观设计,都必须为主题服务,将餐厅室内景观作为餐厅主题的主要表现形式,这样才能创造优良效果。

(五)室内空间维护体处理

在突出餐厅主题和人造景观的基础上,空间维护体处理是餐厅装修改造的又一重点设计内容。其中,地面处理要重点注意坚固、耐磨、防滑、防潮和易清洁。一般餐厅宜选择与餐厅等级相适应的地板砖为主,豪华餐厅和豪华包房餐厅应选用高档地毯。具有地方风情特色的餐厅则应选择能够突出其特色的地板材料,地面设计中的边角、拐弯处、通道、过道要特别注意其装修工艺。厨房地面设计则要特别注意下水道的出水口,以及水池和周边的边角工艺。

墙面处理要特别重视主墙和侧墙的大面积装饰效果设计。墙面的装饰材料、装饰画面有的要为餐厅装饰主题服务,有的本身就是餐厅装饰主题的集中体现。所以,一定要设计美观、大方、协调,有艺术感染力。墙面设计中的墙裙、挂景线、墙面和地面、天花、相邻墙面的交接线要特别注意其装修工艺的细致程度。墙面的门窗以宽大为宜,其中窗台、暖气罩、窗框、塑钢材料、接线处理是其设计重点,一定要做到美观、大方、协调、对称,而且工艺精细。

天花处理关键在天花造型、灯具选型和工艺设计。大型餐厅的天花造型要在简洁、明快中富于变化;灯具与天花配合,协调美观,光彩照人。小型餐厅、包房餐厅则以平天花为主,简洁、明快;餐厅灯具不仅要美观、大方,而且其光源、光质及光线要有利于强化和突出餐厅菜点的特色,增强菜点美感,促进顾客食欲。

(六)装饰材料和家具造型与选择

餐厅装修改造的装饰材料是装修效果的重要体现。在装修主题、人造景观、空间维护体设计和灯具选型的基础上,必须十分重视装饰材料的选择,如地面材料、墙面涂料、天花板材、门框材料、窗户和各种装饰物件等。其材料选择重点要注意环保性能强,无放射性物质和气味污染,材质优良,表面光洁,与餐厅装修主题协调一致,体现餐厅装修美化的等级规格。

餐厅家具造型与选择以餐桌椅、接待柜台、餐厅吧台、收款台、服务人员使用的接手桌等为主,以功能需要为导向,保证美观、协调、使用方便。具体到每一个餐厅,主要是根据餐厅性质、产品风味、经营方式、接待对象等来确定，切忌千篇一律。例如，大众餐厅、雅座餐厅的餐台要2人台、4人台、6人台、8—10人台综合配备，包房餐厅则以8—10台以上的圆形餐台为主，西餐厅要以长桌为主，日本餐厅则以小餐桌为主等。这些都是餐厅装修设计必须掌握的要点。

（七）餐厅色彩设计

色彩是餐厅环境艺术效果的重要体现。颜色是由光波的波长决定的，它由色相、明度和彩度三个要素组成，色彩的不同颜色称为色调。自然界的颜色成千上万，但基本可分为原色、间色和复色三大类。餐厅装修改造的色彩效果是由设计人员来选择和设计的。不同色彩给人们形成的视觉效果也不同，如红色产生庄严、热情感，黄色产生光明、富贵感，蓝色形成冷静、柔和感，黑色形成悲伤、失望感，淡紫产生舒适感，深紫产生厌倦感等。因此，餐厅装修改造设计要十分重视色彩的选择、调试与运用。总体说来，餐厅装修改造的色彩设计、选择和运用，重点要注意四个问题：一是色彩的选择必须以餐厅装修主题为中心，各种色彩的设计和运用都为主题服务。二是要选好主色调，主色调要以餐厅装修主题，特别是人造景观和大面积装饰效果的主色调为主。三是要大胆使用陪衬色调，使餐厅装修的色彩富于变化。四是要重视对比色彩的运用，以突出重点装饰效果。

（八）餐厅装修的意境创造

餐厅装修意境主要是由餐厅主题决定的，但它又与人们的审美视觉、餐厅环境的空间构图形象密切相关。为此，做好餐厅环境设计，在突出装饰主题的同时，还要特别注意餐厅意境的创造。其常用手法主要有四种：一是“围”，即运用门窗、隔断、影壁、屏风、家具等将餐厅主题景观围绕在一定范围内，使顾客有新奇、欣喜的感觉；也可以将餐厅座位设计成包厢型、小景型，使顾客有雅致、舒适、新奇的感觉。二是“透”，即运用大玻璃使室内外景致、景观互相渗透，增加变化。三是“先抑后扬”，即在包间餐厅的走廊、过道处设计成天花较低、灯光较暗的过渡空间，而一进入餐厅则设计成优雅大方、主题突出、光彩照人的风格，使顾客感觉豁然开朗。而在大中型餐厅的进门处则采用盆景花草设计，给人感觉小巧玲珑。转过影壁，整个餐厅的大面积空间构图和人造景观又豁然开朗，起到先抑后扬、对比强烈的装饰效果。四是“延伸和扩大”，即对空间较小的餐厅，可以采用较大的玻璃镜面设计，使室内景观透过镜面得到延伸和扩大。这样，通过不同艺术手法的运用来创造意境，突出装饰主题，增加美感效果。

总之，餐饮企业装修改造设计要把握的要点和设计手法多种多样，关键在于设计人员的具体运用。至于厨房、库房等的设计要点,则与本书第三章基本相同,这里不再重复。

三、餐饮企业装修改造的设计管理方法

租赁经营的餐厅、酒楼等餐饮企业,其装修改造的工程设计主要是由装修公司来完成的。其设计管理方法可大致分为以下三个步骤:

(一) 交代装修改造的设计思路、要点和要求

租赁经营的餐饮企业在取得房屋使用权后,就要寻找有一定技术和经济实力的装修公司或室内设计专家,向他们交代企业装修改造设计思路、要点和要求。主要包括餐厅经营风味、经营方式、装修总面积、内部面积分配的比例、装修改造要达到的等级规格、餐厅装修的主题风格、不同餐厅的主题要求、需要选择的装修材料、装修设备要求、装修效果等。其中,高中档酒楼饭庄的装修效果,最好设计出装修改造的沙盘效果图和平面彩色效果图,以便审查、保证装修质量。

(二) 协商装修改造的设计与施工费用预算

租赁经营的餐饮企业,除房屋租金和转让费用外,其前期投入主要是装修改造的设计费用和施工费用。不少装修公司将这两项费用合二为一。如果单独聘请室内设计专家或专业公司设计,其设计费用一般占装修费用的4%—5%。装修改造的施工费用以材料费用为主,包括人工费用和装修公司应得的利润。装修公司的预算报价更是将这三种费用合在一起。协商装修改造的费用预算要以装修等级和面积为基础,将餐厅和厨房的设备投资和装修费用分开预算。其中,设备费用可逐项列出型号和价格清单,从而做出初步预算。装修美化费用一般是以装修材料为基础,按装修面积×单位费用列出清单,其中人造景观有的要单项预算。总之,协商费用预算是一项复杂的工作,租赁经营的餐饮企业最好找2—3家装修公司,提出费用报价,列出预算清单,经过比较从中选择一家技术力量强、信誉良好的公司承担装修任务。

(三) 做好装修改造的设计效果审查与选择

餐厅改造装修设计不管是找装修公司设计还是找室内设计专家和设计公司设计,都要在要求的时期内完成设计任务,做好设计效果审查与选择。其设计效果审查主要包括沙盘效果图和装修效果图,而且要带主要材料选型。也可采用电脑设计效果,增强直观性。装修设计的效果审查应召开评审会,聘请有关专家学者、餐饮专家参加,经过评审,看是否达到了设计要求,并提出修改建议,最后做出选择。在此基础上,同选定的装修改造公司签订装

修改造合同,从而开始进行餐饮企业的装修改造。

第三节　租赁经营的餐饮企业的装修改造管理

案例

一家麻烦不断的酒楼“优质”装修工程

凤祥居大酒楼是国家机关下属的服务公司开办的一家租赁经营的设计标准为四星级水平的餐馆,地处某市西北海城区人口密集的新开小区,是租用商品房旁边的原有建筑改造而成的。酒楼面积1 600多平方米,总餐位280多个,4个包房,1个大众餐厅,雅座已由包房代替。酒楼餐厅面积宽敞,过道、门厅表面装修良好。餐厅装修风格在该市随处可见,厨房设计很气派,其面积占使用面积的50%左右。酒楼装修改造每平方米费用为4 500元左右,已经支付,余款不到10%。三个月前,装修公司和前任总经理请来了一些人员验收,验收报告中说明工程质量为“优质”。但开业后,却发现麻烦不断。开业不几天,厨师感觉用水压力不足,后来水量越来越小。不久即发现,酒楼外与市政相接的管道线路上有一处地面潮湿,土质下沉。酒楼经多方联系,找来装修公司修理。原来上水使用的是旧水管,接缝破裂漏水,地下已冲开一个大洞,好不容易才修好。然而,查隐蔽工程验收记录,上面却写着水管验收“合格”。

水管刚修好,厨房的冷库和机器又发现经常掉闸,电力不足。起初以为是城市供电紧张。但没几天,已影响到原料保鲜和厨房生产。只得再找装修公司,经多方查找,结果发现供电电容不足,供电线路有问题。经半停业抢修三天,好不容易才修好,但原装修的表面效果已有些面目全非了。

酒楼开业不到一个月,热菜厨房的厨师长不断反映,厨房烟气排放功能不足,特别是用餐高峰时,厨房内部烟气较大,有时还有少量烟气飘进餐厅。酒楼新任总经理虽然有较丰富的餐饮管理经验,却不得不花大量精力来应付这些事情。类似的问题还有不少,开业刚刚三个月,可忙坏了总经理和工程维修人员。

点评

租赁经营的餐饮企业，其装修改造工作是十分复杂的。对常年从事经营管理而又不懂工程建设和装修改造专业的人员来说，要想搞好装修工程管理，不学习和掌握一些专业知识必定会困难重重。租赁经营的餐饮企业，要想其装修工程达到优质标准，至少必须具备四个条件：一是筹建人员，特别是主要负责人必须懂得餐饮企业管理和工程装修改造方面的专业知识，有丰富的实际经验并得到投资人或投资主体的充分信任。二是筹建人员，特别是主要负责人必须为人正派，办事公道，不谋私利。事实上，大量的腐败工程、问题工程给投资人或投资主体带来的各种损失，都是在这一点上出了问题而引起的。三是要找到具有优良资质和技术水平的装修公司，保证工程设计质量。四是要切实做好装修改造工程的施工管理、工程监督，保证设计标准逐项落实。凤祥居大酒楼的装修改造，问题多多，麻烦不断，却能在验收时取得"优质"等级，其原因是多方面的。这种现象在餐饮行业广泛存在。你能从凤祥居大酒楼的事例中得到哪些启发呢？从技术层面的角度来看，你的启发也正是我们要探讨的问题。

一、餐饮企业装修改造的合同签订

租赁经营的餐饮企业，在装修工程设计完成后，就应同选定的装修公司签订合同。企业装修改造合同的签订，要特别注意以下三个问题：

（一）装修公司的选择

随着城市建设的大发展，各种工商企业、事业单位和家庭装修的广泛投入，房屋装修已经发展成一个很大的产业，社会上各种装修公司多如牛毛。在实际工作中，很多餐饮企业的装修，都是通过朋友、同事、同行介绍而确定选择哪家装修公司的，但这并不是一种好办法。"杀熟"已经成为社会生活的普遍现象，所以，装修公司的选择最好采用公开招标方式。通过招标投标，公开竞争而选择，让朋友、同事介绍的公司也来参加招投标。事实上，每家装修公司与餐饮企业的关系，都是建立在利益的基础上的。只要把握好装修改造工程的设计和质量要求，搞好双方的利益调节，就能够找到技术力量强、资质和质量都有保证的装修公司。

（二）装修合同的关键点掌握

拟订装修改造合同本身是一件简单的事情，关键在于经过双方协商、谈判、讨价还价后达成的共识。所以，装修合同的签订，要特别注意把握好三个关键点：一是以装修材料和等级为基础的工程报价。这时，一定要求装修公司逐项列出装修面积和材料清单，列出报价单，以便通过寻价、比较、谈判，做到价格合理。二是合同规定的工程质量要求。重要设备和部位的设备选型、质量要求、隐蔽工程质量、餐厅主题效果和环境的工艺质量要在合同或附件中列出。三是工期。不少装修公司同时接多处装修工程，拖延工期，这会使租赁经营的企业因晚开业而造成重大经济损失。所以，一定要尽量缩短工期，并在合同中写明。

（三）合同执行的监督办法

签订合同是为执行合同，合同监督办法要列入合同条款。办法越细越好，特别是违反合同的处罚条款要逐一在合同中或合同附件中列出，便于具体落实与检查，保证合同的贯彻实施，防止违反合同而难以监督检查。

二、餐饮企业装修改造的施工监理

租赁经营的餐饮企业，其装修合同签订后，施工组织主要由装修公司承担。但餐饮企业的筹备小组人员必须做好施工监管，其监管工作的重点主要包括以下四个方面：

（一）装修设备和材料选购

装修使用的设备和材料是餐饮企业装修质量的基本保证，设备以固定设施如门窗用料、厨房固定设施、库房设备、地板材料、墙面、天花材料等为主，材料以装修中使用的表面涂料、颜料、墙纸、装饰用料等为主。施工监理人员要和装修公司人员协调，保证购进使用的设备、材料在型号、质地、用料规格、质量价格等方面合理，符合合同规定的质量要求。

（二）隐蔽工程的质量监督

隐蔽工程主要包括餐饮企业的上下水管道、燃气管道、污水排放管道、厨房和餐厅供电线路、电话线路等。这些隐蔽工程是最容易造成营业隐患的地方。施工过程中，要特别做好监督检查。首先，要检查材料、设备选型、质量、粗细等是否符合设计要求，试用后是否通畅、好使。然后，做好签字记录，凡是不符合要求的不能验收和签字。只有这样，才能保证工程质量。

（三）装修工艺的质量监督

餐饮企业装修改造的工艺项目很多，主要包括地面、墙面、天花及其边角、拐弯处、接缝处的工艺处理,门框、门面、窗台、暖气罩、窗帘盒、厨房的通风口、排油烟口、水池四周及各下水口等各处的工艺处理,这些地方的表面工艺是最容易出问题的。所以,要随时做好监督,如发现问题,及时与装修公司协调,由其出面改进或重做,以保证装修质量。

(四) 餐厅装修的主题形成

餐厅主题是否突出、具有特色,是由装修过程是否按照装修主题设计,包括沙盘效果和装饰图案、效果设计的要求进行施工决定的。因此,要加强对装修主题形成过程的监督,这里主要是做好餐厅装饰的平面构图、墙面、天花的装饰图,人工景致的造型、色彩选用,整体效果等的施工监理。如果发现与设计要求不符,要与装修公司协调,提出改进意见,以保证餐厅装修改造的主题鲜明、特色突出,达到设计要求,从而创造出优良消费环境,为餐饮企业的市场准入打下良好基础。

三、餐饮企业装修改造的工程验收

租赁经营的餐饮企业与新建餐饮企业不同,它无须进行房屋建造,因而前期筹划开业的时间和工程准备的时间要短得多,前期的资金投入也相对较少。装修改造和筹备开业的时间大多在3—6个月。做好装修改造的工程验收,是保证餐厅改造质量、尽快开业的必要条件。其工程验收的方法与新建餐饮企业的建设工程验收的内容和方法基本相同,但要注意以下四点:

(一) 工程质量调试和试运行

租赁经营的餐饮企业,其装修改造工程完成后,首先要进行调试和试运行,看是否达到设计要求,符合餐厅营业的需要。这里重点要把握两个要点:一是工程调试和试运行的时间。要在装修改造工程完成,并做到窗明、地净、水通、灯亮、气通,以及采暖、通风、空调设备均能正常运转后进行,调试和试运行的时间最好和试营业结合起来,以安排3—7天为最好。二是调试和试运行的设备质量验收。要对厨房、餐厅、库房、办公用房、公共卫生间等地方的各种设备逐一检查、试用,特别是对厨房和库房设备、能源供应设备等要细致检查,发现问题及时修理,确保达到设计要求。

(二) 餐厅装修主题与质量验收

租赁经营的餐饮企业,其装修主题及其环境特色,既是装修改造的目的所在,又是餐厅装修的灵魂和开业后能否广泛吸引顾客的重要条件。因此,要特别注重餐厅装修主题和质量验收。这种验收大多集中在一天进行。其重点是检查每个餐厅,包括大众餐厅、雅座餐厅、各个包房的装修主题效果如何，具体又包括墙面、地面、门窗、天花的装饰图案，人造景观、花草树木造型，整体布局效果，小景布置等。如果发现问题或与设计效果要求不符，必须提出改进意见，限期整改，防止影响按时营业。

（三）门脸与餐厅装修工艺质量

门脸是餐厅装修后的脸面和能否招揽顾客的重要条件。门脸验收要重点检查门前环境、门窗、立柱、标牌、广告牌、亮化处理等是否美观、大方，是否有特色、有气派，是否达到设计要求；餐厅装修的工艺质量则重点检查餐厅、厨房、接待门厅、走廊、过道及其设施设备的表面处理，特别是边角、接缝、拐弯处、各处相交的横线处理、过渡装饰处理等的工艺质量是否良好，有无问题。这些地方的工艺质量往往是影响餐厅装修水平的重要体现，要逐一检查，发现问题及时处理。

（四）验收工程的费用处理

餐饮企业装修改造的工程费用主要由装修合同规定。但分期付款的工程费用最少应保留 20% 左右作为工程验收后的保修、返修的费用抵押。否则，装修公司撤离后，其返修、保修工作往往很难保证效率、时间和质量。任何一家装修公司的工程完成后，都会存在一定的质量问题。一点没有问题的装修公司事实上是没有的。所以，餐饮企业装修改造后一定要做好验收工程的费用处理，最好应在装修合同中就写清楚。

第五章 筹措和用好每一笔资金

——餐饮企业市场准入的资金管理

5

第一节　餐饮企业市场准入的资金预算管理

案例

缺少预算的资金窟窿给餐厅带来了经济损失

张少伟先生在A开发区取得了一处12 000平方米的地皮，小区已经形成规模，张先生准备在此建一家二层高的高档酒楼。酒楼面临大街，经过规划设计，酒楼建筑面积1 500多平方米，门前有小型停车场，室内一层为大众餐厅，二层为雅座餐厅和包间，后部是一个主厨房、一个冷菜厨房和一个面点厨房及配套库房。整体设计达到四星级餐馆标准。张先生原来从事物资运输和国内贸易，在商场摸爬滚打多年的他已经积累了自己的原始资本，但运输和贸易都未形成自己的不动产。他想通过酒楼投资，一方面可以招待自己的客户和朋友，使肥水不流外人田；另一方面可以形成自己的固定产业，通过经营餐饮企业而获得丰厚利润。

为了使酒楼尽快建成、投入使用，张先生请来了几个朋友，成立了一个筹备小组。小组成员主要负责酒楼的建筑设计、房屋建筑、施工管理、酒楼装修和筹备开业等具体工作，张先生则一方面忙于他的运输和贸易生意，一方面负责资金筹措和酒楼建设的一些重要事宜。在资金准备中，张先生主要考虑了以下几个方面的开支：一是土地费用，已支出52万元。二是设计费用，经咨询和与设计单位商谈，报价24万元。如果找专家私下完成，预计需要12万元。三是建筑费用，按每平方米1 800元计算，需要270万元。四是装修费用，按每平方米1 200元计算，需要180万元。加上开业的家具用品预计32万元，其需资金494万元。除土地费用外，张先生准备了350万元的资金。

随着酒楼筹建工程的逐步深入，张先生以××餐饮有限责任公司的名义先后签订了建筑设计合同、建筑施工合同、室内装修合同、家具采购合同，结果装修进行到一半，就出现了资金缺口，张先生只好采用欠款方式继续加紧工程进度。但由于尚缺资金200多万元，这使酒楼工程进度和质量都受到了较大影响，实际开业时间晚了6个月，特别是错过了年底和春节的餐饮黄金时段，从而给酒楼带来了近800万元的营业收入损失。

点评

餐饮企业的市场准入需要相当数量的资金投入。做好资金预算是管好、用好资金的前提和基础。资金预算要以拟建或租赁经营的项目，包括企业规模、档次、建筑装修风格、主题意境等为基础，逐项细致预算，并应留有一定余地，才能保证市场准入的客观需求。张先生虽然也对资金需要量做了估算，但不够细致，估计不足，结果影响了工期，并在一定程度上影响了装修质量。这些都是需要引起餐饮行业的投资人和投资主体等有关人员高度重视的。

一、餐饮市场准入资金预算的原则

餐饮市场准入的资金预算是以满足规划建设或租赁房产而装修改造，形成餐饮企业的生产接待能力，成功进入市场的资金需要为目的的。为此，做好市场准入的资金预算，应遵循以下三项基本原则：

（一）以市场准入的企业等级规格为依据

市场准入的资金预算是以筹集餐饮企业市场准入的资金需要量为目的的，其资金需要量的多少受多种因素的影响。如果是新建酒楼、饭庄，其新建企业的规模大小、建筑面积、装修等级和规格、环境质量、设备投资、开办费用等，都是影响其资金预算和资金需要量的主要因素。如果是租赁经营，企业租赁的房产规模、面积大小、地理位置和交通条件决定的房租价格、租赁后而进行的装修改造的餐厅等级规格、消费环境的档次高低、设备用品投资和开办费用等，也是影响其资金预算和资金需要量的重要因素。因此，餐饮企业要想做好市场准入的资金预算，必须以筹建或租赁经营的企业等级规格为依据，即要根据企业建筑设计、建筑规划、租赁项目的规模、装修档次等实际需要来做好资金预算，才能保证市场准入的资金需求，保证筹建和筹备开业的实际需要。

（二）做好咨询调查，掌握市场行情，逐项做好预算

新建酒楼、饭庄或租赁经营餐厅是一个复杂的过程，其建筑设计、建筑材料、装修设计、装修材料、餐厅和厨房的设备用具购置、建筑公司和装修公司的报价等，都受市场行情的影响。由于投资人或投资主体大多并不熟悉这些筹建和装修改造过程中的市场行情和价格高低，因而在信息不对称的条件下，就有可能吃亏上当。为此，要想做好餐饮企业市场准入的资金预算，就必须遵循做好咨询调查、掌握市场行情、逐项做好预算的原则。也就是说，要聘请熟悉和了解市场行情的人员，做好市场调查。每一项重要投资，都应了解国家有关的价格政策和造价参考标准值，调查多家公司的报价。然后，经过分析比较和公开招标投标，逐项做好资金需要量预算，并在此基础上选择确定中标公司。最后，签订有关合同，使合同价格与预算资金需要量基本吻合。只有这样，才能预防吃亏上当，节省投资费用，提高投资效益。

（三）统筹安排，保证需要，适当留有余地

影响餐饮企业市场准入资金预算的不稳定因素较多。例如，建筑设计完成后，常常要经过多次修改；企业设施建设、装修改造的材料选用不仅多种多样，而且在实际施工过程中也会常常变动。此外，还有装修设计、装修施工、设备选型、人员工资、开业培训、队伍组建等也不是一成不变的。因而，其不可预见的费用项目较多。只有遵循统筹安排、保证需要、适当留有余地的原则，才能保证市场准入的资金预算的可行性和可操作性。所谓统筹安排，就是要将从企业选址、规模确定、建筑与装修设计、施工管理，到开业时的设备安装、用品购置、开业培训、开张剪彩等全过程的资金需要量都纳入市场准入的资金预算之中。所谓保证需要，就是要逐项分阶段地做好资金预算，坚持实事求是。同时，在资金的具体安排使用上还要适当留有余地，以弥补不可预见性开支的需要，保证企业筹建和装修改造的进度和工期。只有这样，才能节省建筑投资。否则，因资金预算不足而拖延工期和延长开业时间造成的损失，往往是很大的。例如，一家中型餐厅，如果每天的收入预计为 8 000 元，因拖延工期而晚开业 3 个月，则经济损失高达 72 万元。这对投资人或投资主体来说，是十分有害的。

二、餐饮企业市场准入资金预算的影响因素

餐饮企业市场准入的资金预算，其影响因素多种多样，它们都是决定其资金需要量的重要依据。这些因素主要包括以下四种：

（一）企业地理位置和交通状况

做好市场准入的资金预算是为新建或租赁房产而开办酒楼、饭庄或餐厅服务的，其地理位置的好坏和交通状况，直接影响新建餐厅的地价高低和租赁经营的房屋租金高低。如果是新建一家酒楼、饭庄，企业选址在繁华闹市区的交通要道和一般居民区的便道或路口，其土地费用有着天壤之别。同样，如果是租赁经营，租用交通方便、位置优越的大中型商业设施的房产和租用一般居民区或新建小区内的房产开办餐厅酒楼，其房屋租金也有很大区别。所以，企业地理位置和交通状况是影响餐饮企业市场准入的资金预算需要量的重要因素。这种因素主要是由所选地址的区位和点位市场环境决定的。区位和点位市场环境越好，说明交通状况越好，客源市场的人口越密集、客源档次越高，餐厅经营成功的可能性越高，投资风险越小，地价或房屋租金必然越高；反之，则相对越低。这本身是由市场经济的规律决定的，至少预算资金的具体需要量要根据企业选址的具体位置、交通状况、当地市场房地产价格水平来决定。

（二）拟建或租赁经营的餐厅规模和档次规格

拟建酒楼、饭庄或租赁经营的餐厅，其面积和规模越大，建筑投资或房屋租金的投资就越大。新建一家 1 500—2 000 平方米的酒楼和新建一家 4 000—4 500 平方米的酒楼，建筑选址虽然在同一地区，但是其造价有着天壤之别。同样，在同一地区租赁一家 800 平方米的餐厅和租用一家 2 000 平方米的“二手货”餐厅，其房租也大不相同。这些都是由餐厅规模决定的。在餐厅规模已经确定的条件下，其建设或装修改造的档次规格，又会成为其资金预算的重要影响因素。如新建两家面积相同（均为 4 000 平方米）的大酒楼，一家计划建成大排档性质的中档酒楼，一家计划达到四星级餐馆水平，其建筑和装修投资所需要的费用差别会相差两倍以上。所以，拟建或租赁经营的餐厅规模和档次规格是影响餐饮企业市场准入资金预算的又一重要因素。其预算资金需要量的额度必须根据已经确定的餐厅选址、拟建或租赁的餐厅规模、档次高低、建筑和装修设计、材料选用、施工管理等多种具体因素和可行性研究的内容等来确定。

（三）拟建或租赁经营的餐厅装修风格和设备投资

餐饮企业的市场准入是以设计优良、消费环境舒适、装修美观为前提条件的。因而，餐厅装修风格和设备投资的大小也必然成为影响其资金预算的重要因素。随着我国人均国民收入的迅速提高、小康社会的逐步建成，餐厅装修风格日益多样化、高档化，主题餐厅已经成为市场营销的发展趋势。而主题餐厅的装修风格选择又是多种多样的,主题、风格、目标市场的选择不同,其造价高低也各不相同。例如,同样面积的餐厅,以农家小院为主题和以热带雨林为主题,以海南风味为主题和以太空餐厅为主题,或以红楼梦中的怡春苑为主题等,其装修设计、装修材料、装修造价等都是各不相同的。在装修风格和主题确定的基础上,餐厅的设备投资又与主题风格相配合,因而其设备投资的大小也会各不相同。其中,餐厅设备投资主要受餐厅装修主题和风格的影响,厨房设备则受产品风味、规模大小、机械设备的多少和装修风格与档次的影响。这些都是影响餐饮企业市场准入资金预算的重要因素。

(四)企业开办费用和不可预见费用估算额

餐饮企业市场准入的资金预算离不开开办费用和不可预见性费用。其中,开办费用包括企业工商注册的费用开支、开业筹备的人员招聘、开业培训、物资购置、开张营业的费用开支等。开办费用中的物资用品的费用高低,还与预计使用时间的长短密切相关。其备用物品的时间可以是3个月、6个月或一年,因而其费用预算额必然各不相同。不可预见性费用估算额则常常和筹备开业过程中不确定因素、市场准入的工作计划、费用开支的市场行情变化等密切相关,因而也要预先留有余地。所以,企业开办费用和不可预见费用估算额也是餐饮企业市场准入资金预算的重要影响因素,需要根据企业投资人或投资主体的决策要求和实际情况来确定。

三、餐饮企业市场准入资金预算的内容和方法

餐饮企业市场准入的资金预算必须在完成餐厅选址、取得建筑用地或确定租赁房产和餐厅建设及装修方案的基础上,再进行资金预算。其预算内容和方法如下:

(一)土地费用或租赁房产的租金及"二手货"餐厅的转让费用

土地费用主要指新建酒楼、饭庄的餐饮企业。土地属于国家所有,但又往往归国有或企事业单位占用。土地所在的地理位置、交通状况、区位和点位市场环境不同,其费用差别较大。在餐厅选址和建筑用地已经确定的条件下,其土地费用预算一般根据建筑用地面积、租用期限长短和实际需要的资金数额确定。预算方法为:

土地费用预算额 = 每平方米价格 × 用地面积 × 使用期限

房屋租金和"二手货"餐厅的转让费主要适用于租赁经营的餐饮企业。租赁经营的餐饮企业,其房产租金的高低主要受房屋所在的具体位置、朝向、交通状况、建筑面积、房屋质量、区位和点位市场的客源状况等多种因素的影

响。在租赁经营的餐厅选址和租用房产已经确定的条件下,其预算方法一般是以每天每平方米的租金为基础,预算公式为:

房屋年租金 = 每平方米租金 × 租用面积 × 年营业天数

"二手货"餐厅的转让费用主要适用于租用转手餐厅的餐饮企业。这种企业的餐厅转让除房屋租金外,承租人还要向原租房人即餐厅转让人支付一定数额的设备用品转让费。其费用多少,主要由承租人和转让人之间协商谈判,根据其所转让的设备用品的种类、数量、原价、可用程度等,经过讨价还价确定,其转让费用都是一次性的。协商谈判的费用额,就是资金需要量的预算额。

(二) 新建企业的建筑安装和装修费用

这种费用预算主要适用于新建酒楼、饭庄等餐饮企业,其资金预算的具体内容包括项目勘察、设计费用、项目设计评审费用、可行性报告的研究费用、项目建设的基本费用、施工单位的管理费用、基础设施的购置与安装费用,以及餐厅、厨房等房屋的装修费用等。对新建餐饮企业的市场准入来说,其资金需要量很大,是新建餐饮企业市场准入的投资费用的主体,一般要占工程项目总投资的60%—70%。这部分费用预算的资金需要量主要受新建项目的规模大小、餐厅和厨房等房屋的建筑面积、项目建设的档次高低、餐厅装修的豪华与舒适程度等多种因素的影响。其预算方法是以建设项目的餐厅星级高低为基础,根据建筑方案的设计规模、结构、工程内容、施工范围,参照国家同等星级的工程概算指标,即每平方米的定额建设标准,并参照当地同等星级的饭店餐厅或酒楼饭庄每平方米的实际造价来确定。预算方法为:

预算费用额 = 每平方米国家概算指标 × 造价调整系数 × 建筑面积

(三) 租赁企业的装修改造费用

这种费用主要适用于租赁经营的餐厅酒楼的市场准入的资金预算。租赁经营的餐饮企业在取得房产使用权的基础上,一般都要经过装修改造,形成符合目标市场消费需求的餐厅生产和接待能力,才能成功进入市场。这部分费用预算的具体内容主要包括装修改造的设计费用、固定设施的安装费用、装修改造的材料费用、施工管理费用等。其资金需要量的多少主要受餐厅和厨房等房屋装修改造的面积、装修档次高低、装修主题和风格、装修的舒适和豪华程度的影响。其预算方法是以当地同等星级和档次的餐厅装修每平方米的实际造价为基础,结合装修改造的餐厅实际情况确定。预算方法为:

装修改造费用额 = 当地同等企业每平方米造价 × 调整系数 × 装修面积

（四）营业设备和用品购置费用

餐饮企业要想成功进入市场，在装修改造完成后，必须购置各种营业设备和用品才能正式开业。这部分费用主要包括营业设备和营业用品两大类。前者包括餐厅需要的桌椅、营业柜台、食品和原料的展示台面，收款与办公需要的计算机、接待台、办公家具，厨房和库房需要的冷藏、冷冻设备、各种炊具、用具、案板、台面、洗碗机器、餐具存放柜、清洁机械等。后者包括各种餐具、茶具、酒具、客用物品、台布、口布、餐巾、装饰用品等。具体设备和用品很多，其预算方法是以实际需要和周转使用的设备用品为基础，先逐项列出需要购置的用品名称、种类、规格、数量，开出购置清单，在市场询价、比较的基础上，逐类逐项预算。其预算方法为：

$$\text{设备用品购置费用} = \sum \text{设备用品单价} \times \text{购置数量} + \text{附加费用}$$

（五）建设工程杂项开支费用

这部分费用主要适用于新建餐厅、酒楼的市场准入资金预算。具体内容包括建筑项目的土地平整费，接水、电、燃料、电话等的市政设施合理分摊费用，配套停车场及进入企业内部的部分路段的施工费用，需要建设四周保护设施或围墙的费用等。这些费用一般按新建工程项目总投资的10%—15%的比例，预算其资金需要量。

（六）开业筹备的管理和培训等开办费用

无论是新建餐饮企业或租赁经营的餐厅、酒楼，在项目筹备期间都需要有必要的少量专业人员来从事餐厅选址、可行性研究、建设项目设计、装修改造设计等各项工作的联系和组织，因而必然需要部分开业筹备的管理费用。其内容主要包括人员工资、办公用具购置费用、差旅费用、餐厅酒楼工商注册需要缴纳的管理费用、手续费用等。培训费用则主要由正式开业前的管理人员的队伍组建、机构建设、员工招聘、自行组织或委托有关单位进行的厨师技术和服务人员培训等费用组成。此外，还要包括企业开张营业的宣传广告费用、原料购置费用、开张剪彩的活动组织费用等。这些费用可以统称为餐饮企业的开办费用。其预算方法是：参照国家颁发的《工程建设概算费用定额》和当地同等规模和档次的餐厅的实际开支大致确定，费用额一般按总投资的3%—4%的比例预算。

（七）不可预见性费用

这部分费用主要指新建或租赁经营的餐饮企业，在开业策划的全过程中，除上述各种费用外的难以预料的一些费用开支。预算时，作为预留增补而使用的费用，事先做好安排，如招待费用、交际费用等。一般按总投资的2%—3%预算其资金需要量。

（八）贷款利息和建筑税费

新建或租赁经营的餐饮企业，如果自筹资金不足，需要银行贷款，那么筹建和改造期间的利息按照国家规定计入企业总投资。其贷款利息的预算方法为：

贷款利息 = 银行贷款额 × 月利率 × 筹建期月份数

如果是自筹资金新建或租赁经营餐厅酒楼，按国家规定还要缴纳一定数额的建筑税。自筹资金新建餐饮企业，其纳税额以项目建设投资额为基数。如果是租赁经营的餐厅，其纳税额以餐厅装修改造的工程投资额为基数。因而，其预算方法为：

建筑税 = 建设或装修改造投资额 × 适用税率

在上述预算的基础上，将各项费用的预算额汇总，即可形成餐饮企业市场准入的资金预算总额。以此为基础，做好资金计划安排，才能为餐饮企业的新建、租赁和开业筹划提供资金支持，保证企业经过开业筹划和各项准备，成功进入市场。

第二节　餐饮企业市场准入的资金筹措管理

案例

贻误战机的资金筹措使刘董事长丧失了大好商机

刘宏伟先生长期从事运输与贸易，积累了自己的原始资本。两年前，刘先生经过多方努力，租下一处工厂的房产并将其改造成一家二星级饭店。刘先生任饭店董事长，聘请了张华先生任饭店总经理。在一次朋友聚会上，刘董事长得到一条重要信息：在本市南城一家商贸总公司有一处房产，地理位置较好，面积近5 000平方米，因资金困难，急于外租。刘董事长因现有饭店位置不理想，想扩大经营，逐步建成自己的集团企业，于是决定租下这处房产，改造成二星级饭店。为此，刘董事长找来了总经理张华先生商量。张总经理长期从事旅游管理专业的教学工作，又有较丰富的实践经验，两人商量决定：由张总经理负责项目租赁的业务谈判和可行性分析。如果项目可行、投资效益看好，力争3—4个月内签订租赁合同。刘董事长则主要负责资金筹集、项目谈判的决策审批工作。

分工确定后，张总经理一方面继续负责饭店的日常工作，另一方面与出租方的业主联系，制定了项目考察、业务谈判的工作计划，抓紧时间开展工作。

第一次，张总经理到业主方进行了实地考察。业主房屋呈T字形，共5层，面积5 020平方米。房屋面临主要交通干线，楼前有近2 000平方米的带围墙的空地可以利用。周围3公里范围内是商业繁华地区，楼旁边50米左右是长途汽车站，日客流量2.5—3万人，地理位置十分优越。楼房原租给一家政府机构办公，现有房屋300多间，拥有职工食堂。原租房单位因自建的办公大楼建成，所以已退租搬出。业主方是一家有相当实力的集体性质的集团企业，因其他重要业务需要，资金短缺，因而想租赁外包，租赁期要求5年。根据上述初步考察结果，张总经理向刘董事长做了汇报，认为这是一个好的投资项目，应该抓住这一优良商机。他的汇报得到董事长的赞同。

第二次，张总经理带助手对房产周围5公里左右的饭店宾馆和高档饭庄做了初步考察，结果表明：周围当时共有5家星级饭店，其中三星级2家，二星级2家，一星级1家；出租率年平均在65%左右，旺季在80%以上；地区大型服装市场日均客流量为10—15万人。经过考察，张总经理对租赁经营的可行性进行了分析：预计年租金200万元左右；房屋改造成二星级饭店，客房规模在180—200间左右；改造费用约在800万元左右；改造后2—3年可收回全部投资；租期5年，可有2年左右的丰厚收益，若租期10年，可赚回3个同样规模和档次的饭店。张总经理拟出了初步可行性研究报告。

第三次到第六次，张总经理与业主方代表进行了多次友好谈判。双方你来我往，尽量说服对方。出租方原要价每年280万元，水、电、燃料等费用自理。经过讨价还价，最后租金降为年租180万元，能源费用中的暖气费由出租方承担。双方拟订了合同内容，报各自的主管领导审批。

最后，张经理向刘董事长做了全面汇报。虽然认为项目是一个较好的租赁项目，最后价格也比较优惠，但因董事长的资金筹集不到位，尽管年租季付的首批资金45万元基本能解决，可租赁项目的改造费用通过银行贷款却很难解决。最后，此事不了了之。到了第二年，业主方由于资金好转，最终由自己组建装修改造小组，经过8个月左右的时间施工，将房屋改造成了一家二星级饭店。第三年饭店正式营业后，很快取得了预想的经济效益。

点评

资金筹措是餐饮企业市场准入的财力保证。无论是新建或租赁经营的饭店、餐厅、酒楼,在资金预算的基础上,如果不能及时、足额地筹集到预算所需要的资金,必然一事无成,并丧失大好商机。刘董事长的经历就是最好的证明。在市场经济条件下,商机可能大量存在,但投资效益良好的商机却难以找到。如果因为资金筹集不足而不得不放弃或痛失难得的大好商机,实在是让人痛心的事情。企业市场准入的资金筹集也是一个复杂的过程,下面让我们对此做一些探讨。

一、餐饮企业市场准入资金筹措的原则

餐饮企业市场准入的资金筹措是为新建或租赁经营的企业筹划服务的。在资金预算的基础上进行具体筹措即筹集资金时,应遵循以下原则:

(一) 以分步到位为基础,适度与适时筹措的原则

餐饮企业市场准入所需要的资金是逐步投入使用的。在资金预算的基础上,企业投资人要根据资金预算结果,制定资金使用计划。首先,将资金分为土地投资、规划设计、建设费用、房产租金、装修改造费用、设备投资、开办费用等资金。然后,按照资金使用的先后次序和需要的额度,适度、及时筹集。所谓适度,就是要以预算额度为基础,既要保证分步使用的资金需要量,适当留有余地,又不要过多或过少;所谓适时,就是要及时保证资金到位,特别是土地、房产租金、规划设计所需要的资金等。要防止因重要资金到位不及时影响规划建设的工程进度,从而影响企业市场准入的时间,甚至停工待料,这样必然增大投资成本,降低投资效率。

(二) 结构合理与注重效益相结合的原则

餐饮企业市场准入的资金筹集,除大型高档酒楼、饭庄筹建的资金需要量较大,可能超过 1 000 万元外,大多资金需要量较小,只有 300—800 万元。资金筹集以短期融资为主。其筹资方式是多种多样的,可以采用集资入股、自筹资金、银行贷款、合同融资、债券融资等方式。筹资方式不同,资金成本也不同。所谓结构合理,就是要根据资金需要量的预算结果和资金使用的要求不同,分别采用不同的筹资方式,使资金来源形成合理的结构,这样就可以

降低筹资成本，减少总投资，从而提高资金筹集的经济效益，降低企业投资风险。

(三) 渠道合法、手续完善的原则

餐饮企业市场准入的资金筹措渠道是多种多样的，除极少数企业是通过国家财政和银行信贷等渠道外，大多通过自有资金、集体集资、社会融资等渠道来筹集。这种筹资特点是由于酒楼、饭庄等餐饮企业大多以私营和民营为主的现实情况决定的。餐饮企业要坚持筹资渠道合法原则，就是在向社会筹集资金时，要遵守国家财政、金融政策和法律法规，不得非法集资。在筹资过程中，不管采用什么方式，不管通过什么渠道，都要严格执行国家规定，严格申报程序和操作规程或签订合法融资合同，并坚持按合同办事，既保证资金需要，又维护国家金融秩序。

二、餐饮企业市场准入资金筹措的影响因素

餐饮企业市场准入的资金筹措是以企业投资人或投资主体的资金短缺、需要融资为前提的。能否筹集到必要的资金，保证规划建设或租赁经营的餐厅装修改造和开业策划需要，主要有以下几个影响因素。企业投资人或投资主体要创造条件，消除不利因素的影响，保证资金及时到位。

(一) 筹资项目的预计盈利和偿债能力

筹资项目的盈利和偿债能力是由计划新建或租赁经营的酒楼、饭庄等投资项目的优劣决定的。一个项目的地理位置优越，交通方便，市场潜力大，其盈利和偿债能力必然较强，也就比较容易筹集资金；反之，则必然增加筹资困难。在具体筹集资金时，其盈利和偿债能力又是由真实、可靠的可行性研究报告，特别是项目盈利分析来体现的。因此，企业投资人或投资主体在做好餐饮企业选址的基础上，一定要十分重视投资项目的可行性研究报告的质量和投资项目的盈利分析，并在具体筹资过程中向愿意投资或融资的企事业单位及集资人员做好宣传解释工作，尽量展示投资项目的盈利能力、偿债能力和投资前景，赢得他们的信任，从而有利于筹集资金。

(二) 投资人或投资主体的市场信誉高低

我国餐饮企业以私营和民营为主，其数量占所有餐饮企业的70%以上，再加上新建或租赁经营的企业大多属于中小企业，因而其筹资方式除极少数向银行贷款外，大多是通过集体筹资、借款举债、融资租赁、商业信用等非金融机构来完成的。正因为如此，投资人或投资主体的市场信誉高低对其企业市场准入的资金筹措具有重要影响。如果投资人或投资主体已经完成了资

本原始积累，具有一定规模的不动产，商业信誉较高，客户关系广泛，其资金筹措渠道必然较多，也比较容易筹集到所需要的资金；反之，如果是没有什么行业背景和市场声誉的投资人或投资主体，又刚刚进入餐饮市场，其筹资的困难程度就会大得多。鉴于此，餐饮企业的投资人和经营者一定要注重培养和树立自己的市场声誉和商业信誉，广交商界朋友，以克服筹资困难，为市场准入和业务拓展筹集到所需要的资金。

（三）筹资项目的资产抵押或贷款担保能力

这一影响因素主要适用于通过银行贷款来筹集资金的餐饮企业，一般以大中型和高中档酒楼、饭庄为主。这类企业需要通过银行贷款来筹集市场准入所需要的资金。为了安全起见，银行一般都要对贷款人的投资项目进行考察。在银行经过考察，确认其项目投资前景看好、具有债务偿还能力的基础上，银行一般还要求投资人提供资产抵押或贷款担保。其担保人一般也是具有一定行业背景或资金实力的企事业单位的法人代表。因此，餐饮企业的投资人或投资主体，如果想要通过银行贷款来取得市场准入所需要的资金，就必须找到合适的资产抵押或贷款担保单位，这也是餐饮企业市场准入的资金筹措的重要影响因素之一。

三、餐饮企业市场准入资金筹集的主要方法

餐饮企业市场准入的资金筹集渠道和方法是多种多样的，经常使用的方法主要有以下几种：

（一）集资入股筹集法

集资入股筹集资金主要适用于新建或租赁经营的餐饮企业在注册登记时资金筹集。其资金筹集额一般以有限责任公司的注册资本为准，大多在30—50万元。如果是大中型和高中档酒楼、饭庄，则可在80—100万元。这些资金既可用于支付新建餐饮有限责任公司的土地费用、规划建设的设计费用、建筑施工费用和租赁经营的房产租金、“二手货”餐厅的转让费用和装修改造费用，也可用于设备投资、物品原料购置等开办费用。采用集资入股筹集资金，其筹资方式以现金为主，也可采用土地入股、房产入股方式，但必须经工商行政部门批准，经过资产评估、产权登记并办理完注册登记手续。现以使用最多的现金集资入股为例，说明其资金筹集方法和工作步骤。

第一步，发起人提出资金筹集方案，确定筹资数额。

采用集资入股的筹资方式，发起人既是未来餐馆、酒楼的第一投资人，又是餐饮有限责任公司的召集人和董事长，他们大多有自己的入股资金。这

时，发起人要首先确定筹资数额，提出筹资方案。其方案内容主要包括：企业名称和规模档次、需要的资金总额和出资结构、准备集资入股的股东人数。如果是有限责任公司，股东人数大多在3—10人。按照《公司法》规定，最多不超过50人。与此同时，明确资金用途，并准备投资项目的可行性研究报告和投资前景分析，以便获得投资入股的股东信任。

第二步，集资筹集入股资金，通过银行验资。

发起人在制定集资入股方案的基础上，主要通过朋友、亲属、同事等私下方式征集愿意集资入股的投资人。未经国家主管部门批准，一般不能采用公开登报、刊登广告等方式招募资金，因而范围较小。其资金筹集的具体方法是由召集人与准备入股的投资人面谈，介绍投资项目的投资规模和档次，投资前景及可行性分析，股东入股后的责任、权利和义务，投资利润的分配办法等。获得同意后，确定每位投资人的投资数额和投资比例。然后将投资额以现金或支票方式送注册登记机关要求的指定银行，并以银行收到的实有资金作为投资入股的投资额并计算相应的投资比例。

第三步，登记注册，做好投资记录和股权票证发放工作。

投资人和发起人的资金经过银行验资后，由银行开出验资报告，发起人凭验资报告和相关材料，到当地工商行政管理部门办理注册登记手续，完成餐饮有限责任公司的组建、登记，形成正式餐饮企业。在工商注册登记的基础上，企业必须造册逐一登记投资人所投入的资金和投资比例，并向出资人签发出资入股的股权证书。由此，即可完成集资入股的资金筹集。在此基础上，餐饮企业即可根据需要使用法人资产，从事企业市场准入的各项工作。

（二）银行借款筹资法

餐饮企业市场准入的银行借款筹资，一般都是在企业工商注册登记已经完成，因开业策划资金不足，需要向银行借款用于支付餐厅装修改造、设备用品购置等费用，而以企业的名义向银行贷款。这种筹资方式多以短期贷款为主，其资金筹集方法和工作步骤如下：

第一步，企业提出贷款申请。

餐饮企业要想取得银行贷款，首先必须以企业名义向银行提出贷款申请，说明借款原因、用途、金额、使用时间、归还期限，并提供贷款项目的经济效益预测报告。银行为保证贷出的资金能够到期收回，对企业贷款会附加一定的条件。这些条件是：① 贷款单位必须独立核算、自负盈亏，具有法人资格和健全的内部管理制度，特别是财务管理和经济核算制度的企业或单位。② 企业必须合法经营，所贷款项的用途必须符合企业法定经营范围，并有一定比例的自有资金。③ 企业必须具有相应的物资和财产保证,经营项目具有良好经济效益,具有偿还借款本息的能力,并在开户银行开立账户,办理结算。餐饮企业要想取得所需要的银行贷款,就必须具备和创造这些条件,并提供相应的证明材料,接受银行的考核、审查,取得银行信任和同意。

第二步,银行审批企业申请。

餐饮企业通过银行借款筹资多以商业银行为主。银行在接到贷款申请后,为确保企业具有还贷能力,必然要对企业贷款项目进行调查,然后按照一定的标准审查企业的还贷能力。这些标准是:① 企业是否具有经济实力,具有良好资信;贷款项目的经济效益是否良好,是否具有偿还本息的能力。② 企业借款项目的可行性研究报告是否真实、可靠,其项目盈利是否能够保证偿还贷款。③ 需要提供的贷款抵押或担保是否真实、可靠,是否符合银行规定的标准或条件。④ 贷款额度是否与企业偿贷能力相适应,还款计划是否切实可行。银行只有在项目考察和上述审核的基础上,才会根据审查结果做出是否放贷的决定。如果审批合格,即可确定给企业的贷款额度和贷款进度。

第三步,签订银行贷款合同,获得所需资金。

餐饮企业的贷款申请经过银行审批合格后,即可同贷款银行签订贷款合同,明确双方的权利和义务。其合同内容主要包括双方的单位名称、贷款金额、贷款期限、贷款利息及其计算方法、还款计划和日期、贷款资金的划拨方式、贷款资金用途、银行监督措施、还款保证条款等。贷款合同经双方审查认可并签字盖章后,企业即可合法取得银行贷款,筹集市场准入所需要的部分资金。

(三) 风险扩股筹资法

风险扩股筹资主要适用于投资较大的高档大型餐饮企业和集团餐饮企业因扩大经营规模、筹建新的营业网点需要而筹集市场准入所需要的资金。这种筹资方式是企业处于正常经营状态,拥有自己的自有资金,并有一定盈利能力,只是因扩大、新建或租赁新的网点,导致资金不足而选用的筹资方式。其资金筹集的方法和工作步骤如下:

第一步,制定企业风险扩股的发展战略和可行性研究报告。

采用风险扩股筹集资金的餐饮企业大多是有限责任公司。企业要想扩大股份筹集资金,对愿意入股的投资人来说,是有一定风险的。企业要想取得投资人的信任,必须首先制定风险扩股的企业发展战略和可行性研究报告。企业发展战略的内容一般以现有餐饮企业的规模、经营现状、盈利情况、公司素质和潜力为基础,提出未来5—10年的扩张发展规划,包括分步实施网点扩张数量、档次、发展进度、扩张规模、市场前景、估算的资金需要量等。发展战略的规划报告要详细、具体、真实、可靠，让投资人感到可信程度高，值得投入资金。可行性研究报告的内容要以企业发展战略为基础，分析分步战略实施的规模、档次、需要的资金投入数量、投资项目的市场前景、盈利能力分析、投资利润率及其逐年增长的利润率分析、投资回收期等，以便为风险扩股的资金筹集提供客观依据。

第二步，制定风险扩股的筹资计划与方案。

餐饮企业的风险扩股是在原有限责任公司的基础上吸收社会闲散资金来扩大企业股份。其投资人大多是风险投资者，包括私人、民营或企事业单位。扩股集资就存在一个原有股东和新投资入股的股东资金的经济关系。因此，企业要制定扩股筹资的计划和方案，其内容主要包括计划扩股的资金总额，准备扩股的股东人数，扩股后的股权比例，扩股允许的最高股权限额和比例，扩股后的资金使用范围，计划安排扩股后股权利益分配办法，老股东和新股东的权利、义务和责任等。只有制定出这些风险扩股的筹资计划和方案的具体内容，让投资人明确为什么可以投资，投资前景和风险程度如何，投资后能够获得的权利、利益，从而产生投资信心和投资欲望，才有可能吸引投资人，达到风险扩股筹资的目的。

第三步，吸引风险投资人筹集资金，办理相关手续。

餐饮有限责任公司的风险扩股筹资方式与股份有限公司发行股票不同。其扩股的股东人数一般较少，最多不能超过《公司法》的规定数额，也不能公开发行股票。因而，吸引风险投资人的方法主要是通过工商企业的董事长、总经理、银行工作人员等推荐，以及亲戚、朋友介绍等方式收集、了解投资人的情况，然后与愿意投资的风险投资者交谈或召开会议，向他们介绍企业的风险扩股发展战略、可行性报告、筹资计划和方案等，重点介绍投资前景分析、投资效果预测和利益分配办法，同时指出投资风险所在，从而获得投资人的信任和支持。由于我国餐饮市场的投资前景、投资环境良好，只要获得投资人的信任，是完全能够吸引风险投资，从而筹集到企业扩大网点所需要的市场准入资金的。在此基础上，餐饮企业即可与投资人具体协商，落实他们的投资数额、投资方式、资金投入和解缴方式。由于投资人的资金一旦投入，他们就成为餐饮企业有限责任公司的股东，因此在投资人认股投资的基础上，企业必须按照国家《公司法》的规定，做好投资入股的产权登记工作，签发股权证明，并到工商行政管理部门办理公司产权和投资结构变更登记。如果投资结构发生变化，还必须调整公司董事会，使主要投资人成为董事长或副董事长。这些都要根据股权结构的变动,通过召开董事会议来决定。由此,即可完成餐饮企业的风险扩股筹资任务,获得新建或租赁经营新的网点而扩张企业所需要的资金。

(四)留存利润筹资法

留存利润筹资主要适用于长期经营的大中型和高中档餐饮企业或集团餐饮企业扩大营业网点,新建或租赁餐厅、酒楼的资金筹集。留存利润是企业在经营过程中通过积累而形成的自有资金。不少大中型、高中档和集团企业的资本原始积累是通过多年的企业留存利润逐步完成的,当它们的资金积累到一定程度,即可向外扩张,新建或租赁新的酒楼、饭庄。采用留存利润筹资的方法和工作步骤如下:

第一步,制定企业留存利润分配计划。

餐饮企业的利润是营业收入扣除各项成本费用和应缴税金后的余额。企业的利润,一部分要以股利分配形式支付给股东,一部分作为盈余公积金供企业扩大再生产和经营周转使用,另一部分为未分配利润。所谓制定企业留存利润分配计划,就是要以餐饮企业的经营计划为基础,分别制定出月、季、年度的营业收入、营业成本、营业费用、营业税金和利润计划,在此基础上,再制定出月、季、年度的利润分配计划。各月计划利润扣除股东的股利分配、企业需要的法定公积金和必要的公益金后,即可将未分配利润作为留存利润积累,由此形成企业留存利润分配计划。

第二步,逐月根据核算结果,筹集和积累资金。

在制定留存利润分配计划的基础上,餐饮企业财务人员每月要认真做好会计核算,并根据核算结果将留存利润中的未分配利润逐月存入银行,作为企业留存利润筹资的来源,逐步积累资金。到了一定时期,餐饮企业就可以利用这些资金新建或租赁经营新的酒楼、餐馆,扩大企业营业网点,为新的网点筹集市场准入所需要的部分或全部资金。

(五)商业信用筹资法

商业信用筹资是指企业之间凭借商业信用,利用商品交易、劳务供应等发生的债权、债务关系进行结算的一种资金筹集方式。其具体方法有商业票据筹资、预收账筹资、赊购商品筹资等。在餐饮企业市场准入的筹资活动中,商业信用筹资主要适用于开业筹划过程中的设备物资赊购、装修改造费用赊欠等费用筹集。这种筹资方式的特点是筹资数量或规模较小,资金使用时间较短,资金筹集以实物为主,通过计价核定资金数量。其筹资方法和工作步骤如下:

第一步，选择筹资项目和内容，签订商业合同。

餐饮企业利用商业信用筹资，可以选择的筹资项目只有新建餐厅的项目工程设计、室内装修、租赁企业的装修改造、开办费用中的部分设备购置等少数项目。这种商业信用筹资以赊购设备和赊欠费用为前提，以企业具有资金偿还能力和商业信誉、客户单位同意为条件。所以，餐饮企业在规划建设和开业筹划中，如果发生部分资金短缺，可以根据需要和可能，选择可以采用商业信用筹资方式的项目。然后，与供货单位或承办单位协商，签订商业合同。合同内容要根据具体项目确定，如以餐厅装修或改造为筹资项目，合同内容要写明由装修公司带资装修，同时写明装修改造的质量要求、材质要求、每平方米造价、需要的设备名称、单价、总价、结算时间、付款方式等；以开业策划的设备赊购为筹资项目，合同内容要写明所购餐厅桌椅、柜台、厨房机器等设备的名称、规格、型号、数量、单价和总价等。由于是采用赊购或赊欠的商业信用方式，合同同时要写明赊欠总金额、赊欠时间、预付款项、付款时间和信用担保。在取得供货商或承建方同意后，双方签字盖章，在餐饮企业交完预付款或定金后，商业信用即可确立，合同生效。

第二步，按合同要求接受设备和服务项目，保证质量。

采用商业信用筹集资金，虽然是以赊购、赊欠方式签订商业信用合同，但同样要按国家《合同法》的规定，按合同内容和要求提供所购设备和服务项目。如果是餐厅装修或改造合同，餐饮企业要按合同要求设计，施工单位要按时、保质、保量地完成装修改造，并认真做好质量检查和验收工作。凡是存在质量问题的，要求返工或修理。再如餐厅设备赊购合同，餐饮企业同样要按合同内容，要求供货方及时提供餐厅桌椅及厨房设备，并严格检查设备项目、型号、规格、质量、安装调试效果等，保证质量符合要求。绝不能因为是商业信用筹资而降低质量标准，给企业开业后的经营活动留下隐患。

第三步，遵守商业信用，按合同要求的时间和金额偿还资金。

餐饮企业采用商业信用筹资，大多是因为资金周转不开，临时赊购、赊欠资金，而用开业后的营业收入或通过其他方式筹集资金来偿还赊购、赊欠的资金。因此，企业必须按照合同规定，遵守商业信用，按时、足额偿还拖欠合作单位或供货单位的费用。同时，要办理偿还手续，绝不能随意拖欠，违背商业道德。

（六）发行股票或债券筹资

我国餐饮企业的投资方式以私营和民营为主，市场准入的资金筹集大多规模较小，企业性质多以餐饮有限责任公司为主。根据我国《公司法》规定，只有股份有限责任公司才有通过发行股票筹集资金的资格。因而除极少数大型餐饮股份公司或集团企业外，绝大多数餐饮企业都无法通过发行股票来筹集资金。同时，根据《公司法》债券发行资格与条件，股份有限公司或有限责任公司如果想要通过发行债券来筹集资金，前者的企业净资产总额不得低于3 000万元，后者的企业净资产总额不得低于6 000万元。我国绝大多数餐饮企业，除极个别的国有大型集团企业外，都没有这么大的资产规模，因而也无法通过发行债券来筹集资金。具备条件的大型餐饮股份公司或有限责任公司如果采用发行股票或债券来筹集资金，都有一套严格的申请、审批、发行手续。由于我国餐饮企业市场准入的资金筹集大多不具备国家规定的基本条件，所以我们不再介绍其筹资方法和工作步骤。

第三节　餐饮企业市场准入的资金使用管理

案例

精心组织开业采购招标，降低了企业开办费用支出

楼外楼大酒家是一家五星级标准的高档酒楼，经过6个月的开业筹建，即将进入市场。开业前3个月，酒家进入开业准备的倒计时阶段。酒家设有150个餐位的大餐厅，120个餐位的雅座餐厅，另有16个高档、豪华包间，总餐位480个。为尽快开业，总经理刘建国先生成立了由采购主管、财务经理、楼面经理和行政总厨组成的开业采购工作小组。刘总经理为保证开业需要，将工作内容分为四个步骤：

第一步，根据酒家等级、规格和生产接待能力，按事先制定的标准，由各使用部门制定采购清单。每份清单必须详细列出采购设备和物资用品的名称、规格、用途、等级、采购数量。其中，餐茶用品按每个餐位5套、干货原料按2—3个月的需要量配备，要求5天内完成。

第二步，以采购清单为基础，由采购主管、财务经理为主，总经理亲自参与，寻找供货商。按批量购进价格要求向供货商寻价，取得货源报价表。每类设备物资的供货商不少于3家。

第三步，由财务经理负责，根据采购清单和货源报价，按较高价、市场平均价、较低价三个等级做出采购资金需要量预算，报总经理审批。

第四步，由总经理负责，按家具、用品和食品原材料分类，召开采购招标

会议。邀请供货商竞标,每类采购物品的供货商不少于3家。公开招标的标准是设备用品和食品原材料的品种、规格、质量要好,价格较低,符合酒家星级要求。由于酒楼规模较大,参与投标的供货商较多。经过多次竞标,刘总经理和采购、财务及各使用部门配合,经过看样、比较,最后选择了不同的供货商。然后,分别签订了供货合同,按合同陆续完成了酒家开业前的采购工作。

楼外楼大酒家的开业采购由于采用公开招标方式,工作组织严密,既保证了采购质量,又降低了进价。结果,比财务部事先按市场平均价预算的采购资金需要量节省了20%左右,从而降低了企业市场准入的开办费用。

点评

餐饮企业市场准入的资金使用是一个复杂的过程。从企业选址、土地费用、筹建装修到正式开业,其资金使用的特点是开支项目多,使用分散,数量难以控制。如何用好每一笔资金,直接影响企业的前期投入和开业后的投资效益。只有精打细算,既保证开业筹划需要,保证筹建质量,又节省资金使用,才能收到良好效果。为此,本节在资金预算和筹措管理的基础上,探讨餐饮企业市场准入的资金使用。楼外楼大酒家的采购招标为我们提供了良好的启示。不过,实际的资金使用则是一个更加复杂的过程。

一、餐饮企业市场准入的资金使用特点

餐饮企业市场准入的资金使用和正常营业的资金使用不完全相同,它有以下两个特点:

(一)开支项目的庞杂性

在餐饮企业市场准入管理过程中,从餐厅选址、市场调查、土地和租赁房产确定、可行性研究到规划设计、新建企业的规划建设、租赁企业的装修改造、施工协调,直到设备用品采购和企业开张营业,其资金使用的开支项目很多。每个项目的业务内容不同,资金使用的目的不同,费用开支的时间和数额也不同。它们大多没有一个统一的费用开支计算标准,常常是经过投资人或投资主体与客户谈判,签订合同或协议而确定其资金使用数额的。不少开支项目甚至是由主要负责人口头决定的。所以,其资金使用的开支项目十分庞杂。为此,餐饮企业要做好市场准入的资金使用管理,一要分清轻重缓急,保证重点开支及时到位;二要加强账目管理,既要记好流水账,又要记好分类

账，防止餐饮企业开业后的筹建账转入经营账户，导致资金使用账目不清。

（二）预算开支的可变性

餐饮企业市场准入的资金使用是以资金预算和资金筹措为基础的。但在资金预算和资金筹措完成后，资金实际使用的不可控因素较多，具体开支使用时常常和预算项目不同，有多有少，经常变化。例如，新建餐厅的建筑设计费用、建造与装修费用、设备购置费用，租赁经营的餐厅装修改造设计费用、施工费用、开业准备的开办费用等，都会如此。因此，在餐饮企业的市场准入管理过程中，其实际资金使用既要以资金预算为指导，又要根据实际需要，特别是根据开支项目的合同或协议金额来使用资金。将部分预付、协议付款结合起来，每次开支的具体数额和使用时间均要根据筹建负责人的指令执行，以尽可能地节省使用资金，降低市场准入的资金投入量，减少企业进入市场后的投资风险。

二、餐饮企业市场准入有效使用资金的方法

餐饮企业市场准入的资金使用是以筹建、装修符合目标市场消费需求的餐厅酒楼为目的的。由于这一过程的工作内容涉及范围广泛，处处需要用钱，因而其资金使用范围也是比较广泛、分散的。因此，要正确、合理、有效地使用资金，需要注意以下三个问题：

（一）预付和结付相结合，有利于工程质量的监管

在餐饮企业市场准入的过程中，其大量资金使用都是为新建或租赁经营的企业工程建设或装修改造服务的。为保证工程质量，凡是涉及工程建设、装修改造的费用开支，都应坚持预付和结付相结合的资金使用方法，以有利于发挥资金使用对工程质量的监管作用。所谓预付，就是根据新建酒楼、饭庄的工程合同或装修改造的施工合同，先付部分定金或预付款，其余资金在工程建设、装修改造完成后，经过质量检查或验收，重要项目经过试运行，确保企业工程质量的基础上，再结算其余费用。如果工程质量存在问题或达不到合同要求，则应暂时不付或少付余款，待质量问题解决后再付。只有这样，才能对工程质量起到监管作用。

（二）赊购与试用结合，延缓资金使用压力

在餐饮企业市场准入过程中，如果开办费用的资金筹措和使用发生临时困难，可以采用赊购和试用相结合的办法，即开业需要的餐厅家具、用具，因资金周转困难，可与供应商签订具有商业信用的赊购合同或协议，预付部分资金，事后按合同规定的时间和金额支付。对需要试制产品的部分食品原材料，也可与供应商协商，先试用部分原料，合格后签订合同，再按合同付款。

这样既能保证企业所需设备用品和部分食品原料的需要，又可缓解开业时因资金需要量较大、资金筹措和使用发生暂时困难的局面。这对部分正在筹办的餐饮企业投资人来说，既是解决临时性资金筹措和周转困难的办法之一，又是监督设备用品和重要食品原料质量的措施之一。

（三）分清轻重缓急，保证重要和关键项目的费用开支需要

餐饮企业市场准入的资金使用是复杂的。开支项目很多，在资金使用过程中，一定要根据实际情况分清轻重缓急。对一些重要的和关键的费用开支项目，一定要提前筹措和准备好资金，保证及时到位与使用。例如，市场准入中初期的土地取得、房产租赁的费用开支、项目设计和可行性研究的费用开支、开业准备的注册资金、登记费用等。因为这些费用开支都有一定的时间顺序，如果没有分清轻重缓急，就可能因前一项资金使用不及时、不到位而影响下一项工作的顺利开展，从而延长企业市场准入的筹办期限，给企业开业带来更大的经济损失。

三、餐饮企业市场准入资金使用的注意事项

（一）严格遵守商业信用，促进和谐社会建设

我国餐饮市场规模庞大，企业网点数量已达160—180万家，为餐饮企业的市场准入和日常营业提供服务的企事业单位多达上千万家，餐饮行业的直接就业人数已达2 000多万人。如果企业缺乏商业信用，中央提出的建设和谐社会就难以在企业中落实。从餐饮企业市场准入的资金使用实际来看，既有合同、协议使用，又有赊购、预购使用；既有按制度、规定使用，又有不少口头承诺、协议使用。为此，只有严格遵守商业信用，按合同、协议、制度规定，包括口头承诺等，及时、合理、足额支付和使用资金，才能既保证企业筹建开业需要，又能促进和谐社会建设，从而树立企业良好的商业信誉和形象。

（二）健全资金账目，完善记账手续

在餐饮企业市场准入过程中，企业的财务机构尚未建立，财务管理制度也未建立起来，而这一时期的资金使用又十分零星、分散、庞杂。为此，筹建负责人一定要指定有一定财务专业知识的会计人员负责资金筹措与使用的账务管理。这时，主管负责人要明确交代筹备期间的财务管理制度和要求，会计人员要健全资金账目，逐笔记录每项资金的来源和开支，完善账务手续，保证资金使用安全。我国不少餐饮企业在市场准入过程中，其资金开支过大，出现账目不清、管理混乱、收受贿赂及回扣等现象，其原因就在于投资人或投资主体对企业市场准入中的会计工作重视不够，使资金筹措使用中的账目混乱。这是需要引起有关人员广泛重视的。

第六章
要想成其事，必先利其器
——餐饮企业市场准入的设备用品配置管理

第一节　餐饮企业市场准入的设备配置管理

案例

这家饭店的餐厅桌椅为什么不符合顾客的消费要求

燕都大酒店是一家二星级饭店，地处某市二环路附近的繁华地区。饭店客房、餐饮设施齐全、完好。其中，面临大街的中餐厅经营川菜，设有5间包房，总餐位210多个。餐厅位置在一楼前厅的西边，门前有一过道。进入餐厅，门口设有一处屏风，装饰美观。转过屏风，迎面是一个较大的餐厅，整齐地摆放着清一色的10人大餐台。餐厅除接待住店顾客外，60%以上的顾客是附近企事业单位和居民等散客。尽管这里的装饰良好，环境舒适、卫生，饭菜质量较好，价格也还适中，但不少顾客总感到不大方便。特别是中餐和晚餐，刚营业5个单间很快就坐满了顾客。但大厅的顾客却相对较少，各个餐桌虽然都有顾客，但空位率较高。有的顾客来到餐厅，一看没有空余的餐桌而要和其他顾客合用一个餐桌，只好到附近的餐馆去了。也有的顾客虽然没有走而被领位员引到合用的餐桌用餐，但总感觉有些不便。这给餐厅的经营带来了不少损失，实在有些遗憾。

点评

餐厅设备，包括桌椅配备，要为顾客提供方便。如今，人们到餐厅用餐，既追求食品质量，注重质价相符，又注重餐厅消费环境和舒适方便的程度。

燕都大酒店的中餐厅之所以不太适应顾客的消费需求，让不少顾客感到不便，其原因就在于餐桌配备都是清一色的10人台大餐桌，与零散顾客为主的客源结构不相适应。这是我国不少低星级饭店普遍存在的现象。为此，餐饮企业在市场准入的筹备期间，就要根据餐厅接待对象和客源结构，事先做好安排，要处处从顾客的消费需求出发，为顾客创造舒适、方便的消费环境。为此，本章研究餐饮企业市场准入的设备与用品配备的基本方法。

一、餐饮企业市场准入的设备配置原则

酒楼饭庄和饭店宾馆的餐饮设备在经过开业策划、装修改造和环境美化的基础上，为成功进入市场，必须要合理配置各种设备。这些设备的具体种类较多，其合理配备的基本原则是：

（一）等级规格和餐饮风味相结合的原则

饭店宾馆和酒楼饭庄都是分等级的，而企业内部的各个餐厅又有不同的风味。因此，其餐饮设备配置必须与餐厅的等级规格和经营风味相适应。高档饭店、豪华餐馆的餐厅和厨房要配备高档、豪华设备；反之，低档饭店和大众餐厅，则应配备经济适用型设备。另外，餐厅经营的产品风味不同，其厨房和餐厅的设备种类、风格、式样也不完全相同。例如，中餐厅和西餐厅，其厨房设备就有较大区别，同是中餐厅的广东风味和四川风味的设备配置也不一样。此外，还有日本、韩国、泰国、印度等不同的餐厅和烧烤、火锅等不同的风味，也需要不同的设备。所以，餐饮企业市场准入的设备配置必须坚持等级规格和餐饮风味相结合的原则，以保证企业一开业就能适应事先确定的产品风味和生产经营活动的需要，满足目标市场顾客的消费需求。

（二）环保节能和安全方便相结合的原则

餐饮企业市场准入的设备配置是为厨房生产和餐厅顾客服务的。厨房设备以各种炉灶、机械、洗涤设备为主，水、电、燃料消耗量较大，容易造成环境污染。因而，其设备配置既要注重环保节能，又要注重设备安全、操作方便。例如，炉灶要选热力强、耗能低的，机械设备和洗涤设备要选耗电低、安全性能优良的。餐厅设备以各种餐桌、座椅、接待台面等为主，主要供顾客和服务员使用，因而其设备配置既要美观、舒适，又要注重安全、方便。此外，还有办公设备、储存设备、产品销售的各种餐车等，都要注意安全和使用方便。总之，只有坚持环保节能和安全方便相结合，区别不同设备的功能和用途，逐

项合理选择，才能适应厨房生产和餐厅服务需要，提高效率，降低消耗，保证安全，从而为顾客提供优质服务。

（三）美观适用和齐全配套相结合的原则

餐饮企业市场准入的设备配置要想满足顾客的消费需求，就要注重美观适用。美观要求以餐厅设备为主，各种桌椅、台面等要和餐厅装饰协调，形成美感效果；适用则要以功能需要为主，能够满足厨房生产和餐厅服务的要求。在美观适用的基础上，其设备配置还要齐全配套，如厨房的炒菜炉灶必须与上水设备、下水设备、排油烟设备、废水和污水排放设备及照明设备配套。冷荤操作间的设备必须做到保温换气设备、台面操作设备、紫外线或红外线的消毒设备、冷荤食品保管设备配套。餐厅的设备配置则要做到门口的迎宾台、顾客的餐桌椅、酒水柜台、接待柜台、食品展示柜、收款台等各种设备配套。总之，餐饮设备齐全配套的具体要求，要根据不同厨房和餐厅的性质、档次、经营风味、顾客类型等多种因素来分别确定，包括设备外观、风格、色彩、表面工艺配套等。只有这样，才能创造优良的消费环境，广泛吸引顾客。

二、餐饮企业市场准入的设备配置方法和工作步骤

在餐饮企业市场准入管理中，其基础设施和装修改造中的设备配置是比较复杂的。其配置方法和工作步骤可大致概括如下：

（一）设备选型

餐饮企业要想成功进入市场，做好设备配置以便为厨房生产和餐厅服务创造优良条件，首先要认真分析所需要的设备类型、档次、规格、型号、质量要求，即认真做好设备选型。由于企业所需要的设备种类较多，各种设备的功能、用途不同，每种设备都有众多的供应厂商，其型号、规格又各不相同，为此，做好设备选型，要根据厨房、餐厅等各部门的实际需要来确定。其基本方法是：

1. 厨房设备选型

厨房有中餐厨房、西餐厨房，还有日本、韩国、泰国、印度等不同风味的厨房。此外，还有烧烤类、火锅类、快餐类厨房。每个企业内部，还分热菜、冷菜、面点和加工厨房。所以，做好厨房设备选型，首先要根据厨房性质、产品风味、生产制作的方式和厨房的档次、规格来选择并确定各种设备的名称、类型、规格、型号、生产能力和数量多少。其次，各种设备的选型要坚持做到技

术上先进，经济上合理，功能上适用，使用上安全，操作上方便。其具体方法是：

(1) 原料加工设备选型。主要适用于加工厨房和大型餐饮企业的中心厨房。其设备种类较多，主要分为机械加工和手工加工设备两类。前者包括锯骨机、切片机、去皮机、绞肉机、切碎机等。这些设备的选型重点要注意三个问题：一是型号大小和配备数量要与整个企业的厨房生产能力相适应，防止配备过多，造成设备使用的效率过低。二是要尽量选择那些功能较多、耗电低、体积小、使用安全的机械设备，以降低能耗，节省占地面积，防止事故发生。三是要尽量选择那些拆卸方便、易于清洁、噪音低的设备，因为这些设备每次使用后都必须拆卸并清洗干净，否则必然变味腐坏，严重影响卫生。后者主要包括案板、台面、肉墩、刀具等设备，这些设备的选型重点要注意表面光滑，型号齐全，使用方便，易于清洁。

(2) 热烹制作设备选型。主要适用于热菜厨房，包括燃气炉灶、汤炉、平头炉、蒸气夹层炉、扒炉、烤箱、蒸箱、西式多功能烹调炉、翻转式烹调炉、炸炉等。这些设备的选型重点要注意三个问题：一是要根据中餐、西餐、日餐、韩餐等厨房性质和不同风味来选择设备种类、型号和数量，使设备选择和配置与厨房性质、功能、使用要求和生产能力相适应，做到因需配置。二是每种设备的型号、规格、用途要与其使用功能相适应，有利于提高生产效率和产品质量。三是这些设备的表面要光滑，多以不锈钢为主，易于清洗、消毒，尽量不用或少用那些不安全、操作不方便的设备。

(3) 冷菜面点设备选型。主要适用于冷菜厨房和面点厨房。前者包括和面机、压面机、面团分割机、西餐面包烤炉、烤箱、微波炉等，后者包括冷菜操作间、操作台、紫外或红外线消毒设备等。这些设备的选型方法是：首先，设备类型、规格、型号要根据中餐面点或西餐面点或冷菜厨房的性质、产品风味、生产能力和每种设备的功能、用途来确定，保证因需配置。其次，要尽量选择功能较多、造型美观、使用方便、节省电能和热能的设备。最后，每种设备的具体选择也要注意安全和易于清洁，以保证冷菜和面点食品卫生。

(4) 排风和调理设备选型。适用于中西餐的热菜、冷菜、面点等各类厨房，包括排风机、抽风机、空气交换机、排油烟罩、柜式空调、废水和污水排放设备、普通调理台、柜式调理台、橱柜和案板等。这些设备大致有两种用途：

一是为保持厨房清洁环境，二是为厨房产品制作提供上灶前的调理配菜、出菜和为现场加工提供方便。因此，其设备选型重点要注意三个问题：一是各种排烟、排气和排污的设备，其类型、规格、型号和功能必须与厨房性质、炉灶多少和安装位置紧密配合、互相适应，保证功能和机械设备的功效。例如，排油烟、热气的设备，其功能要与厨房面积和炉灶多少相适应，安装位置、高度要合理，大量油烟和蒸汽一般能在3—5分钟排尽；抽风机、鼓风机要能保证炉灶燃气的火力充足和热气排放等。二是各种调理设备要以不锈钢设备为主，易于清洁，使用方便。因而，其类型、规格要以适用为主，做到美观、大方。三是设备选型和安装要符合地方政府的环保要求，能够节省电力，减少环境污染。

(5) 冷藏与保鲜设备选型。主要适用于各类厨房和食品库房、酒吧间，包括冷藏柜、冷冻柜、保鲜展示柜、各种冰箱、制冰机、刨冰机、保暖器等。这些设备的选型都以食品保鲜、保存为目的，因此要注意两个问题：一是设备的台数、型号、功能必须根据每个厨房、酒吧和库房的实际需要确定，保证需要；二是要尽量选择造型美观、使用方便、易于保养、节省电力的设备。

(6) 洗涤与刀炊具设备选型。前者主要包括洗碗机、洗涤槽、滤水台、消毒柜、工具柜、多层储货架等，后者包括烹调用的炒锅、沙锅、铁锅、平底锅和手勺、炒勺、漏勺、切刀、劈刀、斩刀、旋刀等。这些设备的选型，前者重点注意设备的种类、功能、型号、配备数量要与厨房洗涤任务量的大小、洗涤内容和质量要求相适应，既保证每天洗涤工作需要，又有利于节省水、电能源及操作方便；后者重点注意各种炊具、刀具的种类齐全，型号与规格适当，刀具质量优良且不易生锈。

2. 餐厅设备选型

在餐饮企业市场准入管理中，餐厅性质、类型和档次规格不同，对设备选型的要求也不同。餐厅类型有中餐厅、西餐厅、咖啡厅、宴会厅等。其设备选型首先要根据餐厅性质、类型、经营方式和要求来确定其设备种类、规格、型号，使设备配置有利于促进产品销售，提供优质服务。其次，要特别注重各种设备的造型必须美观、大方，易于清洁，使用方便，因为餐厅设备大多是供顾客直接使用和为产品销售服务的。其设备选型的方法是：

(1) 餐厅桌椅选型。以木质结构为主，也有钢木结构和表面装配玻璃、大理石台面的高档餐桌椅，其台形有正方形、长方形、圆形、椭圆形。也可根据接待服务活动需要拼摆成不同的台形。餐厅桌椅选型的具体方法是:第一,桌椅选型要与餐厅性质和等级规格相适应,使中餐厅、西餐厅、日式餐厅、韩式餐厅等不同餐厅的桌椅选型有所不同。同时,高档豪华餐厅桌椅档次要高,够气派,中低档餐厅则可选一般或中等偏上规格的桌椅。第二,餐台规格要与顾客消费方式和接待对象相适应。如零点服务的餐厅要2人台、4人台、6人台、8人台和10人台等台形齐全,以4—6人台为主,以方便顾客用餐,降低餐位空置率;团队会议餐厅要以10人台为主,配少量2—4人台;咖啡厅和酒吧间要以4—6人台为主;宴会厅则均选10人台。第三,每种餐桌椅的规格型号、质地、颜色都要配套齐全,防止拼凑,保证工艺质量,体现餐厅等级规格。

(2)工作台面选型。餐厅所需要的台面主要有接待柜台兼酒水台、迎宾服务台、餐厅收款台、服务操作台(又称接手桌)、供顾客使用的签到台、演说台、礼品台等。这些工作台面的选型重点要注意两个问题:一是台面选型必须和台面功能、用途相匹配,以功能需要为主。如迎宾台是设在餐厅门口供领位员迎送顾客使用的,其台形要美观大方、表面光滑、水平或略倾斜,高度在85—90厘米;接待柜台兼酒水台要美观、大方、有气派,台面用大理石或高档材料,后面设酒水展示柜;服务工作台是供服务员提供桌面上菜、分菜的接手台,其台形要小巧、灵便,表面光洁,配有抽屉,使用方便。二是各种工作台面的数量要根据餐厅需要来确定。如宴会厅应主要配备服务操作台、签到台、演说台,而一般餐厅就可不配签到台、演说台。各种台面的造型、颜色、规格、型号要与餐厅桌椅互相协调,齐全配套,保证美观大方,有舒适感。

(3)销售设备选型。餐厅销售设备主要包括各种餐车和售卖食品的展示柜、台、机械设备,前者包括活动服务车、切割车、开胃品车、送餐车、燃焰车、点心小吃售卖车等,后者包括海鲜食品展示柜、食品保鲜展示柜、酒水储存展示柜、保鲜蛋糕柜、菜点保湿陈列柜、电热盘器咖啡售卖机、电脑点菜机、收银机、信用卡刷卡机等。这些设备并不是每个餐厅都需要的,其设备选型的方法是:第一,根据餐厅性质,按需选择销售设备种类、品名和数量。如送餐车一般适用于提供客房送餐服务的饭店、餐厅,小推车一般适用于广东、四川风味的餐厅销售小吃和点心,开胃品车、燃焰车一般适用于西餐厅和咖啡厅,食品展示柜、陈列架一般适用于海鲜类餐厅等。所以,餐饮企业市场准入时具体要选择哪些种类、哪些品名的销售设备要根据企业内部各餐厅的性质、经营风味、产品类型等实际需要来确定,并不是每一个餐厅都必须配备的。第二,要以功能需要为主,选择设备规格、型号,保证销售需要。餐厅销售设备的种类、规格、型号不同,其功能用途也不完全相同。如切割车主要用于西餐厅提供现场食品切割服务,奶酪车主要用于西餐或咖啡厅陈列推销和切割奶酪食品,燃焰车主要用于法式西餐厅,酒水陈列柜主要用于各餐厅的酒水柜台,海鲜展示柜主要用于海鲜类食品的展示、陈列与现场销售等。这些设备的功能不同,其设备造型、构造、用途、使用方法也不同。因此,必须根据每种设备的功能和用途来选择具体的设备类型、规格、型号,坚持以功能需要为主,才能充分发挥设备用途。第三,要注重设备的牢固方便,易于清洁保养。餐厅使用的各种餐车和展示售卖设备,每天都要装售、展示食品,其中餐车则每天使用。只有选择那些坚固耐用、表面光滑、易于清洁的设备,才能适应餐厅食品销售的需要。

(4) 配套家具选型。餐厅配套家具主要包括屏风、花架、衣架、包房餐厅和 KTV 包间的沙发、茶几、座椅、与餐厅配套的盒式空调、灯具等。这些设备的选型重点要注重三个问题:一是要根据餐厅需要,以实用和有利于为顾客提供方便为主。二是要体现餐厅等级规格,注重美观、大方、舒适。三是要与餐厅装饰、家具设备和环境美化结合起来,保证协调一致,强化餐厅功能,有利于提高餐厅服务质量。

(二) 设备询价与厂商选择

餐饮企业市场准入所需要的设备种类很多,各种设备的型号、规格、用途、价格高低等各不相同。在市场经济条件下,同一种类的设备又有众多的供应厂商。为此,在餐饮企业策划开业中,在其设备选型基本确定的基础上,只有做好设备询价和厂商选择工作,才能降低设备进价,确保餐厅开业需要和要求,其基本方法是:

(1) 拟订设备购置清单。餐饮企业开业策划时所需要的设备种类很多。每种设备、炊具、用具的名称、规格、造型、型号、用途各不相同,同一种设备的供应厂商多种多样,价格各不相同,而这些设备又大多是在开业准备中一次性购置的。要想购到质量优良、价格合理、功能和用途适合企业等级规格并与产品风味相适应的各种设备,必须事先拟订设备购置清单,以便为设备询价、厂商选择和采购、定制、安装调试提供客观依据。其设备购置清单的格式可参阅表 6-1。

表 6-1 餐饮企业市场准入设置购置表

	设备名称	用 途	规 格	型 号	主要供应商	询价情况
加工厨房						
热菜厨房						
冷菜厨房						
面点厨房						
餐厅家具						
售卖设备						
办公设备						

(2) 直接采购的设备询价与厂商选择。餐饮企业筹划开业时，其设备购置的方式大致有直接采购的设备和定制购入的设备两种。前者是指那些厂商直接提供、购入后可以直接使用的设备。但不同厂商的同种设备有不同的规格、型号和价格，如厨房使用的切片机、粉碎机、压面机，餐厅及办公使用的送餐车、食品售卖小推车、燃焰车、收款机、信用卡刷卡机、办公计算机等。后者是指企业为保证餐厅等级规格、降低设备投资，根据需要而请厂商定制或安装的那些设备。如餐厅接待柜台、酒水柜台、食品陈列柜、酒水陈列柜，以及美观雅致的演说台、签到台、收款台等。

直接采购的设备询价和厂商选择的方法是：第一，以设备购置清单为基础，明确设备名称、用途、规格、型号，保证所购设备符合餐厅等级规格和实际需要。第二,每种设备选三家以上的供应厂商,在满足设备用途、型号、规格要求的基础上,与供应厂商协商价格,力求降低进价,保证设备质量。第三,在符合技术上先进、价格上合理、质量上优良、使用上方便的原则下,与所选择的供货厂商签订合同或协议,办理交款手续,完成设备购置。

(3) 需要定做的设备询价和厂商选择。餐饮企业开业策划时,对那些需要定做的餐厅桌椅、接待柜台、酒水柜台、食品展示售卖的各种柜架或餐车等设备,其厂商选择与询价方法是:第一,选择需要定做的设备名称、规格、型号,明确要求,拟订清单,确定定做数量。第二,选择三家以上的厂家,在具体联系的基础上,请厂家派专业人员来企业实地考察、协商,并向厂家交代需要定做的设备名称和定做要求。其中,部分设备如接待柜台、酒水柜台、展示台架等还要明确设备造型,丈量尺寸,确定颜色质地、木料要求,以保证定做的设备美观、大方,符合餐厅等级规格。第三,区别不同设备与厂家协商价格。其价格水平应坚持以出厂价为主,低于同种设备的市面价格。第四,经过分析比较,选定定做设备的厂家,签订合同,明确定做数量、时间、价格、质量要求、交货与安装时间、付款方式、安装和验收要求等。

(三) 设备购进与安装调试

餐饮企业市场准入的设备采购和定做完成后,为保证餐厅及时开业,保证生产和接待服务需要,还要做好两个方面的工作:

第一,直接购进的设备验收与摆放。凡是直接购进的餐厅和厨房需要的设备,主要采用厂商直接送货方式。每批设备送到,企业要指定专人,按照采购进货单逐一做好设备验收。每种设备验收都要检查设备名称、规格、型号、随货到达的设备出厂合格证书、设备构造、保修证书等资料,并由双方签字,以保证设备使用的技术资料齐全。在此基础上,再根据设备用途和厨房、餐厅的室内布局设计,将各种设备摆放到事先安排的规定位置。其中,电器设备和需要调试的设备,还应经过安装调试,保证设备达到使用要求。

第二,定做设备的接收与安装。餐饮企业开业时需要定做的设备一般以木质家具,包括餐厅 2 人台、4 人台、6 人台、8—10 人台的桌椅、沙发等为主。这些设备定做完成后,接收时重点要做好设备的接收工作,检查设备质量、质地、颜色,保证符合餐厅等级规格的要求。其他定做的餐厅接待柜台、酒水柜台,以及食品与酒水陈列、展示和售卖的柜、架、箱等设备,则要督导装修单位或制作厂家做好设备安装、调试,保证设备造型美观,规格大小适合,与餐厅整体布局协调,有利于餐厅业务活动的开展,为餐厅销售和顾客用餐、观看、选购提供方便。

三、餐饮企业市场准入设备购置的技术资料管理

餐饮设备价值量较高,使用时间较长。为此,在筹划开业时,其设备购置完成后,一开始就要做好各种设备的技术资料管理工作,以便为开业后设备的长期使用、维护保养、设备维修或更新改造提供客观依据。其技术资料管理的基本方法是:

(一) 统一登记造册

登记造册是做好设备购置的客观要求,也是为设备的长期使用和维护服务的。其方法是在设备验收和安装调试的基础上,根据采购、验收记录,将各种设备分类或分餐厅、分部门地统一登记设备名称、种类、型号、规格、安装或使用部门、价值量等。其格式可参阅表6-2。

表6-2 餐饮企业设备购置登记表

设备名称	规格	型号	单价	台件数	设备原值	使用或安装位置	时间	供应商	配件与资料

(二) 建立设备档案

设备档案是餐厅开业后设备管理的基础。档案内容主要包括以下三个方面:

(1) 设备编号。在设备登记造册的基础上,采用分类分节编码法将设备统一编号。这样有利于各部门管理人员掌握设备种类、组别、使用部门、设备号码等情况。编号方法可参阅图6-1。

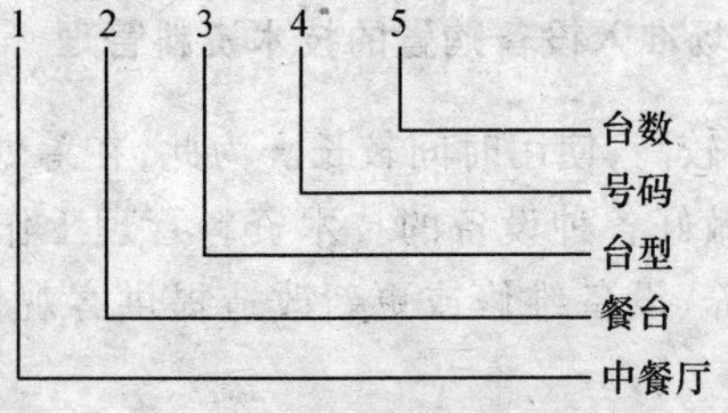

图 6-1　分类分节设备编号

（2）设备卡片。设备卡片是在设备编号和登记造册的基础上完成的。它是设备管理的基础数据。卡片制作一般一式三份，分存于财务部、使用部门和工程维护人员。卡片内容分正反两面，正面记录设备基础数据，包括设备名称、型号、规格、编号、使用部门、保养期等，反面记录维护保养情况。

（3）设备分类记账。主要由财务部门根据设备造册和设备卡片记录在设备财务账卡上，以便为开业后设备使用中的折旧提供原始依据。其具体账卡分为总账和分类账，一般采用会计记账方法完成。

（三）分级归口管理

在设备购置、安装调试和建立设备档案的基础上，餐厅正式开业后，其设备要实行分级归口管理。其基本方法是：

（1）设备的价值量管理。由餐饮企业财务部门负责。餐厅开业后，设备价值量资料交财务部门保存。财务部会计人员要分类做好记录，核算企业固定资产原值，做好固定资产折旧、固定资产变动登记，以便从价值形态上管好、用好设备。

（2）设备维修保养管理。由工程维修人员负责设备的物质运动形态和效用发挥管理，即会同财务部做好设备编号，建立设备台账，管好技术资料并负责设备的日常维护、保养、检修，保证设备安全运行，为餐饮企业开业后的接待服务和厨房生产提供设备技术保障服务。

（3）设备的日常使用管理。由餐厅、厨房等使用部门负责。采用属地管理原则，负责所用设备的日常维护、保养、使用，每天擦拭，保证设备安全、卫生，延长其使用寿命。设备发生故障、损坏时，则请工程部门及时维修，保证业务需要。

第二节 餐饮企业市场准入的物资用品配备管理

案例

丽雅大酒楼开业准备的物品采购备忘录

丽雅大酒楼是一家五星级标准的高档豪华餐馆。酒楼拥有一个能容纳250个餐位的大众餐厅,全部采用单桌分隔式布局,楼上设有一处多功能厅和18个豪华包房,整个酒楼装修美观、典雅、大方。正式开业前一个半月,酒楼筹备负责人兼总经理张敬堂先生在酒楼装修和设备购置基本到位的同时,着手开业所需的物资用品采购工作。张总经理与筹备组人员经多次研究,请有关人员拟订了采购清单,做好了采购预算,但他仍然不放心。为保证各项工作顺利进行,他拟订了一份开业准备的物资用品采购备忘录,内容如下:

(一) 收件人

装修负责人、餐厅部经理、行政总厨和各厨师长、采购主管、库房负责人、财务经理。

(二) 工作步骤

酒楼开业的物资用品采购请各有关人员按以下程序和工作步骤进行:

(1) 物品分类。开业准备的物资用品按厨房、餐厅、库房和办公用品分类,每个部门的物品再按一次性消耗物品和多次性消耗物品分类。列出采购清单,清单内容要逐一列出物品名称、用途、规格、型号、数量等。

(2) 数量确定。开业准备的一次性物品按开业三个月的需要量确定。其中,食品原材料只进干货,鲜活原料开业时由各厨房厨师长提前3天列出采购清单,多次性消耗物品按餐厅等级成套配备。

(3) 采购预算。各部门采购清单按餐茶酒具、厨房用具、装饰物品、办公用品等分类后,报财务部经理做出预算,再报总经理审批,然后统一汇总,拟订分类物品询价表。

(4) 询价招标。由总经理负责,各部门负责人参加,分类征询供应商,协商价格。每类物品至少选择三家以上供应商,务求选择质量优良、造型美观、符合酒家要求、价格相对合理的供应商参加投标。每类物品的最后采购和价格经过招标投标确定。

(5) 物品验收。直接购进的物品由厨房、餐厅、财务人员组成验收小组，统一验收餐茶酒具、厨房用具、办公用品、装饰用品的位置、数量、价格。

(三) 采购要求

开业准备的物资用品种类很多，各部门在制定采购清单、征询价格、审查样品过程中要认真、细致，具有高度责任心。基本要求是：

(1) 分类物品必须符合实用要求，要保证结实耐用、造型美观、价格合理、质量优良。餐具、茶具、酒具、餐巾、台布等，要按餐厅等级、餐位数量、台型规格成套配备。

(2) 厨房炊具、用具、用品等，要保证种类齐全、造型美观、结实环保、使用方便，并与厨房产品风味相适应。

(3 装饰用品包括花瓶、花草、台裙等，必须保证美观、大方、协调，符合餐厅环境美化要求。

……

丽雅大酒楼物资用品采购备忘录的具体要求还有不少。由于开业筹备中的物资用品采购管理组织细致、方法得当、安排具体，采购备忘录起到了重要作用。不仅较快、较好地完成了物资用品采购工作，而且降低了进价，节省了开办费用，使酒家一开业就赢得了顾客的广泛欢迎。

点评

设备和物资用品是餐饮企业市场准入的前提和基础。餐厅开业时所需要的物资用品种类很多，各类物资用品的需要量不完全相同。因此，怎样做好物资配备，既影响餐厅等级规格、环境美化和开业后的顾客消费需求，又影响开办费用开支和投资效益。餐厅开业的用品配备是一项复杂、细致的工作，必须认真做好采购计划、用品核定、价格咨询、进货组织、物品验收等各项工作。丽雅大酒楼的物品采购备忘录较好地为企业物品配备提供了工作依据，但实际工作还要更加复杂。为此，本节将详细介绍餐厅开业时的用品配备管理方法。

一、餐饮企业市场准入物资用品配备的原则和要求

餐饮企业要想成功进入市场，在筹划开业时所需要的物资用品种类很

多，其花色品种、规格型号和数量各不相同。要想做好物资用品配备工作，其基本原则是：根据企业等级规格、经营风味和接待能力，合理确定物资用品种类、规格、型号和数量；在货比三家、价比三家的基础上，做好采购预算和进货组织，保证开业需要，降低开办费用，确保企业成功进入市场，以适应目标市场顾客的消费需求。贯彻这一原则的基本要求是：

（一）餐厅等级与经营风味和开业需要相结合

餐饮企业市场准入的物资用品配备是为餐厅开业做准备的，餐厅等级规格不同，需要配备的物资用品档次区别较大。例如，同是餐厅台布、口布等棉织品，四五星级的豪华餐厅和以家常菜为主的大众餐厅，其质量，包括厚度、质地、工艺水平和柔软程度区别很大。再如，同是餐盘、餐碗和酒具、茶具，高档豪华酒楼需要配备质地美观、质量优良的，而一般餐厅则只需配备中低档的餐具即可。另一方面，餐饮企业市场准入的物资用品配备是为餐厅开业服务的，其用品配备数量不是越多越好，一般一次性消耗物品只需配备 3 个月左右的需要量即可，多次性消耗物品则以成套配备、满足一个更新周期的需要量即可。同时，餐厅经营风味不同，需要配备的物品种类、规格、型号也不完全相同。如西餐和中餐的餐盘、餐碗，广东风味和火锅餐厅的炊具用品，日餐和韩餐的餐具用品，都有一定区别。所以，餐饮企业市场准入的物资用品配备必须坚持餐厅等级规格、经营风味和开业需要相结合，根据本企业的实际情况，合理选择和确定需要配备的物资用品种类、名称、规格、型号、质量标准、配备数量，防止错购、误购，从而造成经济损失。

（二）限额配备和开办费用预算相结合

餐饮企业市场准入的物资用品配备可大致分为餐具、酒具、茶具、装饰与美化用品、餐厅服务用品、客用消耗物品、厨房日常用品、办公用品、各种清洁剂和清洁用品、开业所需的各种干货原料和调料等，各类物品的花色品种繁多。所谓限额配备，就是要将这些物品大致分为一次性消耗物品和多次性消耗物品两大类，然后根据餐厅等级规格、接待能力、物品配备的使用时间要求来分别确定每类、每种物品的配备规格和基本数量。在此基础上，分类做好所需费用预算，以便为餐饮企业市场准入的物资用品配备提供费用控制的依据，防止盲目采购、增加开办费用开支，从而影响企业投资效益。

（三）掌握市场行情，降低进价成本

餐饮企业市场准入的物资用品配备预算和实际采购往往是有矛盾的。在我国市场环境已从短缺经济进入过剩经济后，企业开业所需要的各种物资用品都有众多的供应厂商。同一种类、规格和型号的用品，其市场行情往往各不相同。为此,在各种用品采购预算的基础上,实施具体采购时,还要掌握市场行情,减少流通环节,坚持货比三家、价比三家。在保证各种物资用品质量、规格、型号、等级、质地要求的基础上,尽可能降低进价,节省费用开支。

二、餐饮企业市场准入物资用品采购配备的方法和工作步骤

餐饮企业市场准入需要配备的物资用品花色品种很多,资金需要量较大,这些物品又大多是开业前一次购置完成的。为此,正确运用其采购配备的方法和程序,对节省资金使用、保证开业需要具有十分重要的作用。其基本方法和工作步骤是:

(一)根据企业等级规格,分类拟订采购配备的物品清单

餐饮企业开业筹划中,其物资用品采购配备的资金消耗统一计入企业的开办费用中。开业后,再按开办费用递减方式计入企业成本。要做好开业时的物资用品配备,首先要根据企业等级规格和接待能力,分类拟订采购配备的物品清单。其拟订方法是:先将需要配备的物资用品分成餐具、茶具、酒具、装饰物品、客用物品、厨房用品、办公用品、清洁用品等不同的种类,再根据餐厅等级规格分别列出各种物品的名称、用途、规格、型号、配备数量。要明确质量要求,以便为开业时的物品配备提供客观依据,防止遗漏、错购、误购。其物品清单的格式可参阅表6-3。

表6-3 餐饮企业开业物品采购清单

分类	物品名称	用途	规格	型号	质量要求	购置量	估价	供货商
餐具用品								
茶具用品								
酒具物品								
装饰物品								

（续表）

分　类	物品名称	用　途	规　格	型　号	质量要求	购置量	估　价	供货商
厨房用品								
办公用品								
客用物品								
清洁用品								
干货原料								

（二）根据企业接待能力，分类核定需要配备的各种物品数量

餐饮企业开业时所需要配备的各种物品数量是根据餐厅接待能力，按一次性消耗和多次性消耗的物品特点分类核定的。其核定方法大致可分为以下四种：

（1）餐台数量核定法。其方法是根据餐台型号和数量，核定物品配备数量。一般适用于餐厅台布、台裙、桌号牌、调料架等顾客共同使用的餐具物品需要量的核定。其方法是，按餐台型号和数量及需要配备的套数来确定。公式为：

$$Q_1 = x_1 \times n \times a_1$$

式中，x_1——餐台数；n——每台配备量；a_1——周转使用套数。

如餐厅台布，每张餐台应配一条。一日三餐加周转洗涤数，应配4—5套。假定一家餐馆有10人台餐桌20张、8人台30张、6人台25张、4人台18张，则需要配备的台布数为：10人台80—100条、8人台120—150条、6人台100—125条、4人台72—90条。同理，假定这家餐馆只有10台需要配备台裙，每台应配1条，洗涤周转的套数为0.3套，则需要配备的台裙为20×(1+0.3)=26条。

再如顾客共用的餐具,如大餐盘、中餐盘、小餐盘等。每个餐台应配1件,周转洗涤的件数为2件,则上述餐馆需要的大餐盘为10人台60件、8人台90件、6人台75件、4人台54件,合计279件。

(2)餐位数量核定法。其方法是根据餐厅座位数和周转洗涤需要的套数,核定其用品配备数量。一般适用于餐厅每位顾客都需要的餐巾、骨碟、汤碗、饭碗等物品需要的核定。公式为:

$$Q_2 = x_2 \times a_2$$

式中,x_2——每个餐位配备量;a_2——周转洗涤套数。

如某餐厅共有餐位280个。餐巾每餐位配1条,周转洗涤的餐巾数每日2条;骨碟和汤碗每餐位配1只,周转洗涤的套数分别为4只和3只。在此基础上,则餐厅需要配备的餐巾为840条(280×3),骨碟为1 400只(280×5),汤碗为1 120只(280×4)。

(3)消耗日数确定法。其方法是根据餐厅座位数、每日消耗数量和计划配备的消耗时间来核定其物品配备量。一般适用于一次性消耗物品开业配备的数量确定。其方法是:

$$Q_3 = x_3 \times t$$

式中,x_3——一次性消耗物品日均用量;t——配备消耗日数。

仍以上题为例,餐厅需要的餐巾纸、茶叶、垫杯纸,每个餐位每天耗用3张(包)。开业时,按3个月的需要量配备,则三种物品的配备量分别为餐巾纸75 600张(280×3×90),茶叶75 600包,垫杯纸75 600张。

(4)按需估算核定法。其方法是根据厨房生产和餐厅开业经营活动需要,按3个月左右的使用时间或一个更新周期,大致确定其物品配备数量。这种方法主要适用于厨房日常用品、餐厅和厨房的清洁用品、部分办公用品,如厨房盛器、盖具、各种清洁洗涤用品、点菜单、收款记录等物品。

总之,餐厅开业时分类物品配备数量的核定方法十分杂乱,需要根据餐厅接待能力、物品消耗方式、开业准备的物品配备消耗时间的长短等多种因素分别核定。

(三)分类做好所配物品的市场价格咨询和供应商选择

餐饮企业市场准入所需要配备的物资用品的规格、型号、供应商较多,价格各不相同。只有做好价格咨询,选择那些质量优良、符合企业等级规格、价格合理的物资用品,才能降低进价成本和开办费用,保证餐厅开业需要。其价格咨询和确定方法是:选派财务人员、采购人员和业务人员组成询价小组,深入市场,按采购清单分类咨询价格。每类或每种物品,至少取得三家以上供应商的样品和报价单。在此基础上，由总经理负责，组织召开采购招投标会议，选择质量优良、报价合理的供应商作为招标对象。正式招标采购，每类物品的招标供应商也必须在三家以上。然后，在审定样品、协商价格、择优选择的基础上确定中标供应商，报总经理或投资人批准后与供应商签订采购合同或协议。由此，完成企业开业时的物资用品采购价格咨询、询价和供货商选择。

（四）做好物资用品进货组织和配备，保证开业需要

在做好物资用品招标、签订进货合同或协议的基础上，其物品配备的进货组织重点是做好以下四个方面的工作：一是按照合同定价和质量要求向供应商签发采购物品供货单。要写清物品名称、用途、规格、型号、价格和质量要求、进货时间等，请供应商及时发货、送货上门。二是货物进店后，依据供货单、发票等单据以及事先选定的样品，分类逐项对购进物品进行验收。验收以数量、质量和实际价格为主，并逐一填好一式三份的物品验收单。三是如果个别或部分物品在价格、质量上与合同规定不符，必须请供应商换货，否则不予结账。四是对购进的物资用品及时做好保管与安排。其方法是：凡是需要进入各餐厅、厨房、办公室以保证开业需要的物品，均交使用部门安排使用；凡是需要开业初期周转使用的各类物资用品，分别交各食品、物品库房分类保管。由此，完成餐饮企业市场准入的物资用品采购配备工作。

三、餐饮企业市场准入物资用品配备的账务管理

认真做好开业准备时物资用品配备的账务管理既是保证物品安全、正确核算开办费用的重要条件，又是餐厅开业、进入市场、做好企业营业管理的重要基础工作。其账务管理的重点是做好三个方面的工作。

（一）统一登记，核定采购成本，记入开办费用

采购验收完成后，企业财务会计要根据各类物品验收单统一登记造册，记录各种物品名称、件数、价格，核定进价成本，其方法是：

$$\text{物品购置成本} = \sum \text{各类物品单价} \times \text{购置实收数量}$$

记账核算过程中，要与进货发票核对，保证订货单、进货发票和实收数量一致。通过核算，将实际发生的进货成本记入企业开办费用，与企业新建和改造中的建筑费用、装修费用、设备购置费用等一起，按基建和租赁经营及其装修改造的会计记账要求，形成总账。待企业正式开业后，转给餐饮企业财务部门，形成企业经营会计的记账依据。其中，各种物资用品的购置费用作为开办费用，采用递减方式记入企业正式营业后的经营成本，从营业收入中

获得价值补偿。

（二）分类造册，记录物品分布，为物品使用提供依据

餐饮企业开业时所购入的各种物资用品，在财务记账的基础上，要以各餐厅、厨房、库房为基础，分类造册，记录各级、各部门和各办公室及库房的物资用品分布情况，以便为各部门的物品使用提供客观依据。分类造册的登记内容主要包括物品名称、用途、使用部门、物品数量和单价、金额等。其格式可参阅表6-4。

表6-4　餐饮企业物品分布表

使用部门：				记录日期：		
物品名称	用　途	数　量	单　价	规　格	金　额	消耗方式

（三）建立物资用品使用制度，为餐厅开业创造良好条件

餐饮企业物资用品购进后，必须建立使用制度，才能保证餐厅开业后各种物品的合理使用，保证业务需要，减少损失浪费，节省费用开支。其物资用品的使用制度主要包括采购进货制度，防火、防盗、防腐、防毒、防潮的管理制度，各部门的领用、报损、消耗核定制度等。这些制度的具体内容请参见本套丛书其他分册的有关章节。

第三节　餐厅开业时设备用品配置管理中的问题与预防

案例

这家酒楼开业时购入的设备物品费用为什么这么高

王德顺总经理长期从事服装生意，他所经营的部分高档服装还进入了国

际市场。经过多年的商海经营，他终于积累了自己的原始资本。因此，他想扩大经营范围，投资经营一家高中档酒楼。由于他不懂餐饮业务，在经过多方努力取得市中心一处1 800多平方米的房产并签下租赁合同后，他将餐厅筹建工作全权委托给一家饭店管理公司的开业策划小组，并与饭店管理公司签订了委托协议书。协议规定，餐厅策划小组负责开业前的设备物品配置、员工队伍组建、开业培训、管理制度制定等工作。投资人向管理公司支付餐厅策划开业的管理费用和人员工资，其设备物品采购、安装、配备的成本费用则由投资人王总经理按实际发生额支付。王总既要继续忙于自己的服装贸易，又要过问餐厅筹备工作。到餐厅正式开业时，王总经理发现自己的餐厅筹备费用大大超出了同等餐厅的费用开支，仅设备物品配备的费用开支就超出了同等规模和档次的餐厅费用的25%左右。

点 评

餐饮企业开业策划的设备配置和物资用品管理是一项比较复杂的工作，其特点是所需要的设备用品种类多。各种设备用品的名称、用途、规格、型号、质地等要求不同，档次与质量区别大，供应厂商多，价格水平差别大。有时，厂商报价和实际价格常常相差40%—50%，甚至更高。很多人，特别是从其他行业进入餐饮市场的投资人或国有、集体单位的负责人缺乏实际经验，不熟悉市场行情。他们在委托某些所谓开业策划机构和人员负责筹备的过程中，因为各种原因监管不力，常常造成投资过大、设备用品配备的开办费用大量增加。待餐厅开业后，这些费用又都转移到经营成本中去，因而加大了投资风险。王德顺总经理的遭遇在现实中是广泛存在的。为此，我们在前两节正面探讨餐饮企业市场准入的设备用品配置管理方法和技巧的基础上，本节主要从反面的角度探讨餐厅开业的设备用品配置管理经常发生的问题和预防措施，以便引起餐饮企业投资人或投资主体的广泛重视。

一、餐饮企业市场准入设备用品配置管理中常见的问题

在餐饮企业市场准入管理中，为筹划开业，其设备用品配备管理方式主要有两种：一是由投资人或投资主体自己组建筹备小组，负责开业准备的设备物资采购与配置；二是委托管理公司或咨询服务公司派出人员组成筹备小

组,负责设备用品采购与配置。不管属于哪一种,如果监管不力,都可能发生问题。其经常发生的问题主要有以下几种表现形式:

(一) 抬高或压低设备用品配备的规格和档次,造成开办费用不合理

在餐饮企业市场准入的筹备过程中,其设备用品配备必须根据餐厅的等级规格、消费环境、接待对象的档次和开业后的价格水平来选择所需要的设备用品的规格和档次,使餐厅等级规格与目标市场的顾客档次、消费水平和所要求的消费环境保持一致。但在实际工作中,个别筹备办事人员常常利用投资人不懂业务、缺乏经验或监管不力的漏洞,故意抬高或压低其所需要的设备用品配备的规格和档次,然后与供应商勾结,从中捞取好处。由于这些设备用品的花色品种很多,价格大多比较灵活,因而抬高或压低其规格和档次都能找出众多理由,反正其费用都是由企业或投资人支付,从中取得回扣和利益的活动空间很大。由此,必然造成开办费用不合理。

(二) 增加或减少设备用品配备的数量,造成投资费用不合理

餐厅开业的设备配备的种类、名称、规格、台数应根据餐厅性质、接待能力、经营风味、销售方式等多种因素来确定。有些是必备的,有些可在开业后根据业务需要再购置。个别筹办人员也常常利用投资人不懂或缺乏经验,增加或减少设备配备数量。但不管是增加或减少,都以力争能够多拿回扣为目的。增加设备,回扣当然会多;减少部分设备,与供货商勾结,将其损失的回扣加到必备设备的价格中去,其可获得的利益可能更多。

餐厅开业需要的物资用品的种类和花色品种更多。按其消耗方式不同,一次性消耗物品一般可按3个月的日均用量配备,最长不超过6个月;多次性消耗物品一般应按一个更新周期来安排其物品配备量,实际使用时间一般会在1—1.5年左右。但在实际工作中,一些餐厅筹备负责人常常利用投资人不懂其物品配备需要量的使用与更新周期及其计算方法,任意增加其配备数量。曾经出现过不少餐厅的用品开业后2—3年都使用不完的现象。购置量越大,筹办负责人得到的回扣可能就越多。由此,也造成开办费用大量增加。

(三) 乱开发票,虚报账目,增加费用开支

餐厅开业时的设备用品采购与配置,不仅花色品种很多,各种设备和用品的规格、型号、质量、价格区别也很大,而且筹办时间短、参与人员多,很容易出现工作忙乱、不易控制的局面。再加上企业的财务管理制度尚未完全建立起来,难以做到统一审批。因此,个别企业的餐厅筹备人员就利用这种工作忙乱、不易监管的漏洞,与供应商勾结,采用乱开发票、虚报账目,甚至先打白条后补发票等方式捞取好处,由此造成费用开支大量增加。

（四）降低质量，抬高价格，影响餐厅营业成本

在餐厅开业筹备过程中，各种设备和物资用品不仅种类多，而且规格、型号、质量区别很大。特别是各种用品的质量标准不统一，也难以严格检查。在这种情况下，个别企业的餐厅筹备人员常常利用开业筹备中这种特殊条件，与供应商勾结，在采购过程中不重视物品质量，从中抬高价格、降低质量。个别人员甚至大量购进表面好看、实际为质次价高的餐具用品、客用物品、装饰用品、厨房日用品等，从中捞取好处。由此，造成开办费用和餐厅营业后的成本负担。

二、餐厅开业设备用品配置中存在问题的原因分析和预防措施

总体说来，在餐饮企业市场准入的开业筹备中，其设备用品配置管理存在问题的原因是由于“正当的利益分配机制”在部分筹备人员中的心理扭曲造成的。在市场经济条件下，餐厅开业的筹备人员为投资人或投资主体工作，他们应该获得必要的报酬。但这种报酬的依据和标准应该是企业给他们的工资奖金或按事先签订的合同或协议规定的报酬。由于个别人员在利益机制上产生了心理扭曲，因而促使他们利用开业筹备中掌握的权力和特殊地位与条件去弄虚作假，私收回扣，捞取“合理报酬”以外的利益。其具体原因是多种多样的，主要包括：

（一）投资人或投资主体缺乏经验

在餐厅开业筹备中，其设备购置和配备出现的问题大多发生在外行或原从事其他行业的投资人或投资主体所开办的企业中。由于他们刚刚进入这一行业，缺少经验，也不了解市场行情及筹备工作内容和规律，因而委托朋友或有关管理公司的人员负责。在筹备过程中，他们提不出具体的监管办法和措施，因而容易吃亏上当，造成设备物品采购、配置的费用大量增加。其预防措施是：投资人或投资主体要加强学习，了解专业知识，或者请教同行专家。此外，也可以到有关企业去参观考察，以丰富实践经验，提出监管措施。

（二）投资人或投资主体委托的机构或人员不当

餐饮企业市场准入和开业筹划是一项专业性较强的工作，更是一项零星琐碎、开支较大、各项费用难以控制的工作。投资人或投资主体要委托他人或其他机构的人员来负责，不仅要重视受托单位或人员的专业技术能力，更要重视这些机构或人员的职场道德。要事先做好考察，采取预防措施，防止委托机构或人员的败德行为。方法如下：第一，要尽可能选择那些市场声誉好、办事认真、能为投资人着想的饭店或餐饮集团公司的人员。第二，投资人

或投资主体在涉及企业建设、装修改造、设备购置、用品配备等开支的问题或项目上，不要轻易放权，要制定有效的审批制度和手续。第三，筹备过程中要经过多方调查，制定并逐步完善设备用品质量和价格管理的监控制度和措施，防止餐厅筹备开业时的打乱仗。只有加强监管，才能保证质量，降低费用开支。

（三）开业筹备过程中缺乏预算控制

不少餐饮企业开业筹备，其设备和物资用品购置和配备没有预算或预算质量差，只有大项开支的估计金额，没有具体的项目预算。在利益机制扭曲的条件下，委托单位的筹备人员大多是不愿做预算的。即使有点预算，他们也是希望其预算越粗越好。否则，他们想获得的暗箱操作的利益将会大打折扣。因此，餐饮企业的投资人或投资主体的负责人一定要坚持以设施设备和物资用品的采购清单为基础，通过询价，详细制定资金预算。投资人宁可将预算、询价的时间加长一些，提前预算，也不能放弃预算或让资金预算粗略化。这是餐厅开业预防和减少设备用品开支的主要方法和措施。

（四）开业筹备打乱仗，暗箱操作造成费用增加

餐饮企业的设备物资采购与配备大多是在餐厅建设和装修改造完成后的一个短时期内完成的。投资人或投资主体的负责人大多希望餐厅尽快完成设备用品购置、环境整理，以便尽早开业，产生经济效益。这时最容易出现的问题是缺乏统一指挥，动员各方面人员去找关系、购置设备物品，开业筹划工作容易形成打乱仗的局面。部分人员则利用这种混乱局面与供应商勾结，采用暗箱操作方式，从中捞取好处。这时，投资人或投资主体的负责人一定要头脑冷静。其预防方法是：第一，要亲自或指定专人负责，成立设备物品购置与配备工作小组，分配具体任务。第二，要制定采购配置的工作程序和工作步骤，采用倒计时的方法将每天的工作落实情况列入工作程序和步骤，落实到具体人员。第三，分部门分类制定采购清单，逐项做好预算。要按预算要求的品种、规格、质量、价格采购，防止暗箱操作、乱购、错购等现象发生。第四，每批设备用品进店后，严格做好验收，特别要按预算做好质量、数量和价格验收，防止和减少不必要的费用开支。

（五）未采用招投标方式

餐饮企业开业筹备所需要的设备用品种类很多，数额较大，大多又是在短时间内购置完成的。因此，要降低开办费用，最好的方法是采用招投标方式。在利益机制扭曲的条件下，委托筹备人员大多是不愿意采用招投标方式的。为此，餐饮企业的投资人或投资主体的负责人不管多忙，都应坚持采用招投

标方式来做好开业时的设备物资采购工作，并亲自参与其中。招投标的方法是以采购清单和采购预算为基础，在价比三家、货比三家的原则下，坚持看样协商价格，签订招标合同，然后修改预算，最后按招标合同采购。这也是餐饮企业开业筹备过程中降低设备物资购置费用、保证质量的有效方法之一。

第七章
打造先入为主的市场形象和声誉
——餐饮企业市场准入的营销形象策划

第一节　餐饮企业市场准入的店名设计

案例

餐饮企业店名设计面面观

餐饮企业店名设计是指在企业筹建和注册登记时为企业取一个合适的名称，以便成功进入市场，便于顾客和社会各界识别。孔夫子说：名不正，则言不顺。没有一个好的名称，企业将难以树立自身形象，打造良好的市场声誉。纵观当今餐饮企业的店名，真可谓五花八门。北京的"全聚德"、"东来顺"、"天福居"、"仿膳饭庄"等企业，是老字号店名，本身就是几十年、上百年企业品牌形象的凝聚；"重庆火锅城"、"山城大酒楼"、"皇城老店"、"燕山饭庄"等企业，则是以城市或地域取名，给人以气派广阔的印象；而"雅士阁"、"名人居"、"名士轩"、"聚福轩"、"贵宾楼"、"鸿宾楼"等企业的店名，又给人以典雅、舒适、名人雅士饮膳聚会场所的印象；至于"小土豆"、"大自然"、"天外天"、"齐天楼"、"顺峰酒楼"、"巴国布依"等企业的店名，则大多是改革开放后，顺应餐饮企业迅速发展而逐步打入市场，成为有相当影响力的餐饮企业或集团企业。此外，还有稻香村、翠亭阁、杏花村、竹园轩、桃园馆、情人阁、怡春苑、乡土情、热带雨林、农家小院等，各式各样的店名。从中我们可以看出，餐饮企业的店名设计是十分复杂、多种多样的，很难有一个统一的标准。但对餐饮企业市场准入来说，它又是十分重要的，需要引起企业管理人员的重视。

点评

店名设计是餐饮企业市场准入首先要解决的一个重要问题,也是企业进入市场的前提和重要条件。由于餐饮行业规模庞大,营业网点众多,因此简单易记、便于宣传又符合企业经营特色的好店名大多已名花有主。如前面案例中所列的部分店名,大多是很不错的。如何做好店名设计,需要考虑多种因素,关键在于企业管理人员的思维方式和创意能力。为此,本节介绍餐饮企业市场准入的店名设计要领,与大家共同探讨。

一、餐饮企业市场准入的店名设计原则

店名是企业的名称,是社会各界人士和顾客识别餐饮企业,使之与其他同类企业区别开来的标志;也是企业注册登记,使之具有法人地位,有利于树立市场形象和声誉的标记。餐饮企业市场准入的店名设计,要遵循以下四个原则:

(一)设计与注册登记及时的原则

餐饮企业市场准入的店名设计和注册登记一般应在企业规划建设的设计完成后,在筹建或租赁改造期间就完成。这样可以在企业建设或租赁改造期间就利用大型广告牌或横幅广告布在高处或周围打出餐厅酒楼的名称,设计建设和改造的效果图,使来往路过的社会各界人士都能看得见,知道不久就会开业的餐厅的名称和地址,有利于提前介入市场,扩大宣传效果和企业知名度。这对餐饮企业成功进入市场、广泛吸引客源是十分有利的。

(二)易听、易记和朗朗上口的原则

餐饮企业的店名要常常供顾客、客户、供应商、合作伙伴等使用。只有易听、易记,读起来朗朗上口,才容易在餐饮市场,特别是目标市场中广为传播;企业开展公关活动、组织宣传促销时才容易让广大顾客和客户记住,有利于广泛吸引、留住顾客,增加回头客,从而不断提高企业的知名度。要做到易听、易记和朗朗上口,店名设计就要特别注意文字选择以字数少、通俗易懂、发音清晰好听为宜,店名中具有商标性质的字数以2—4个为宜,一般不应超过5个字。文字要大众化,采用标准汉字,不用怪字、难字,少用偏字。例如,选用“居”字取名,同合居、沙锅居、文士居等都是易听、易记、朗朗上口的店

名;选用"楼"字取名,宴宾楼、鸿宾楼、大观楼、楼外楼等也是符合上述原则的好店名。

(三)易写、易看和美观优雅的原则

店名是要写出来挂在企业门前、大厅供人观看的,也会在宣传资料、促销小册子、广告宣传、企业内部文件中经常使用。只有做到易写、易看和美观优雅,才能引起他人重视,留下深刻印象。为此,餐饮企业的店名设计要尽量做到字数少、笔画少,字体结构简单又具有文雅色彩,体现餐饮市场发展趋势。

(四)体现企业环境特色、富于联想的原则

餐饮企业的店名总是与装修环境、接待对象、经营特色等有关,是为顾客提供美食服务的。如"雅士阁",一听店名就会想到是一家装修雅致、以文人绅士为对象的高中档餐厅;"大观楼"、"农家乐"、"热带雨林"等餐厅,从店名即可联想到餐厅的装修主题和经营特色;"全素斋"的店名则会想到是以素食产品为主;至于"天外天"、"楼外楼"、"杏花村"、"怡春苑"等店名,则主要是以好听、富有某种特色为主了。总之,体现环境特色、富于联想的店名很多,大多要根据企业的实际情况来设计,使店名成为餐饮企业招揽顾客的良好标志。

二、餐饮企业市场准入的店名设计方法

企业店名一般由三个部分组成:一是属地或地域,即企业所属的地区或覆盖范围,如北京、上海、广州等。二是名称,即企业字号。它是店名的本质和有别于其他同类企业的核心,也是企业的商标。所谓店名设计,就是指选用哪几个字词及其含义来确定这一名称,如"广和楼"、"宜兴居"、"长城"、"东海"、"稻香村"等。三是企业性质或业务内容。这部分的文字和含义大多是相同的,如酒楼、饭庄、餐厅等。以"北京天外天餐饮有限责任公司"为例,北京是企业的属地,天外天是企业的名称或字号,餐饮有限责任公司是企业的性质和业务内容。餐饮企业因为大多以本地市场为主,店名中的属地或地域有的并不在企业名称中标出,但在工商注册中则是不可缺少的。

餐饮企业的店名设计一般应在企业筹备中完成,同时做好工商注册工作,形成自己的商标或字号,便于对外使用。其设计方法多种多样,主要是店名中的商标或字号设计,其基本方法可大致概括为以下几种:

(一)城市风味法和地域风情法

城市风味法是指将饮食风味比较突出,有一定特色的城市作为酒楼饭庄等餐饮企业的店名,如上海大酒楼、重庆火锅城、大连海鲜城、广州渔家乐等。

采用城市风味法既可以是餐饮企业属地的城市或城市别名，如北京大饭庄、燕京大酒楼；也可以是餐饮企业属地以外的城市或城市别名，如北京地区的成都大酒楼、广州海鲜楼、杭州美食城等。一般以企业属地以外的城市或城市别名为主，主要适用于大中型与高中档餐饮企业。采用这种店名设计方法的企业名称大多简单、易听、易记、易写，便于宣传促销。

地域风情法是指以餐饮风味比较突出的地区、地域范围作为餐饮企业的店名，多以乡情为主要特色，既能反映企业的经营风味，又有一定的人情味。如蜀乡餐厅、川府大酒楼、鄂湘情饭庄、辣妹子酒楼等。地域风情法的餐厅名称很多，一般以餐饮企业属地以外的地域风情移植为主，其店名效果更好。

（二）名山大川法和亭台楼阁法

名山大川法是指以名山大川、江河湖海的名称作为餐饮企业的店名。这种方法设计出的店名大多响亮、气派，容易让社会各界记住，便于宣传推广。例如，黄海大酒楼、泰山情饭庄、南海渔港、峨眉山庄、太湖渔港等。采用这种方法为企业取名，企业的经营风味应与名山大川、江河湖海所在地域的饮食风味保持一致，不可张冠李戴。

亭台楼阁法是一种传统的商业企业的商标、字号取名方法，多将楼、阁、台、堂、斋、居等字贯入企业店名中，大多注重雅致、情趣。例如，用“楼”字取名，有迎宾楼、鸿宾楼、燕春楼、聚贤楼等；用“阁”字取名，有名士阁、聚雅阁、雅士阁等；用“台”字取名，有鱼花台、雨花台、聚贤台等；用“堂”字取名，有聚英堂、辟英堂、贤士堂等；用“斋”字取名，有全素斋、聚雅斋、名人斋等；用“居”字取名，有美膳居、同合居、名人居等。总之，亭台楼阁法的具体店名设计方法多种多样，大多以迎合文人雅士的情趣为主。其店名大多比较文雅，富有浓厚的文化色彩，是一种较好的店名设计方法，大多适用于高中档餐厅酒楼。

（三）诗词歌赋法和名人事件法

诗词歌赋法是借古典诗词歌赋和名著名篇中的地名、景观、词句等作为餐饮企业的店名，因为古典名著如《红楼梦》、《三国演义》、《水浒传》和《诗经》、唐诗宋词等作品中，有大量的情景描写和典故。不少餐饮企业都借用其中的景观名称作为店名，如稻香村、桃园馆、杏花村、大观园、怡春苑、雁翎春、满堂红、翠亨亨等。再贯之以企业属地和性质，就是完整的餐饮企业的店名，如杭州稻香村餐饮有限责任公司、北京大观园大酒楼、青岛翠亨亨大酒楼等，都可成为很好的店名。采用这种方法设计出来的店名不仅好听、好记、文学色彩强，也易于让人联想，便于宣传推广，所以被餐饮企业广泛采用。很多餐饮企业也用这种方法来为企业内部的不同餐厅、包间设计名称，具有很好的效果。

名人事件法是以历史名人的名字、字号、饮食爱好或与名人有关的事项作为餐饮企业店名设计的依据，并将餐饮企业的经营风味和名人事件结合起来，设计出企业名称，如东坡大酒楼、太白大酒楼、成吉思汗餐饮有限责任公司、毛家菜馆等。

（四）人造景观法和口味特色法

人造景观法是将餐饮企业的装修改造所形成的餐厅环境和店名设计结合起来，突出餐厅的环境特色，以此来设计企业店名，如热带雨林餐厅、农家小院餐厅、海南风情大酒楼、江浙水乡饭庄、蒙古草原大酒楼等。采用人造景观法设计店名一般以典型景观创造为主，具体店名多种多样，如竹园餐厅、菊园饭庄、海底餐厅等，范围和意境十分广泛。

口味特色法是以餐饮企业经营风味为基础，用简短的几个字词突出企业口味特色，以此来作为企业店名，如一品香餐厅、翠满香酒楼、满堂春餐饮有公司等。采用口味特色法设计店名，可以选用的字词字数很少。要想突出产品特色，只能是象征性的，而字词的选用又大多以香、翠、绿、滑等字为主，有一定局限性，因而，采用这种方法设计店名的企业相对少一些。

（五）老号新店法和业主厨师法

老号新店法是指老字号的传统风味发展成餐饮企业集团或发展新店，新老企业的名称都使用老字号名称，加上企业地址形成店名。例如，全聚德烤鸭店就有前门全聚德、和平门全聚德、王府井全聚德等众多的分店，北京东来顺、沙锅居等餐饮企业，都是传统风味的老字号，它们到全国各地开分店仍使用老字号作店名。类似地，上海、广州、重庆、成都、天津等各大中城市的老字号餐厅，不少已发展成企业集团，集团在各地发展的新店都用同一字号作为店名。这种取名方法虽比较简单，但因老字号风味名声大、声誉高，其店名十分有利于企业经营活动的开展。

业主厨师法是指一些餐饮企业在市场准入中，直接利用业主或厨师的名字或在当地餐饮界有一定影响的传说人物、姓氏作为餐饮企业的庄名，如阿静大酒楼、李老爹饭庄、谭鱼头火锅店、徐大娘水饺餐厅等。采用这种店名设计法，餐饮企业的店名可能在当地有一定影响，但主要靠餐厅开业后的经营特色和产品质量取胜。特别是店名移植到别的地方开设新店后，更是如此。

（六）创业培植法和联想创意法

创业培植法是指一些决心从事餐饮行业的投资人，在市场准入中选用一个合适的名称，大力培植，形成优良市场声誉，发展成集团，集团在各地的分店都用统一的店名。改革开放后,不少新的餐饮企业或集团企业都采用了这种方法,如从东北起家的大自然、小土豆等餐饮企业,从广东地区发展起来的顺峰酒楼、烧鸡仔大酒楼等。这种类型的餐饮企业很多,在全国各地都有。

联想创意法是指餐饮企业开业时,运用联想创意选择一个容易联想的店名,成功进入市场,如天外天、楼外楼、山外山、齐天楼、太空餐厅等。其店名五花八门、千奇百怪,但大多好听、好记、容易联想,而且与企业的经营风味多无必然的联系。

此外,还有外国风味的餐饮企业店名设计和少数民族的餐饮企业店名设计,多与国家、地名、风味、民族相联系,如日本料理餐厅、韩国餐厅、巴西烤肉店、泰国酒楼等。具体店名设计方法多种多样,这里不再一一列举。

三、餐饮企业市场准入店名设计的注意事项

餐饮企业市场准入的店名设计方法十分复杂,很难有一个统一的标准。但在设计运用中,要注意以下三个问题:

(1) 同一地域范围内的店名不能重复。餐饮企业的店名要经过工商注册登记,是企业长期使用的名称。因此,在同一地域范围内的店名不能重复,也不能与同一地区的同类企业同名或谐音。否则,工商行政管理部门将不予批准。这也正是餐饮企业想要取一个既好听、好记、好写、气派,同时又易于开展市场营销和营业推广的好店名比较困难的原因所在,这需要引起新建企业管理人员的高度重视。

(2) 要将店名作为市场准入和营业推广的重要手段。店名设计是为企业营业服务的,也是市场营销的招牌。因此,店名一经工商注册,就应在筹建或租赁改造过程中制成大中型广告牌或彩色广告布,在企业显眼的地方打出来,让来往路过的各界人士都能看得见。企业建成后,店名随门脸装修一起亮相,经过精心设计和亮化处理,成为餐饮企业营业推广的重要手段,以广泛吸引顾客,提高餐位利用率。

(3) 店名设计登记完成后不要轻易更名。店名是企业的招牌,必须长期反复宣传,并和开业后的餐厅环境、名点名菜一起印成宣传资料,使之在目标市场的客源中留下深刻印象,成为企业市场营销的重要手段,以不断提高企业的知名度和美誉度。因此,不要轻易更名,一般更名将使过去的宣传毫无价值,必然增加营销费用,影响客源市场。

第二节　餐饮企业市场准入的形象设计

案例

一家四星级大酒楼总经理谈企业形象建设

在一次餐饮行业企业形象与市场营销高层论坛上，北海大酒楼总经理在论坛经验交流座谈会上，结合企业实际，谈了企业形象设计与建设的体会。

北海大酒楼是一家有380个餐位、8间包房的四星级高档餐馆。酒楼原是某政府机构的“三产”，开业至今已经三年。原先采用事业单位的管理方法，三年中换过两位总经理。虽然主管部门投入了大量资金，但企业形象和声誉每况愈下，经济效益越来越差。八个月前，随着体制改革的深入，上级主管部门决定将酒楼在经济上与上级政府机构脱钩，实行独立核算、自负盈亏。刘德厚总经理是经过竞争上岗、择优录用前来任职的。以下是他的发言。

企业形象是餐饮企业开展市场营销的重要条件，它既是企业的无形资产（搞好了，可以长期发挥作用），又是一项实实在在的工作，需要长期维护和建设。长期以来，我们北海大酒楼由于对企业形象重视不够，影响了企业客源和效益。今年年初以来，我们逐步认识到这项工作的重要性，结合酒楼实际，重点做了两个方面的工作：

（一）确定企业形象目标

形象是企业的环境、设备、产品、服务、价格等给顾客留下的感受和印象，它形成企业的市场声誉，影响顾客、客户、供应商对企业的态度。我们为什么要搞好企业的形象建设呢？无外乎是为了吸引更多的顾客，达成企业的目标。所以，搞好形象建设，首先要确定企业的形象目标。我们北海大酒楼是一家四星级标准的高档餐馆，地理位置较好，地处市区高档写字楼群的交通要道，以经营海鲜、各种炒菜为主。为此，我们结合酒楼实际，确立了三个形象建设目标。一是在经营理念和方向上，提出了两句口号，要把北海大酒楼办成“公司白领美食天地，商务聚会静雅轩堂”。二是在行为模式上，提出了“优质、温馨、诚信、周详、交友”的十字方针。三是在视觉形象上，提出了“统一标志、统一着装、统一对外宣传”的主导思路。

（二）再建企业形象工程

北海大酒楼开业已三年。过去也做过一些企业形象建设，但不系统、不规范。为此，我们针对上述形象目标，着手从三个方面开展再建企业形象工程，其主要工作内容是：第一，以绿色环境、绿色食品为中心，投资×××万元，改造企业环境。首先，改造企业门脸，重新设计了以绿色为主，美观、大方、气派的门楼，将“公司白领美食天地，商务聚会静雅轩堂”的大幅广告牌经过亮化处理，高高地悬挂在酒楼门前，并重新设计了统一的标志、标牌。其次，边营业边改造，将餐厅内部环境改造成以花草树木为主的内部绿色环境。餐桌座椅散落其间，体现了温馨、静雅特色。第二，以绿色消费为重点，重新设计了菜单。海鲜以鲜为主，体现绿色消费；热菜以绿色食品为主，控制进货和质量检验；菜点针对公司商务顾客和白领阶层，将点菜、套餐、公司包房用餐结合起来，形成三个系列的营养配餐。价格则控制在同等星级的中档水平。结果，餐厅改造刚完成，上座率就提高了25%—28%。第三，重新统一设计员工服装，按员工岗位、工种不同，采用不同颜色，与餐厅绿色装修风格协调配合，以民族服装为主。第四，按“优质、温馨、诚信、周详、交友”的十字方针要求，重新修改了员工守则、餐厅服务工作程序和质量标准，制定和调整了检查措施。结果大受顾客欢迎，回头客大量增加，酒楼三个餐厅都建立了客户档案。预计，忠诚客户很快将达到35%，回头客将达到50%。第五，统一对外宣传形象。酒楼改造后的企业标志、标牌、名片、信封、信纸、公文票据等都按统一的标准，进行了重新设计、印制使用；对外广告、宣传资料等也按统一设计、统一对外的要求办理，产生了很好的效果。经过八个月的企业形象再建设，北海大酒楼已经尝到了甜头，企业平均毛利率已连续三个月超过55%，经济效益比以前提高12%。

点评

餐饮企业的形象建设是一项系统工程，它以企业理念为核心，以员工行为为重点，以视觉形象为补充，最终是为企业市场营销和产品销售服务的。北海大酒楼刘总经理在行业高层论坛上的经验之谈，给了我们很好的启示。事实上，餐饮企业的形象建设是一个长期的过程，而在企业筹建过程中就重视企业形象设计和建设，形成先入为主的形象优势，常常能收到事半功倍的效果，这也是很多企业的投资人容易忽视的。本节将对此进行探讨，希望引起餐饮行业，特别是新建或租赁经营的餐饮企业的广泛重视。

一、餐饮企业市场准入形象设计的重要作用

企业形象是企业及其产品和服务给社会公众和目标市场的客户和顾客形成的感受和印象。形象设计和形象管理是企业市场竞争的必然结果。餐饮企业市场准入的形象设计就是在企业筹建过程中，通过设想、规划、建设，创造出经营理念清晰、市场目标明确、视觉形象和行为规范统一的良好形象，以成功打入市场的一种创建活动。在我国餐饮企业已经进入比较完全和充分竞争的条件下，这种企业形象设计具有十分重要的作用。

（一）它是打造先入为主的企业市场形象的重要条件

餐饮企业市场准入的形象设计是在企业硬件设施基本形成、开始装修和改造时就着手进行的。这时，企业尚未开业，还处在筹建过程中。如果这时就根据拟建的企业规模、档次，根据可行性研究和规划设计的要求，将企业规划建设和形象设计结合起来，首先确定一个企业建成后的优良经营理念和企业整体形象，然后按照这一理念和形象的要求来设计、装修企业门脸和门前环境，设计、改造和装修企业内部的各个餐厅，安排设施设备、各种用品，并按照这一理念和形象的要求来搞好开业前的广告和对外宣传。那么，就必然能够为企业打造一个先入为主的良好的市场形象和声誉，使餐饮企业一开业就以一种统一、协调、美观的形象进入市场，赢得目标市场顾客的广泛欢迎。反之，如果在企业筹建过程中不注重形象设计，或不能按照事先确定的经营理念和整体形象要求来进行装修、改造，则必然造成企业形象混乱，难以形成统一、协调、美观、大方的整体形象。所以，形象设计是餐饮企业打造先入为主的市场形象的重要条件。

（二）它是创造先声夺人的企业良好声誉的客观要求

餐饮企业的良好声誉是由企业外观、门前环境、室内装修、餐厅消费环境、产品质量、服务质量等客观事物给人们留下的印象和感受形成的。这些客观事物都是企业形象的构成要素，它们大多都是在企业筹建过程中逐步形成的。如果在企业筹建过程中就注重企业形象设计，用统一的经营理念，用事先确定的形象要素，经过统一设计，形成方案和要求。然后，按照统一、协调、美观、大方的形象设计方案和要求来搞好企业的外观形象、门脸装修、门前环境、室内环境装修和美化，并按统一的形象设计要求来做好对外宣传，搞

好产品生产和服务质量。那么,就必然能为餐饮企业的市场准入创造先声夺人的良好声誉,使企业一开业就以优良形象和声誉赢得市场竞争的主动权,为企业的发展打下良好的基础。反之,在企业筹建过程中如果不注重企业统一、协调的整体形象设计,必然造成筹建工作打乱仗,既增加了建筑改造投资,又难以形成优良形象和先声夺人的市场声誉。

(三) 它是企业成功进入市场、求得长期健康发展的重要条件

新建或租赁经营的餐饮企业,其筹建过程本质上就是创造企业形象和声誉、打造企业硬件设施的过程。因为企业外观造型、门脸装修、门前环境、室内装修、餐厅美化、设施用品配备等,都是企业形象的构成要素,企业在筹建过程中,重视和搞好了形象设计,就能够按照统一、协调的整体形象设计的要求来完成上述各种构成要素的建造、装修、美化,不仅可以创造先入为主、先声夺人的优良形象和声誉,而且也为餐饮企业开业后的长期健康发展创造了良好的前提和基础。所以,餐饮企业市场准入的形象设计是企业成功进入市场、求得长期健康发展的重要条件。

二、餐饮企业市场准入形象设计的内容和方法

形象设计(CIS)是英文 Corporate Identity System 的缩写,它包括企业视觉形象设计、经营理念设计和企业行为设计三个方面。它们的相互关系是:经营理念是基础和指导,视觉形象是外在表现,行为设计则是形象的塑造与维护。三者共同构成企业的形象识别系统,形成企业精神,为企业业务经营服务。在餐饮企业市场准入管理中,其形象设计是分阶段完成的。形象设计的内容和方法可简单概括如下:

(一) 筹建过程中的企业外观和室内装修形象设计

企业外观和室内装修是餐饮企业形象的物质载体,是企业形象设计最重要的内容之一。如果一家酒楼、饭庄的房屋造型、门脸装修、门前环境本身就乱七八糟、毫无特色,再加上室内的装修质量差,布局混乱,桌椅、台面破旧,毫无美观可言,又怎么可能形成良好的企业形象呢?所以,餐饮企业市场准入的形象设计,首先要做好筹建过程中的企业外观和室内装修的形象设计。

餐饮企业的外观造型和室内装修的形象设计是在企业筹建过程中完成的。其中,新建企业是根据其建筑设计方案和室内装修方案来建设的,租赁经营的企业是根据餐厅装修改造方案来完成的。从餐饮企业形象设计的角度来考察,做好企业外观和室内装修的形象设计,其方法重点要注意三个方面:一是要将企业形象设计理念引入餐饮企业新建或装修改造施工中,一开

始就从整体观念出发,将企业的外观造型、门脸设计和装修、门前环境美化和亮化宣传处理、室内装修、环境设计和美化等都纳入企业形象设计和建设之中,以保证企业的整体形象设计一开始就做到美观、大方、协调,与拟建的企业等级规格、星级高低、经营风味和目标市场的顾客要求互相适应、互相协调。二是在企业建筑或装修改造施工前,要根据企业整体形象设计的要求,认真做好企业外观设计、门脸和门前环境美化与亮化设计、室内装修改造设计等每一个方案的严格审查,特别是设计图纸的审查,一定要有施工设计效果图,以保证每一项工程的施工效果都符合企业整体形象设计的要求,防止最终效果互不协调、互相抵触,影响企业的整体形象。三是要根据企业整体形象设计要求,认真做好每一个施工方案的工程质量验收工作,要严格验收企业的外观造型、门脸装修、门前环境美化和亮化处理效果,严格验收室内装修,特别是餐厅环境美化、室内布局、地面、墙面、天花、人造景观的装修效果等。凡是装修改造效果,包括整体布局、工艺质量、花草布置、室内气氛不符合企业形象设计要求的地方,都应返工修理,以保证餐饮企业一开业就能以协调、美观、大方的优良整体形象成功进入市场。

(二) 筹备开业过程中的理念识别系统设计

在餐饮企业市场准入管理中,企业规划建设和装修改造即将或基本完成时,其筹备工作重点就将转入开业准备。从企业形象设计的角度来考察,这时,认真做好理念识别(MI)系统设计就是餐饮企业市场准入的形象设计的重要内容,也是企业整个形象设计的核心和基础。

经营理念是指企业开展经营活动的意识、理想和观念,即企业的指导思想。餐饮企业筹建工作完成后,企业的外观形象和室内环境形象已经形成。这时,要想成功打入市场,使企业一开始就能以崭新的视觉形象和精神面貌赢得市场,就必须明确确立自己的指导思想、经营理念。它又以经营宗旨、经营目标、经营方针等形式表现出来,形成企业的理念识别系统。所以,做好理念识别系统设计是餐饮企业市场准入形象设计的重要内容。从理论上讲,餐饮企业理念识别系统的内容很多,包括企业使命、经营哲学、企业精神、战略方针等,每一个方面都能讲出一大堆的理论观点和具体内容。但从开业时市场准入的实际需要来看,其理念识别系统的内容设计方法重点是要抓住以下三个方面:

第一,提出一个明确的经营方针。经营方针是企业经营理念、意识和思想的集中体现。它常常用比较简洁的语言将企业的经营宗旨、经营目标、思想意识集中反映出来,为企业员工指明方向,也让社会各界和目标市场的顾客便于了解，由此树立企业形象。餐饮企业开业前的经营方针的制定要根据企业的星级高低、餐厅规格、经营风味、目标市场的顾客需求等多种因素来确定。如一家五星级豪华酒楼，以公司商务顾客和政府机构为接待对象，其经营方针可以概括为“绿色环境，营养配餐，温馨典雅，气氛宜人，成功人士的美食天地”。再如一家以工薪阶层为接待对象的家常菜餐厅，其经营方针可以概括为“价廉味正，方便卫生，工薪阶层的美食欢乐宫”。餐饮企业的等级规格、接待对象、产品风味等具体情况不同，经营方针的具体内容也不一样，需要根据各企业的实际情况确定。

第二，拟订几句简单的标语口号。标语口号是企业经营理念对外宣传的重要手段，经营理念只有做好对内、对外宣传，才能发挥作用。对内宣传可以让员工充分了解，便于员工贯彻落实；对外宣传有利于扩大企业声誉、树立企业形象，有利于吸引顾客，提高餐厅上座率。标语口号要言简意赅，容易理解和记忆，能够反映企业经营理念的核心内容。餐饮企业经营理念的内容不同，标语口号的核心内容也不一样。以下是不同企业的标语口号：

针对不同消费群体的餐饮企业——“老板美食俱乐部，绿色营养保健康”、“白领美食新天地，商务聚会静雅堂”、“消闲美食好去处，温馨宜人名士阁”、“引领美食新潮流，吃出营养与健康”、“工薪阶层的欢乐宫，家庭聚会的宜人堂”等。

采用不同装修风格的餐饮企业——“江南水乡美如画，苏杭美食笑迎客”、“雨打芭蕉声声脆，生猛海鲜碗碗香”、“农家小院情谊深，乡村美食更宜人”、“热带雨林看不尽，南国美食齿留香”、“海底世界风情万种，海鲜美食尽在其中”、“草原风光无限，肥羊美食更鲜”等。

配合餐饮企业理念识别的标语口号设计十分复杂，关键在于如何做到既简单、明确，又能反映企业经营理念的核心内容。同时，还要朗朗上口、好听、好记。这里我们只举了一些例子，仅供读者参考。

第三，认真做好经营理念的内外宣传。餐饮企业经营理念的设计内容很多，除上述经营方针、标语口号外，还包括企业经营战略、价值观念、团队精神等。这些内容都应在企业内外采用各种形式进行宣传推广。其中，内部宣传主要是通过会议讲解、文字材料学习，让全体员工理解企业经营宗旨、经营方针，团结一致，将企业经营理念转化为员工的实际行动，做好本职工作。外部宣传则以宣传资料、标语口号为主，让顾客和社会各界了解，以扩大企业市场声誉，树立市场形象，广泛吸引顾客。

（三）正式开业前的企业行为和视觉识别系统设计

餐饮企业市场准入的形象设计是一项系统工程。理念识别系统设计是行为识别（BI）和视觉识别（VI）系统设计的核心基础，它们共同构成一个企业形象设计的系统工程。其行为和视觉识别系统设计的内容和方法是：

第一，企业行为识别系统设计。餐饮企业的行为识别是一种动态的识别形态，称为"行为活动统一化"。其具体内容很多，从餐饮企业开业准备、保证成功进入市场的角度来看，其具体内容主要包括四个方面：一是在企业经营理念和经营方针的指导下，研究制定企业的规章制度和员工守则，以规范企业和员工的行为，树立企业形象。具体制度很多，包括企业章程，领导管理制度，采购、验收、财产、核算等经济管理制度，各级各部门的规章制度和员工守则等。（我们将在第九章第二节中单独说明。）二是根据企业组织结构设计和岗位设置，按照企业理念和经营方针的要求，研究制定各级、各部门、各岗位的职责范围和工作程序，以便将企业理念和经营方针落实到员工的实际行动中去，形成行为规范。三是企业质量标准、操作规范和程序设计。包括原料采购、库房生产、餐厅服务等各项程序和标准，以规范员工的客户服务行为。四是企业员工通用的日常行为规范设计。包括服务态度、礼节礼貌、服务语言、职业道德、劳动纪律、个人卫生、投诉处理等。这些员工行为的要求一般通过员工守则做出规定，并由各部门对员工行为表现进行检查，纠正偏差。由此，形成员工行为规范，创造优质服务，并以此形成企业行为识别系统，通过顾客感受和印象来创造企业的形象和声誉。由于这方面的内容十分广泛和复杂，所以我们将在本套丛书各分册中结合职业经理业务管理的内容来说明，在这里不单独详细介绍。

第二，企业视觉识别系统设计。餐饮企业开业前的视觉识别系统设计的内容也是多种多样的。其具体内容和方法重点是做好四个方面的工作：一是企业标志标牌设计。其中，企业名称即店名的标牌设计要美观。用在门前和门楼前的标牌要大方、气派，并经过亮化处理，便于宣传推广；用于员工制服上的名牌店名要小巧、美观，字迹和号码要清楚。企业店徽的设计要与企业特点结合，含义深刻，造型和图案美观、简洁，切忌复杂难辨。例如，奔驰汽车的标志可以说是汽车行业中最简洁而又意义深刻的。餐饮企业可以仿照这种思维方式去设计。此外，企业旗帜、企业名片等的设计要和企业标牌的字体统一、协调，以给市场留下良好印象。二是企业办公用品的形象设计，包括企业的信封、信纸、公函、文件袋、礼品袋、订货单、合同文本、收据、发票等，要经过统一设计，将餐饮企业的名称、标志等印在固定的地方，以让社会各界、供应商等反复接触到企业名称。这有利于扩大企业知名度,树立企业形象。三是企业客用物品和宣传广告用品的形象设计。包括餐厅台布、口布、桌号牌、筷子套、菜单、酒水单、火柴盒、路标牌、食品打包袋、宣传小册子、广告牌、霓虹灯、外箱灯等,都应该按照企业整体形象设计的要求,用标准字体、标准颜色统一制作。有条件的豪华型餐饮企业还可以将企业店名和店徽烧制在餐盘、餐碗等餐茶用具上面,让顾客随时感受到自己在哪家酒楼饭庄用餐,从而不断强化企业形象和声誉。四是企业服装、服饰设计。要根据企业整体形象设计要求,按不同工种、不同岗位统一设计员工外套、衬衣、裙子,保证各岗服装统一、协调、美观、大方,与餐厅性质、经营风味相适应,体现员工精神面貌,给顾客留下深刻印象。

三、餐饮企业市场准入形象设计基本原则

餐饮企业市场准入形象设计的特点是:设计工作内容广泛,设计项目复杂众多;工作内容与开业筹备的各项准备工作交织在一起,时间紧迫,工作分散。为此,在餐饮企业市场准入中,做好企业形象设计必须遵循以下几项基本原则:

(一)战略性和系统性相结合的原则

在餐饮企业市场准入中,其形象设计是为企业战略服务的。形象设计的三个方面内容,即理念识别、行为识别、视觉识别。之所以又叫 CIS 战略,就是因为它们都具有明确的战略性。为此,做好餐饮企业形象设计,必须坚持战略性原则。坚持这一原则的基本要求是:第一,要站在战略高度,从长远利益和眼光出发,制定餐饮企业的经营宗旨、经营理念、经营目标、价值观念、标语口号,使企业的经营理念能够长期发挥作用,切忌心血来潮、马虎从事,造成经营理念、经营方针经常变动,朝令夕改,引起企业开业后的思想混乱。第二,要站在战略高度来设计和制定企业的根本制度、质量标准、工作程序等行为识别系统,事先考虑周全。特别是企业章程、员工手则、质量标准、操作程序等规范企业和员工行为的一些重要制度,一经制定,要保持相对稳定性,切忌随意变动。第三,要站在战略高度来设计企业的视觉形象系统,包括餐饮企业的外观形象、室内装修形象、标志标牌、标准颜色、标准字体、标语口号、服装服饰等,使企业的视觉形象具有稳定性、统一性。

在餐饮企业市场准入中,其形象设计的三大内容是互相依存、互为条件的。因此,做好市场准入的形象设计,还必须坚持系统性原则。坚持这一原则的基本要求是:第一,要从系统和整体观念出发来做好餐饮企业的形象设

计工作，坚持以理念识别设计为指导和基础，通过行为识别设计来塑造企业形象，为理念识别的贯彻、落实服务，保证企业和员工行为符合企业经营理念的要求，以规范企业和员工行为；要用视觉形象设计来强化和宣传企业的形象和声誉，提高企业知名度和美誉度，为企业经营活动服务。第二，要从系统观念、全局观念出发来做好企业整体形象中每一个子系统的形象设计工作。餐饮企业的理念识别、行为识别和视觉形象等三个方面的内容，每一个都是企业整体形象的子系统，它们共同构成一个整体形象系统。因此，要做好企业形象设计，就必须在系统和全局观念的指导下，分别将理念、行为和视觉识别作为一个子系统来设计、安排，使每一个系统的形象设计的具体内容都能互相联系、互相支持，在效用发挥上又互相补充，共同为企业整体形象塑造服务。第三，要从系统观念出发，注重企业形象设计的统一、协调，防止互相冲突、抵触。例如，理念识别中的企业经营宗旨、企业哲学、企业精神的文学表达要保持协调一致；行为识别中的企业规章制度不能互相冲突；视觉识别中的标准颜色、标准字体要统一协调，不要乱用。只有这样，才能充分发挥餐饮企业整体形象的作用。

(二) 创新性和个性化相结合的原则

创新是企业发展的希望所在。只有创新，企业才有生命力。美国设计界有一条原则：不允许模仿他人的设计，要不断创新。所以，在餐饮企业市场准入中，其形象设计必须坚持创新性原则。坚持这一原则的基本要求是：第一，要充分发挥主观能动性，善于从新的角度、新的视觉，构思企业的整体形象。如企业的理念设计所提出来的经营思想、经营方针要站得高、看得远，能够引导企业发展方向；企业的标语、口号设计要新颖、准确、好记，能打动人心，令人过目不忘。例如，前面提到的粤菜餐厅宣传口号“雨打芭蕉声声脆，生猛海鲜碗碗香”、蒙古餐厅的宣传口号“草原风光无限，肥羊美食更鲜”等就有比较新鲜的感觉。第二，要将企业的宗旨、风味和服务结合起来，赋予其深刻、鲜明的含义。例如，前面提到的“老板美食俱乐部，绿色营养保健康”，就将企业的接待对象、经营理念、营养特色较好地结合了起来，具有一定新意。再如常州打火机厂的形象设计，用一句“送给你的是友谊，打出来的是希望”作为宣传口号，给人耳目一新的感觉，非常值得我们借鉴。第三，要避免模仿别人的企业形象设计，落入俗套，如用“宾客至上，服务第一”、“主动、热情、耐心”、“顾客是上帝”等之类的词句。相反，应结合企业的实际来设计，如一家店名为“聚雅亭”而又强调感情化服务的餐厅，其服务理念设计选用了“感情、亲情与温情尽在聚雅亭”作为宣传口号，就有较强的创新性。

在餐饮企业形象设计中,创新性和个性化是相辅相成的。只有突出个性化,才能创新;只有坚持创新,才能反映个性特色。如果千篇一律,不能从自身的特色出发,也就没有个性化,当然也就无法创新。所以,在餐饮企业市场准入中,其形象设计必须坚持个性化原则。坚持这一原则的基本要求是:第一,要从本企业的经营战略出发,突出理念识别设计的个性特征,充分反映本企业的战略方向、经营宗旨、经营理念。第二,要根据本企业的理念要求,突出行为识别的整体性、一致性,形成企业的行为特征。第三,要根据企业理念和宗旨,突出视觉形象设计的个性特点,使企业外观形象、室内环境、店名商标和标准颜色、标准字体等既强化企业理念,又与其他同类企业区别开来,从而形成本企业的整体形象和鲜明个性。这方面的具体情况十分复杂。每家餐饮企业的等级规格、经营风味、装修环境、接待对象、经营宗旨、服务理念不同,其个性特征也不一样,需要企业管理人员从本企业的实际出发,突出其形象设计的个性特色。

(三)可操作性和可传播性相结合的原则

餐饮企业的形象设计是为企业经营战略和业务活动服务的。无论是理念识别、行为识别或视觉识别设计,都必须实用可行,而不是纯理论研究。所以,必须坚持可操作性原则。坚持这一原则的基本要求是:第一,理念识别设计必须转化为企业的经营宗旨、经营方针,投入实际运用,对企业的业务经营具有指导作用,能够指明企业方向,鼓舞员工士气,激发员工活力。第二,行为识别设计能够在经营理念的指导下,通过规章制度、员工守则、工作程序、质量标准和督导检查制度等来规范企业和员工行为,成为餐饮企业和员工开展各项业务活动的行动准则,便于实际运用。第三,视觉识别设计要坚持协调、统一,将企业的标志、标牌、标准字体、标准颜色等形成统一的视觉形象,使之具有可操作性。

餐饮企业形象设计的根本目的是要通过企业和员工的实际行动来塑造企业形象,提高企业声誉,即企业知名度和美誉度。所以,它不是少数人的事情,而必须通过实际运用和沟通传播,才能达到目的。因此,必须坚持可传播性原则。坚持这一原则的基本要求是:第一,理念识别所形成的经营理念、经营方针、企业宗旨要简单明确、形象具体,所提出的标语口号要形象生动、朗朗上口,便于传播、宣传和员工理解,并转化为员工的实际行动。第二,行为识别所制定的规章制度、操作程序、质量标准要便于在企业员工中进行宣传、传播和贯彻落实,便于推广、检查。要切忌设计工作与实际运用和传播两张皮,说一套,做一套。第三,视觉设计要便于在社会公众和目标市场的顾客中广泛传播，让他们反复不断地接触到企业的名称、标牌，随时体验到企业形象。总之，餐饮企业的形象设计完成后，关键在于传播与运用。对内，要通过广泛传播，让全体员工充分了解形象设计的内容、目的，以及对员工的具体要求，保证员工用实际行动来塑造企业形象，提高企业声誉。对外，要通过广泛宣传与传播，通过员工的优质服务，通过企业的优良产品，使餐饮企业一开始就以优良形象和声誉赢得顾客，赢得社会各界的理解、支持、信任，从而形成广泛的知名度和美誉度，最终达到广泛吸引客源、获得良好经济效益的目的。

第三节　餐饮企业市场准入的营销策划

案例

聚香阁大酒楼进入市场后所面临的困境

聚香阁大酒楼是一家租赁经营的四星级餐馆。酒楼营业面积450多平方米，楼下设有一个较为宽敞的大餐厅，楼上设有8个包房，经营淮扬菜。酒楼经过六个多月的装修改造，于四月初以崭新的面貌正式营业。由于酒楼是由租用的一所大学的房产改造而成的，周围已有好几家餐厅，市场竞争比较激烈。为争取客源、打开市场，酒楼开业初采取了三项措施：一是开业前三天，半价销售。二是开业一个月以内，采用低价促销，然后逐步将价格调整到当地四星级餐馆水平，综合毛利率控制在56%左右。三是啤酒免费。结果，酒楼一开业，生意较好，餐厅上座率达到70%左右。但随着时间的推移，价格逐步调整，开业一个半月后，餐厅上座率逐步下降，从70%慢慢降到了50%左右，客源也发生了变化。开始学校师生较多，后来师生越来越少，而单位、白领和商务顾客增长缓慢，客源十分复杂。酒楼主要采取以门脸、位置和营业推广的方式来招揽顾客，没有设立专职的公关销售部门，顾客若有预订，可直接向经理室、餐厅或厨房打电话。由于当初按四星级标准装修改造，投资较大，原定1.5年左右的投资回收期眼看根本不可能，董事长兼总经理黄先生感到十分焦急。此外，客源层次和消费水平过于庞杂，导致厨房菜单老在变化。于是，黄先生开始考虑如何解决酒楼的市场营销问题。对此，你能对此做出原因分析，并提出解决办法吗？

点评

在餐饮行业迅速发展的条件下，市场是企业的希望所在，顾客是企业的衣食父母。餐饮企业必须在市场准入、开业筹备中研究、确定并打造好自己的市场营销体系，明确市场观念和营销意识。只有这样，才能成功打入市场，保持竞争优势。聚香阁大酒楼进入市场后之所以会面临困境，其原因是多方面的。其中，对企业营销体制重视不足，缺乏明确的营销观念和营销体系是一个重要原因。为此，本节将介绍餐饮企业市场准入管理中的营销体制及其相关措施，以确保企业成功进入市场，广泛赢得客源，并保持竞争优势。这对餐饮企业的市场准入来说，是十分重要的。

一、餐饮企业市场准入营销策划及其目的

（一）市场准入营销策划

市场准入的营销策划是指在餐饮企业规划建设和开业准备过程中，针对如何运用市场策略和手段来争取顾客、赢得市场、达成企业目标而进行的思维、创意和谋划等活动的总称。它是一种具有战略性质、目的明确、涉及范围广泛的创造性思维活动。正确把握这一概念，需要掌握以下两个要点：

（1）市场准入的营销策划不同于开业后的产品销售。营销策划是事先谋划、确定企业的营销理念、营销体制、营销策略，从而实现“以销定产”，保证企业的产品和服务能够满足市场顾客的消费需求。所以，它是一种具有前瞻性的创造性思维活动。而企业开业后的产品销售是在营销理念、营销体制和产品生产已经确定的条件下，设法采取措施将产品推销出去。前者的出发点是如何争取顾客，以销定产；后者的出发点是组织客源，以产定销。所以，餐饮企业市场准入的营销策划是一种全方位的经营哲学和营销理念，是事先对企业营销活动的通盘考虑；而市场销售则是企业经营过程中的推销活动。它们之间的相互关系为：营销策划是基础和前提，市场销售是手段和措施。然而，两者又是相辅相成的。

（2）市场准入的营销策划是一种具有前瞻性、战略性和全局性的创造性思维活动。从时间的角度来看，餐饮企业市场准入的营销策划是在企业规划建设和准备开业的过程中进行的，是为企业成功进入市场和开业后营销活动

的开展服务的，因而必然具有前瞻性。从工作内容来看，餐饮企业的营销策划必须包括企业市场营销理念、营销产品、营销体制、营销策略、相关制度等的策划。这些内容都是影响企业能否成功进入市场、能否长期健康发展的重要条件，因而必然具有战略性。从影响范围来看，餐饮企业的营销策划主要为市场开发、客源组织服务，它是企业各项经营活动的龙头，是业务活动的根本，抓住了龙头，就能带动全局。所以，它同时具有全局性，需要企业管理人员的创造性思维，也是一项具有前瞻性、战略性和全局性的创造性思维活动。

（二）市场准入营销策划的任务和目的

餐饮企业市场准入的营销策划是为开业后的市场营销和客源组织服务的。因此，其营销策划的主要任务是：

（1）做好市场营销的产品策划，以保证企业产品和价格水平能够满足目标市场顾客的消费需求。餐饮企业的产品类型、产品风味、产品结构、价格水平多种多样，任何一家餐饮企业都不可能面对所有市场。因此，只有通过市场营销的产品策划，将企业产品策略同企业等级规格、消费环境和主要目标市场的顾客需求、消费水平和支付能力结合起来，才能成功打入市场，保证经营成功。所以，做好市场营销的产品策划是企业营销策划的重要目的之一。

（2）做好市场营销的理念策划，以指导企业开业后的营销活动。餐饮企业的营销理念是企业开展营销活动的指导思想和基本原则，它包括市场细分理念、市场开发和服务理念、宣传推广理念、营销策略制定等。因此，只有通过企业营销策划，将这些理念确定下来，转化为企业的营销方针、营销策略，并加以贯彻落实，才能指导企业营销活动的正确开展。因此，做好企业营销理念策划也是餐饮企业营销策划的重要目的。

（3）做好市场营销的体制策划，保证企业正式开业后各项营销活动落到实处。现代餐饮企业的市场营销必须树立全员营销意识和整体营销意识，因而不是哪一个部门的少数人能够完成的。因此，餐饮企业营销体制的策划就要从全局和整体观念出发，既重视销售部门的机构设置、人员配备、工作目标和责任制度的落实，又要重视各部门的紧密配合。只有形成全员、立体、多方位的营销，才能收到良好效果。为此，就要通过市场营销策划来保证这种营销体制的具体落实和营销机制的正确形成与良好运行。因此，餐饮企业营销体制的策划也必然成为其市场准入营销策划的重要目的和任务。

（4）做好企业营销策略策划，保证企业开业后各项营销活动的顺利开展。营销策略是企业开展营销活动的手段、措施和方法。企业营销策略多种多样，除传统的产品、价格、渠道、促销等四种策略外，还有关系营销策略、服务营销策略、公关销售策略、品牌营销策略、主题营销策略。根据企业实际需要,选择和做好这些策略的策划、运用,也是餐饮企业营销策划的内容和目的之一。

二、餐饮企业市场准入营销策划的工作内容和方法

市场准入的营销策划是为企业成功打入市场、做好客源组织服务的。其工作内容和方法主要包括以下四点:

(一) 研究确定企业的市场营销定位

餐饮企业的市场营销定位是指在企业已经建成的条件下,选择什么类型的客源,经营什么风味的产品,采用何种价格水平和质量标准来开展业务经营活动。简单说来,就是"四定",即定客源、定产品、定价格、定质量。一家新建或租赁经营的餐厅酒楼,经过一段时间的规划建设或装修改造,在即将投入使用前,就应根据已经建成的企业规模、档次、星级标准和餐厅消费环境,做好市场定位。所谓定客源,就是要在市场调查的基础上,以区位市场和点位市场为主,确定企业的主要目标市场范围、客源层次、消费水平和支付能力。同时,预测出企业开业后应该达到的餐厅上座率、日均接待人次,从而将客源定位落到实处。所谓定产品,就是要以目标市场的客源层次和消费需求为依据,确定餐厅的产品风味、产品结构和花色品种。其中,重点是要在总经理领导下,由行政总厨或总厨师长会同各专业厨房研究制定出大众餐厅、雅座餐厅、宴会厅等不同的菜单,使各餐厅提供的产品能够适应目标市场顾客的消费需求,真正做到以销定产。所谓定价格,就是要根据菜单设计,分别确定各个餐厅、各类菜点的综合毛利率、分类毛利率,并在菜单测试、成本核算的基础上,分别制定出企业开业后的零点、套餐、宴会、团队等各类菜单的具体价格,确保企业价格水平与目标市场的顾客消费水平和支付能力相适应。所谓定质量,就是要根据已经确定的价格水平,研究确定企业的产品质量和服务质量的保证措施。其中,产品质量的保证措施以厨房管理为主,包括原料质量、加工配菜、厨师分工、质量检查和出菜控制等。服务质量的保证措施以餐厅管理为主,包括员工的着装仪表、迎宾领位、开单点菜、餐桌服务、环境卫生等各项质量标准的贯彻落实,以确保餐厅提供的产品真正做到质价相符。上述"四定"工作,本身就是餐饮企业市场准入的营销策划的具体体现,也是企业开业前营销定位最重要、最基础的工作。

（二）制定企业市场营销的工作方针

餐饮企业的市场定位和市场营销的工作方针是相辅相成的。市场定位确定后，就应该研究采用什么样的方针来指导企业开业的营销活动，以便为企业的市场开发和客源组织指明方向，保证市场定位落到实处。研究确定市场营销的工作方针，其方法是要根据市场调查资料，以市场定位为基础，明确提出市场营销的宗旨、目标和策略。新建或租赁经营的酒楼饭庄的经营类型、星级高低、餐厅环境、经营风味不同，其市场营销工作方针的具体内容也不一样，需要根据各企业的具体情况而定。例如，有的瞄准目标市场的顾客需求来确定其营销工作方针，提出“工薪阶层的美食天地，价廉质优的聚会场所”、“白领阶层的休闲港湾，美食聚会的静雅天堂”、“绿色环境，绿色配餐，静雅宜人，健康休闲”等作为营销方针；有的以餐厅装修环境为重点来确定企业的营销方针，提出“农家小院情谊深，绿色食品味更香”、“海南风景美如画，鱼港美食味更浓”等作为营销方针，等等。上述这些营销方针大多以标语口号的形式来集中概括企业的营销方针和营销理念。从市场开发和客源组织的角度来考察，餐饮企业市场准入还可以用“瞄准目标市场”、“做好市场细分”、“创造温馨环境”、“提供优质服务”、“紧跟消费潮流”、“创造一流效益”等简短、明确的语言来概括其市场营销方针。总之，研究确定企业的营销方针十分复杂，关键在于结合本企业的实际情况，充分发挥管理人员的创造能力和概括能力。

（三）设计、建立企业市场营销管理体制

营销管理体制是企业开展市场营销的组织和制度保证。餐饮企业在搞好市场定位、制定市场营销方针的基础上，必须设计、建立其市场营销管理体制。这是企业市场营销策划的重要工作。从餐饮企业的实际需要来看，其市场营销应该建立的管理体制是：由总经理负责，以销售部门为龙头，厨房、餐厅等业务部门相互配合，以专业化服务为质量保证的市场营销管理体制。

餐饮企业要设计、建立这样的市场营销管理体制，重点要做好三个方面的工作：一是明确总经理的领导职责。餐饮企业的市场营销是一项战略性、全局性的工作，总经理必须承担明确的领导责任。其具体职责是研究制定企业的市场营销工作方针、营销策略、市场目标、产品价格、营销预算、管理制度等，并督导各级各部门贯彻落实，检查完成结果。二是根据企业规模、档次和实际需要，设计、建立企业市场销售部门。其具体的部门设置可以设销售部、公关销售部，也可以设预订销售部。规模较小的餐厅酒楼也可以在总经理室餐厅部或前台部设立销售主管。不管采用哪种形式，都应设立具体的机构和人员,并制定相关的管理制度,才能将企业的市场营销、市场开发和客源组织落到实处。三是将企业市场营销和质量保证结合起来,明确各业务部门如何提供优质产品和服务。因为,餐饮企业的市场营销绝不仅是销售部门的工作,各厨房、餐厅等业务部门也必须紧密配合,确保提供优质的产品和服务。如此,才能保证企业营销活动的正常和顺利开展。所以,餐饮企业的营销体制策划还必须将各部门的业务管理结合起来,获得互相支持与配合,才能提供质量保证。

(四)明确各级各部门市场营销的工作任务

在企业市场营销的工作方针和营销体制已经确定的条件下,明确提出各级各部门的营销任务,就是餐饮企业市场准入的营销策划的自然结果。其具体任务主要包括四个方面:一是厨房部门如何从原料质量、原料加工、产品烹制方面做好生产组织,保证产品质量,控制成本消耗。二是餐厅部门如何贯彻落实接待服务的操作程序、质量标准,确保提供优质服务。三是销售部门如何运用正确的营销策略不断开发市场,做好客源组织,源源不断地为企业提供客源,保证企业营销活动连续、稳定和不间断地顺利开展。四是财务部门如何定期核算企业市场营销的业务成果,包括企业营业收入、营业成本、营业毛利核算和经济效益核算,以便为企业和各部门提供各种数据,帮助其分析自身工作的好坏,纠正存在的问题。餐饮企业开业前的营销策划如果将上述四个方面的工作任务、营销指标都具体落实了,企业的营销策划也就最终落实了。这些都是餐饮企业市场准入营销策划的工作任务。

三、餐饮企业市场准入营销策划的基本要求

餐饮企业市场准入的营销策划是一项比较全面和细致的工作。根据上述营销策划的目的和内容,做好市场准入的营销策划要遵循以下两项基本要求:

(一)贯彻全员营销意识

餐饮企业的营销策划是研究如何从产品供给和市场需求两个方面来开展营销活动,它的核心和本质是“以销定产”,而不是“以产定销”。因此,它是一项全员、全方位的工作,而不单纯是企业销售部或公关销售部的工作。所以,做好企业开业前的营销策划,必须贯彻全员营销意识,必须让董事长、总经理,以及厨房、餐厅、销售、财务等各部门经理直到各岗位员工都参与到市场营销中来。要通过营销策划让各级部门和全体员工都来关心餐饮企业的客源组织、产品生产与销售、服务质量和营销效益。只有这样,才能保证企业

所提供的各项产品和服务都能满足市场顾客的需求，才能搞好市场营销。

（二）注重整体营销配合

餐饮企业的市场营销策划是从买方即顾客的需求出发，来研究确定卖方即企业应该怎样组织和开展营销活动。而这种营销活动必然要求企业各级各部门的紧密配合、互相支持、互相协调。因此，做好企业营销策划就必须注重整体营销配合。因为在实际工作中，从餐饮企业的市场定位、营销方针的制定、营销体制的建立到营销任务的确定和营销活动的组织，没有哪一项工作是某一个部门可以单独完成的。所以，做好市场准入的营销策划就要正确处理各方面的关系，既注重整体营销配合，又要明确各级各部门的工作重点，才能保证企业开业后各项营销活动的协调发展。

第四节　餐饮企业市场准入的营销亮点打造

案例

山村风情的营销亮点赢得宾客如云

丽江餐厅是一家租用三星级饭店一层、经过装修改造达到准四星级标准的高档餐厅。餐厅营业面积860多平方米，地处饭店一层。经过改造，餐厅选择云南丽江山村风光作为装饰环境主题。面临大街的餐厅门脸采用云南白族装修风格，看上去美观、大方、气派。“丽江风情”四个大字经过亮化处理，显得格外耀眼。进入餐厅，迎面一幅怡人的丽江水彩画形成屏风装饰。转过屏风，前面一处演出舞台，四周边角是小景装饰，用修竹、树木、小桥装点，餐桌整齐排列。餐厅组建了云南少数民族的歌舞演出队，配有20多位能歌善舞的年轻演员。餐厅经营具有川菜特色的云南风味菜肴，菜点品种繁多、质量优良。每天中餐和晚餐时间，餐厅有独具特色的少数民族歌舞演出，同时配有卡拉OK设备，顾客可以点歌或送歌。餐厅开餐期间，也组织时装表演。穿着少数民族服装和时装的演员在音乐伴奏下，不时穿梭在顾客餐桌之间。餐厅以独具特色的云南风味和民情歌舞同优质产品结合，作为营销亮点，受到顾客的广泛欢迎。餐厅一开业，午餐上座率就达到120%—150%，晚餐上座率达到150%—180%，人均消费额达到80—100元，为投资人赢得了优良的经济效益。

点评

餐饮企业营销亮点是指餐厅开展营销活动的闪光点,它的实质是企业的经营特色,是企业赖以招揽顾客的主要手段和经营措施。在市场竞争条件下,餐饮企业要想成功进入市场,就必须像丽江餐厅那样创造出自己的营销亮点,即要创造出开展经营活动的闪光点。只有这样,才能树立和打造企业的优良形象和市场声誉,赢得顾客的广泛支持。为此,本节重点介绍餐饮企业市场准入的营销亮点打造,希望以此引起餐饮企业投资人和经营者的广泛重视。

一、餐饮企业市场准入营销亮点打造的重要作用

市场准入营销亮点打造是指在企业规划建设、装修改造和开业准备过程中,针对目标市场创造出企业开业后开展市场营销活动的闪光点,以此形成企业的竞争优势。在餐饮企业市场准入管理中,打造出自己的营销亮点具有十分重要的作用。

(一) 打造营销亮点是企业创造经营特色的集中体现

饭店宾馆、酒楼饭庄等餐饮企业,都是用优良的消费环境、优质的产品和服务来开展经营活动的。企业在筹建过程中,其主要精力都放在设施设备配备、餐厅装修、用品准备等大量具体事务性工作中。但是,如果不从全局出发,从市场竞争的需要出发,打造出自己的市场营销亮点,就很难形成自己的经营特色和市场竞争优势,也就难以将自己的餐厅与同类企业区别开来。一家毫无特色、没有自己营销亮点的餐厅,又怎么能够在激烈的市场竞争中成功进入市场,从而赢得竞争优势和优良的经济效益呢? 反之,如果在企业筹备和开业准备过程中,能够从企业自身实际出发,从市场竞争的全局出发,选择几个闪光点,经过精心设计、论证,采取具体措施来实施,就可以形成自己的营销主题和经营特色,从而形成竞争优势。所以,打造营销亮点是餐饮企业创造经营特色的集中体现,也是将自己与其他同类企业区别开来,从而赢得市场的重要措施。

(二) 打造营销亮点是企业以优良形象和声誉成功打入市场的重要条件

在餐饮企业市场准入中,企业的形象和声誉在很大程度上是由营销亮点

来创造的，它们由企业外观、餐厅实体、消费环境、产品特色、质量特色等客观实际形成。因此，在企业筹备和开业准备过程中，就要根据企业形象和声誉的构成要素，选择几个重要的闪光点，如装修特色、餐饮与文化结合、经营与推销结合、产品与价格优惠结合等，进行重点策划、重点安排与组织，形成与众不同的特色，才能创造出优良形象和市场声誉，从而成功打入市场。如果没有自己的营销亮点，树立企业优良形象和声誉就会成为一句空话。即使按期开业，也会因为没有自己的特色，没有优良形象和声誉而很快败下阵来。这就是北京、上海、广州、杭州等各大中城市每年都有大批餐饮企业进入市场，然而又有占网点总量15%—20%的餐厅不断转让甚至退出市场的主要原因所在。

（三）打造营销亮点是企业获得优良经济效益的重要途径

从本质上讲，餐饮企业的营销亮点就是企业的经营特色，是企业赢得市场、提高餐厅上座率、留住和培养回头客与忠诚客户的营销手段和闪光点。因此，重视市场准入过程中的营销亮点选择和创造，不仅能使企业一开始就以优良形象和声誉成功打入市场，而且能够广泛吸引顾客，提高餐厅上座率，增加回头客，培养忠诚客户，从而尽快收回投资，获得优良经济效益。这是餐饮企业投资人和经营者的根本目的所在。

二、餐饮企业市场准入营销亮点的选择和打造方法

餐饮企业市场准入营销亮点的打造关键是要创造出自己与众不同的经营特色，引起社会公众和目标市场顾客的重视和欢迎，形成市场竞争优势。这是一个复杂的智力活动和营销策划过程，大致可概括如下：

（一）门前环境营销亮点打造方法

门前环境是餐饮企业树立企业形象和声誉、广泛招揽顾客、打造营销亮点的重要领域。如果门前环境美观、大方、气派，亮化处理具有特色，十里八里外就能让社会各界人士看得见，留下深刻印象，必然成为企业开展市场营销活动的闪光点。餐饮企业的门前环境打造主要是在企业装修改造中完成的，其营销亮点打造方法重点是要做好三个方面的工作。

第一，门脸设计要美观、大方、气派，突出特色。凡有条件的企业，门前宽度至少应有30米以上，门脸高度至少应在5—10米，甚至更高。最好面临大街，门前设有大型广告牌。与区位市场其他同类餐厅有明显区别，切忌互相雷同。墙面、地面、门前通道要做到美观、宽敞、整洁，而且进出方便。门前和通道两边有花草、盆栽布置，能给顾客和来往路过的各界人士留下深刻印象，

感觉与众不同。

第二,广告标牌要美观、大方,亮化处理远视效果优良。餐饮企业打造门前营销亮点的目的是为了广泛吸引和招徕顾客,提高餐厅利用率。因此,门前、楼顶或楼上的大型广告牌要高大、醒目、设计美观,广告词或宣传口号要简短、通俗易懂,而且好念、好记、朗朗上口,对过往行人有形象吸引力。直接面临大街的餐厅一面最好选用落地大玻璃,灯光明亮。门前若设灯箱,要与门脸广告、标牌交相辉映。门前高大、醒目的大型广告牌、门脸标牌要选用直射、斜射、反射等灯光处理艺术,远视效果优良,最好 10 里以外就能让人看得见,以广泛招揽顾客。

第三,门前或近处有停车场或停车位。在汽车逐步家庭化、普及化的条件下,有无停车场或车位已成为餐饮企业,特别是高中档餐厅门前营销亮点的重要体现。餐厅选址时就应该将这一条件考虑在内。凡有条件的企业,停车场、车位要整洁,进出要方便,并设专人服务,保证安全。这些都是餐饮企业门前环境营销亮点打造必须做好的工作。

(二) 餐厅室内环境营销亮点打造方法

餐厅室内环境是顾客就餐、聚会、宴请等活动的直接消费场所,是企业环境质量、清洁卫生、产品销售和现场服务的汇集场所,因而也是打造企业营销亮点的重要部位。餐厅室内环境主要是在企业装修与改造过程中形成的,其装修改造方法我们已在本书第二、第三章中做了介绍。从打造企业营销亮点的角度来考察,其方法重点要注意两个问题。

第一,每个餐厅要打造一个具有主题特色的消费环境,形成营销亮点。饭店宾馆一般都有中餐厅、西餐厅、咖啡厅、酒吧间、宴会厅等不同的餐厅,酒楼饭庄大多都有大众餐厅、雅座餐厅和各种包间餐厅。为此,要为每个餐厅打造一个具有主题特点的消费环境,形成营销亮点。所谓主题特色,一是每个餐厅要有一个不同的环境主题,如海南风情、江南水乡、热带雨林、天上人间、竹园厅、农家小院等;二是每个餐厅的主题要具有独特个性,显得与众不同,从而满足顾客求新、求异的心理需求;三是每个餐厅的主题意境要与餐厅性质如中餐、西餐、韩餐,以及产品风味相适应,从异地他乡、名著、诗词歌赋、科技与科幻小说、著作或著名电影中取材。

第二,餐厅室内环境打造要突出空间布局的美感效果,确保方便、安全和卫生。经过装修改造与开业前的环境美化,顾客一走进餐厅,就能够感觉餐厅空间布局美观、新奇、协调、舒适,进出、上菜及服务操作方便,环境卫生、整洁,具有吸引力,因而能够吸引和留住回头客,培养忠诚客户。切忌让人来过一次就觉得平淡无奇,再也不想来了。

（三）餐厅促销方式营销亮点打造方法

餐饮企业市场准入营销亮点打造的根本目的是吸引顾客,促进销售,增加收入。因而,合理选择促销方式从而形成营销亮点是十分重要的,也是营销亮点打造的重点内容之一。其打造方法多种多样,重点可选择以下几种:

第一,演出观赏型营销亮点打造。这种方法是将餐饮销售和文化娱乐性演出结合起来,从而形成营销亮点。演出节目可以是民族歌舞、轻音乐、爵士乐、钢琴、乐器演奏、时装表演、民族服饰表演等。餐饮企业打造出效果优良的演出观赏型营销亮点,其方法和要求是:① 要有良好的演出场地、设施设备;② 演出团队和人员要有较高的艺术水平,素质优良,多以聘请专业团队为主;③ 每次或每天的演出组织工作要细致,与顾客用餐、宴请、团体活动结合良好;④ 要形成广泛吸引力,能达到增加收入、控制支出、提高利润的目的。所以,这种方法主要适用于大中型、高中档餐厅。

第二,娱乐参与型营销亮点打造。这种方法是在餐厅开展让顾客参与的娱乐活动,以促进销售,形成营销亮点。其活动方式包括卡拉 OK 演唱、KTV 包房、餐厅配备电子游戏机等,能让顾客在用餐、宴请、举办活动中参与娱乐。餐厅要打造出娱乐参与型营销亮点,关键是要针对选择的参与型娱乐方式,配备好各种设备,组织服务人员认真做好现场服务和设备调试与使用,保证顾客需要。同时,要大力做好宣传,保证客源和餐厅利用率。这样,才能形成营销亮点。

第三,原料与半成品展示营销亮点打造。这种方法是在餐厅设置展示场所和台架,将食品原料与半成品展示出来,同时展示成品和照片让顾客选择比较,促进销售,形成营销亮点,广泛吸引顾客。采用这种方法可以增强顾客的信任程度和食品选择的自由程度,从而促进销售。餐厅选用原料或半成品展示作为营销亮点,重点要做好五个方面的工作:① 展示场所的设计要与餐厅布局协调,位置适当,面积宽敞,顾客走动选择方便;② 展示台架设计美观,台面有立体感,观看选择方便,需冷冻原料设透明冷冻柜,活物原料设透明养活池柜;③ 展示台、柜、池中的原料灯光处理效果良好,能看得清楚,突出海鲜等原料特色;④ 原料要新鲜,经过简单加工处理,给顾客留下质量优良的印象;⑤ 成品、照片要与原料配合,能够引起顾客重视,从而产生食欲。只有这样,才能形成营销亮点,吸引顾客,扩大销售。

第四,明档厨房和现场烹制营销亮点打造。这种方法是设明档厨房或在餐厅设现场烹制食品的场所与设备,让顾客能够看见食品烹制过程,以活跃气氛，增加食欲，扩大销售，形成营销亮点。餐厅选择明档厨房与现场烹制作为营销亮点，基方法是：① 明档厨房的设计要采用大玻璃墙面，炉灶烹制与餐厅顾客观看结合，接受顾客的观看，以增加顾客的信任感；② 现场烹制以加工制作简单、工艺具有观赏性的食品为主，食品烹制油烟较少，不影响餐厅空气与环境卫生；③ 食品原料可以由顾客选择，明码标价，这样容易吸引顾客，形成营销亮点。

第五，电视点菜烹调营销亮点打造。这种方法是在餐桌处设电视机，顾客点菜后可以在电视机上看见厨师是怎样烹制食品的，也可以由顾客代表到厨房尝试自己做1—2个菜，厨师传授技艺，而同来的顾客可以在餐桌通过电视看见烹制过程，由此形成营销亮点，吸引顾客。选用这种方法打造营销亮点，关键是餐厅要配有摄像设备和电视机，经过现场摄像和传输来增加顾客乐趣，所以一般适用于高档餐饮的包间餐厅。

第六，厨师挂牌营销亮点打造。这种方法与医院病人挂专家号看病相似。餐饮企业将厨师人员制作的菜点分为普通菜点和名厨菜点两类。普通菜点采用一般菜单，名厨菜点采用特制菜单，价格区别较大。名厨菜单挂牌销售，形成营销亮点，专供豪华包间使用。餐饮企业打造厨师挂牌营销亮点，其方法是：① 选出名厨技师，根据他们的技术水平，确定每人能够制作的名点名菜，确保达到最高水平；② 将每人能够制作的名点名菜制成菜单，菜单上的菜点按名厨技师的姓名排列，均分点菜和套餐两种，也可按顾客预订要求单独设计菜单，明码标价；③ 设计制作名厨技师号牌告之公众，供顾客选择，由此形成营销亮点，促进产品销售，吸引高档顾客。

（四）餐厅品牌菜点营销亮点打造

品牌菜点是指餐厅招牌菜、看家菜、著名创新菜等菜点。餐饮企业经过精心设计，对这些菜点进行包装、宣传，形成具有良好声誉的品牌，以此招揽顾客，形成营销亮点。餐饮企业要做好品牌菜点营销亮点打造，其基本方法是：

（1）选出能够打造营销品牌的菜点。其标准是：所选菜点必须是餐厅烹制质量最好，色香味形最佳；区位和点位市场范围内其他同类餐厅没有的同类菜点或本餐厅菜点的质量大大超过它们，能够受到顾客广泛欢迎。

（2）大力做好品牌菜点包装和宣传。所谓包装，就是要按照品牌设计的要求，确定所选菜点的品牌名称、菜点品种、菜点造形、质量标准，并摄制出美观雅致的彩色照片。然后做成宣传资料，通过企业内部报刊、电台或电视等媒体大力做好宣传推广，树立品牌形象，形成市场声誉，广泛吸引顾客。例如，北京贵宾楼饭店的著名产品“鱼翅泡饭”，北京三元宾馆的著名产品“佛跳墙”、“扒猪脸”等产品，就是比较有名的品牌菜点营销亮点，均收到了良好的效果。其中，贵宾楼饭店的“鱼翅泡饭”，定价每份780元，最多时每天可销售80—90份。

(3) 充分运用品牌菜点做好推销工作。在品牌设计、包装和宣传过程中，保证品牌菜点的质量，每天每餐主动、积极、恰到好处地向顾客推销。由此形成营销亮点，扩大销售，增加餐厅经济收入。

三、餐饮企业市场准入营销亮点打造的基本要求

餐饮企业市场准入和日常经营过程中，其营销亮点的打造方法是多种多样的。但不管选择什么方法、什么形式，都要注意遵循以下基本要求。

(一) 营销亮点的选择要能够引起客源市场的广泛重视

餐饮企业的营销亮点是餐厅开展营销活动的闪光点。因而，其亮点内容、表现形式都要突出，具有特色，与众不同，能够引起客源市场的广泛重视，包括门前环境的营销亮点、室内消费环境的营销亮点、销售方式的营销亮点、品牌菜点的营销亮点等，都是如此。如果营销亮点的选择平淡无奇、抄袭别人或互相雷同、毫无特色，也就不可能成为营销亮点，不管怎么宣传，都很难引起顾客的广泛重视，也就达不到事先预想的目的，甚至还会劳民伤财，得不偿失。

(二) 营销亮点的打造要能够给顾客以实际利益

餐饮顾客的实际利益无外乎包括三个方面：一是满足顾客用餐、宴请、举办活动的需要，即物质享受的需要；二是顾客对服务质量，包括环境质量、卫生质量、产品质量、现场服务质量的要求；三是顾客对餐厅所提供的产品和服务收费，即价格是否感觉质价相符。因此，餐厅营销亮点的打造要在这三个方面都能让顾客感觉到质价相符，即能够给顾客以实际利益。所谓实际利益，并不是说价格越低，收费越少，优惠越多就越好，关键是所打造出来的营销亮点要让顾客感觉良好，乐于接受，下次还愿再来。

(三) 营销亮点的打造和运用要坚持以提高经济效益为目的

在餐饮企业的市场准入和日常经营活动中，其营销亮点的打造和运用都是需要投入的，是为提高经济效益服务的。因此，其营销亮点的打造和运用，都要从整体效果出发。在选择和打造营销亮点时，既要坚持求新、求奇、求特、求异，创出特色，又要尽可能做到少花钱、多办事、办好事。例如，餐厅门前环境的营销亮点、室内环境的营销亮点、品牌营销亮点等，都要如此。在营

销亮点的运用中,则要以加强销售、搞好推销、增加客源、提高顾客的消费水平为重点。只有这样,才能提高企业经济效益。否则,就会违背营销亮点打造和运用的目的,迷失方向。

(四) 企业的营销亮点不能一成不变,一劳永逸

在市场竞争条件下,任何餐饮企业,包括餐厅酒楼、饭店宾馆的营销亮点,都有周期性、时效性。个性突出、新奇、具有显著特色的营销亮点,可能很快被别人模仿、克隆、改头换面,从而反过来同你竞争。同时,设计优良、促销效果突出的营销亮点,随着时间的推移,顾客消费需求、消费心理的变化,也会慢慢失去对顾客的吸引力,特别是运用促销方式和菜点品牌打造的营销亮点,更是如此。因此,餐饮企业营销亮点的打造不能一成不变,一劳永逸。企业管理人员要随时做好市场调查,收集顾客意见、要求,了解客源市场,特别是目标市场顾客的需求变化,并据此适时调整自己的营销亮点,重新选择和打造营销亮点,从而保持企业的营销优势和竞争优势,推动餐饮企业管理的不断发展。

第八章
造企业市场竞争的核心能力

——餐饮企业市场准入的团队组建

第一节 餐饮企业市场准入的核心团队缔造

案例

两支部队生死较量给企业管理带来的启示

有两支部队在战场上展开了长达一个多月的激烈的拉锯战,战斗十分残酷。经过长时间的苦斗,双方士兵都已疲惫不堪。这时,双方的指挥官同时接到上级的命令:迅速抢占一个具有战略价值的山头,为即将到来的两军决战创造条件。

军令如山倒。两军指挥官立即组织部队向指定的山地进发。两军的路线各不相同,但距离基本差不多。由于部队十分疲惫,根本无法按指挥官命令的速度和时间到达阵地。这时,甲军的指挥官身先士卒,一边跑步前进,一边沿途动员,带着全部装备快速前进,同时命令对体力不支者不必扶持,也不必急救,以免影响进程,实在跑不动也要喘口气继续往前跑。乙军的指挥官下令,为了减轻负担,除了水壶和武器,其余东西包括干粮一律扔掉,一刻也不许休息,轻装跑步前进。违令者,就地枪决。

甲军行程比乙军少 2 公里,出发时 300 人,到达目的地时 200 人;乙军出发时 400 人,到达山头时 100 人。由于乙军比甲军早 10 分钟抢占了山头,一阵枪响后,甲军全军覆没,大部分死在山腰上。乙军取得了胜利,为两军决战抢占了先机。

(资料来源:华牧,《经典管理寓言全集》,企业管理出版社 2004 年版。)

点评

一支部队、一个企业或单位能否取得成功，取决于多种因素。但关键时刻则要看核心团队，特别是团队指挥官的决策思考和现场指挥能力。在这个例子中，乙军之所以能够胜利，关键在于其指挥官抓住了问题的实质，果断决策、指挥得当，抢占了战场上的先机和主动权。餐饮企业市场准入的团队缔造，就是要组建一支优秀的企业团队，特别是核心团队及其主要负责人。他们是决定企业能否成功打入市场，带领企业员工取得经营成功的关键。为此，本章研究餐饮企业市场准入团队缔造的相关原理和方法。

一、餐饮企业市场准入的核心团队及其重要作用

餐饮企业的核心团队是指以企业董事长或总经理为首，销售经理、行政总厨或总厨师长和餐厅部经理(楼面经理)为核心，以财务经理为经济参谋所形成的企业领导集体。这种核心团队与酒楼、饭庄等独立型餐饮企业中的人员构成略有不同。前者是指餐饮部门的核心团队，后者是指整个企业的核心团队。我国酒楼、饭庄等独立型餐饮企业，以私营和民营为主。大多数企业的投资人或投资主体责任人，同时兼任企业的董事长和总经理，他们是企业核心团队的灵魂，企业选派或聘任的副总经理、行政总厨或厨师长、餐厅部经理(有的称楼面经理)和财务经理则是企业团队的核心。这种核心团队大多是在企业市场准入，即筹备过程中逐步建立和形成的。

餐饮企业的核心团队无论是在企业筹备开业、成功进入市场的过程中或开业后的长期经营过程中，都具有十分重要的作用。这种作用主要是通过核心团队的素质和能力体现出来的。

(一) 核心团队的素质和能力直接决定餐饮企业投资决策的科学性和准确性

在餐饮企业市场准入过程中，投资人或投资主体的责任人是企业筹备中核心团队的发起人和召集人。他们是核心团队的核心，而餐饮企业的新建、租赁、装修改造和开业策划本身就是一个复杂的投资过程。其投资决策的科学性和准确性主要表现在企业目标市场的选择，餐厅选址的合理性，企业规模档次和目标市场的适应性，企业投资规模和资金使用与餐厅规模、档次、装修风格的适应程度，开业筹备中的资金投入和使用是否科学、合理，有无损失

浪费等方面。这些都取决于市场准入中的核心团队,特别是投资人或投资主体的责任人和筹备小组负责人的素质和能力,因为他们的素质和能力在投资决策过程中起着关键的决定作用。

（二）核心团队的素质和能力直接决定餐饮企业市场准入的成功程度

餐饮企业经过筹建,要想成功打入市场,关键在于企业筹备中打造的餐厅等级规格、消费环境、经营风味、产品价格、服务质量和所选定的目标市场的适应程度以及进入市场后的竞争实力。这同样是一个复杂的投资管理过程。而这一过程的最终产品就是新建或租赁后经过装修改造的餐厅。只有开业后的餐厅消费环境、产品风味和质量、产品价格和服务质量都能完全适应目标市场的消费需求,经营策略和劳动组织优良,才能成功打入市场。而这一切都是由餐饮企业市场准入的核心团队,特别是筹备负责人的素质和能力决定的。事实上,不少餐饮企业经过筹备进入市场不久就遭到失败,不得不通过转让、出售而退出市场,其最终原因都是筹建过程中的核心团队的能力和素质较差,造成环境质量差,投入大,产出少。企业如果硬件设施先天不足,而软件管理质量又很差,就根本无法适应市场竞争。所以,核心团队的素质和能力将直接决定餐饮企业市场准入的成功程度。

（三）核心团队的素质和能力直接影响餐饮企业的管理水平和长期效益

餐饮企业的核心团队是在筹备过程中逐步形成,在企业正式营业前组建而到位的。企业经过筹建和开业策划进入市场后,其经营方向、经营战略、经营方针、经营理念都是由核心团队的素质和能力决定的。餐饮企业的核心团队的素质和能力决定着企业开业前和正式营业后的机构设置、人员组建、规章制度的建立和贯彻执行、厨房生产组织、餐厅服务管理、日常质量控制、企业市场营销和客源组织、财务收支管理与控制等,而这些又直接决定和影响企业经营方向、管理水平和经营效益的各项决策和措施的质量、水平、力度及其最终效果。所以,餐饮企业要想成功进入市场,确保长期和稳定发展,保证良好的管理水平及其经济效益,关键是要建立一支一流水平的核心团队,做好企业团队建设工作。这是餐饮企业市场准入能否成功和进入市场后能否长期发展、能否长期获得优良经济效益的关键,需要引起餐饮企业投资人和投资主体责任人的广泛重视。

（四）核心团队的稳定程度直接影响餐饮企业管理的波动程度

餐饮企业的核心团队在市场准入的筹备开业中组建完成后,大多都存在一个稳定性问题。从核心团队的成员构成的角度来看,民营餐饮企业核心团队的董事长绝大多数都是稳定的。但国有独立型餐饮企业、集团企业、饭店宾馆的核心团队,大多都不是很稳定。最不稳定、最可能出现跳槽、反叛、自立门户的核心团队成员是民营、私人企业的总经理、副总经理、行政总厨或总厨师长。一家餐饮企业的核心团队,如果发生总经理、副总经理和行政总厨等核心成员跳槽或反叛,必然严重影响餐饮企业管理的稳定性。这种现象如果频繁发生,更是企业管理的不幸,有的企业甚至因此而败下阵来。这也是需要引起餐饮企业投资人或投资主体的责任人高度重视的,它从另一个角度证明了餐饮企业核心团队的重要作用。

二、餐饮企业市场准入核心团队的缔造

在我国餐饮企业市场准入管理中,企业性质以有限责任公司为主,这种公司的数量要占到行业网点数量的95%以上。其核心团队缔造的目标就是要组建和建设一支优秀的企业核心团队。其缔造过程重点是要做好几个方面的工作。

(一) 企业核心团队的成员缔造

1. 核心团队的灵魂:企业董事长或董事长兼总经理缔造

我国餐厅酒楼等独立餐饮企业以民营为主,多以有限责任公司的形式注册登记。在企业市场准入的核心团队组建时,其投资人或投资主体的责任人大多直接成为企业的董事长或董事长兼总经理。他们从企业筹建开始到建成后正式营业,都是企业核心团队的灵魂,也是企业筹备过程中和开张营业后各项重大决策的最高领导者和直接责任人。餐饮企业市场准入的核心团队的组建和团队素质高低,在很大程度上是由他们决定的。所以,在餐饮企业市场准入管理中,其核心团队的灵魂——企业董事长或董事长兼总经理的缔造,即个人素质和专业领导能力的培养与提高具有十分重要的意义。在某种程度上来说,他们将直接决定餐饮企业核心团队的素质高低,进而影响和决定企业的成败。

一般说来,餐饮企业的董事长或董事长兼总经理能够并敢于新建或租赁经营酒楼饭庄,投身餐饮行业,成为企业核心团队的灵魂,即企业最高领导者和决策人,大多具有一定的资金实力和较高的个人素质。因为他们大多在商场上经过一定的摸爬滚打,积累了一定的原始资本、工作经验和社会关系,具有相当的魄力和较长远的战略眼光。从餐饮企业市场准入的核心团队成员缔造的角度来看,企业董事长或董事长兼总经理的个人素质缔造,重点要注意四个方面的问题:一是要培养自己慧眼识人的能力。餐饮企业的核心团队除董事长或董事长兼总经理外,其余总经理或副总经理、行政总厨、餐厅部经

理、财务部经理、销售经理等团队成员大多是由董事会聘用的。只有董事长善于慧眼识别人才,选拔招聘到人品正直、熟悉市场和餐饮管理业务、能力较强的各类人才,才能保证企业核心团队的整体素质,保证企业筹备开业的质量和开业后的企业经营获得成功。二是要培养自己的战略眼光和科学决策能力。在餐饮企业筹备开业和开张营业过程中,各方面的工作千头万绪,十分复杂。董事长或董事长兼总经理作为企业核心团队的领头人、决策者,必须具有战略眼光,要善于抓大事,善于科学决策,具有高屋建瓴的控制能力,善于"弹好钢琴",才能保证企业筹建、开业策划及开张营业的正确方向,防止决策失误。三是要有广阔的胸怀和价值观,善于运用利益机制来协调各方面的关系。在餐饮企业以有限责任公司为主体的市场条件下,家长式管理、家族式管理是广泛存在的。企业董事长或董事长兼总经理作为投资人或投资主体的责任人,只有克服那种"一心为了赚钱"的价值观,以及尽量压低工资福利,甚至包括核心团队的重要成员的工资福利,经常许愿而不兑现,经常拖欠、克扣员工工资福利等不良行为,具有广阔的胸怀和正确的价值观,善于运用利益机制来激发、调动核心团队和企业员工的积极主动性和工作热情,才能达成预期目标,保证企业筹备工作质量和成功打入市场。四是要注意专业知识学习和更新,尽快成为内行,防止受制于人。随着我国餐饮行业黄金发展时期的到来,不少餐饮企业的投资人都是从其他行业进入餐饮业的,他们大多不懂或缺乏餐饮企业的筹建开业和专业管理知识。在临时抢佛脚地聘用、委托相关机构和人员的同时,因缺乏经验而又制定不出监管办法,常常吃亏上当和受制于人,使企业的投资费用大量增加。这是不少餐饮企业进入市场后很快面临困境,从而不得不转让出手的原因所在。所以,董事长或董事长兼总经理一旦决定要投资餐饮行业,不管多忙,都应该尽快抽时间学点专业知识,使自己成为内行,以防吃亏上当或受制于人。这也是组建和缔造优秀的企业核心团队必须具备的重要条件之一。

2. 核心团队的台柱:企业总经理或主管副总经理缔造

在餐饮企业市场准入的核心团队缔造过程中,总经理或主管副总经理大多是由董事长聘用或上级任命的,以短期聘用的企业最多。一般可以续聘他们在董事会或董事长的领导下,主要负责企业筹建、餐厅开业前后的具体工作,主持日常业务管理工作。凡属重大问题或资金使用的决策问题,均报董事长审批。所以,他们是餐饮企业核心团队的台柱,是企业筹建和日常业务管理的主要负责人和组织者,在餐饮管理中也起着十分重要的作用。

餐饮企业总经理或主管副总经理作为企业核心团队的主要成员,其人员素质缔造主要取决于董事会的人员选聘和监管制度，其次才取决于他们的个人修养。因为他们主要是由董事会聘用的，从企业核心团队组建的角度来看，对于那些素质较低、能力不强的人，企业完全不必聘用他们担任总经理或主管副总经理。因此，从餐饮企业市场准入核心团队缔造的角度来看，总经理或主管副总经理的缔造重点要注意三个方面的问题：一是总经理或主管副总经理的人品选择。在市场经济条件下，企业总经理或主管副总经理的人品要求很多。其基本要求是：有正确的价值观念和价值取向，不利用职权谋求个人私利；有较强的事业心和责任感，能全力为业主和企业做好工作；有良好信誉和忠诚度，不会中途反叛或跳槽；有良好的商业道德和职场道德，无违规、违法和违反职场道德的不良记录；有宽厚仁慈的心胸，善于搞好上级、同级和下级的关系；能够起到团队核心成员的表率作用，并获得“一班人”的信任和支持。餐饮企业董事长在组建企业核心团队、聘用总经理或主管副总经理时，一定要经过认真考察，多方了解，严格考核，而后决定人选；要特别注意只重能力、不重人品而可能发生的核心成员因品德较差，结果“能力越强，反作用越大”的被动局面出现。二是总经理或主管副总经理的能力和利益的结合点掌握。在餐饮企业核心团队组建和缔造过程中，企业要想聘用到优秀的总经理，必须支付他们相应的报酬。在市场经济条件下，人才的价值与企业要支付的人力资本的高低是相对应的，人才素质越高，其利用企业资源能够创造的价值越大。因此，餐饮企业董事长在组建企业核心团队、聘用总经理或主管副总经理时，一定要在保证人品质量的前提下，将他们的资历、学历、实际工作能力和经验与他们应该获得的报酬和激励机制结合起来；要特别注意掌握好两者之间的结合点，既要破除“花小钱，请高人”的幻想，又要防止花了大钱而请来的却是庸才的现象发生。这种结合点的掌握往往是比较困难的，也没有一个统一的标准。一般要根据对应聘人员资历、学历、能力与经验的考核结果，结合当地人才，特别是同行人才的工资水平，经过协商，采用试用期、正式聘用、任期目标责任制等多种方式来确定。三是总经理或主管副总经理的信息与社会资源掌握程度。一般说来，餐饮企业的总经理或主管副总经理，作为企业核心团队的台柱和日常业务管理的负责人，他们所掌握的经济信息、市场信息、社会关系和客源及客户关系等资源越丰富，能够为企业筹建和开业后的业务发展所带来的方便性和经济效益也就越多。因此，餐饮企业董事长在聘用和选择企业总经理或主管副总经理时，也应将这一因素作为一个条件。一般应选聘那些有一定资历、在餐饮行业阅历广泛、有丰富实践经验和信息资源的人员。

3. 核心团队的产品质量保证人:企业行政总厨或总厨师长缔造

行政总厨或总厨师长是餐饮企业核心团队的主要成员和厨房产品生产的最高组织领导者和负责人,也是企业产品质量的保证人。一家酒楼饭庄、饭店宾馆的经营好坏、产品质量高低、企业回头客和忠诚客户的多少,在很大程度上是由行政总厨或总厨师长所设计的菜单质量、价格水平和产品质量决定的。因此,行政总厨或总厨师长的选聘在企业核心团队成员缔造中,也具有十分重要的作用。

在餐饮企业核心团队的组建和缔造中,行政总厨或总厨师长的选拔、任用和缔造,重点要注意以下三个方面的问题:一是行政总厨或总厨师长的行政管理,即厨师队伍的管理能力。一家餐饮企业一般都有十几名、几十名,甚至百人以上的厨师队伍,他们都归行政总厨或总厨师长领导。行政总厨或总厨师长作为企业核心团队的成员,首先要具有较强的行政管理即厨师人员管理的能力。因此,在餐饮企业市场准入的核心团队组建和缔造中,一定要经过公开招聘、同行介绍或内部选拔,经过严格、认真的考核、考查,选择那些具有在同等规模档次的企业担任过行政总厨或总厨师长、具有较丰富的实践经验、有较强的厨房行政管理能力的人员来担任。这种行政管理的能力主要表现为厨房组织结构设计、人员选拔与安排、岗位职责的制定与执行、人员使用与考核、技术职称的考核、员工报酬与奖金分配、厨房员工积极性的调动等方面。组建企业核心团队时,要防止只重专业技术、不重行政管理能力的现象发生。二是适当的专业技术职称和技术管理能力。行政总厨或总厨师长的技术职称既是他们技术能力的标志,又是企业专业技术水平的招牌和形象的体现。一般说来,大中型、高中档和豪华型的餐饮企业,应选派具有特级技师以上技术职称的人员,一般餐饮企业也应选择具有高级厨师证书的人员担任行政总厨或总厨师长,这样才有利于企业吸引高中档宴会或大中型活动的客源,大量增加经济收入。至于他们的技术管理能力,则主要表现为大中型宴会、活动的组织能力,高中档宴会菜单的设计能力,主管领班以上的厨师的专业技术培训能力,外卖活动、美食节活动、主题餐饮活动的生产组织能力等。只有具备了这些专业技术管理能力,才能称得上是优秀的行政总厨或总厨师长。三是合同期内对企业的忠诚度和责任心与事业感。在餐饮行业中,行政总厨或总厨师长是一个流动的职业经理阶层。由于他们专业技术的特殊性和人才市场竞争的激烈性,不少餐饮企业常常面临厨师队伍集体叛逃、倒戈、跳槽等尴尬局面。有的企业甚至因此一蹶不振,或经营失败,不得不转手出卖,退出市场。因此,在餐饮企业核心团队组建和缔造中,一定要特别重视考核、了解相关人员的人品和职场道德，并在签订聘用合同中就要用合同条款，以报酬支付方式、合同期限及解除合同的限制条件等来防止这种现象的发生。

4. 核心团队的骨干：销售、服务与财务经理人员缔造

在餐饮企业市场准入管理中，其核心团队成员除上述三种外，还有企业销售经理、餐厅部经理和财务经理。他们是企业核心团队的重要骨干。其人员配备的素质和能力直接影响企业的销售状况、服务质量和经济效益，对餐饮企业的市场准入管理同样具有十分重要的作用。

在餐饮企业市场准入管理中，其核心团队的销售经理缔造重点要注意两个方面的问题：一是销售经理的任职资格或标准确定。我国餐厅酒楼等独立餐饮企业，历来以企业位置、门脸为主来招揽顾客，企业设置销售经理，只是21世纪初期以来的事情。为此，销售经理的聘用，要首先确定其任职资格或标准。一般说来，基本任职资格或标准应包括：大学专科或高职以上学历，旅游、餐饮管理专业或市场营销专业毕业，5年以上饭店宾馆或酒楼饭庄工作经历，2年以上餐厅经理或主管以上资历，具有餐饮销售管理的工作经验。二是销售经理的工作能力。主要表现为市场开发的组织能力、宴会和大中型餐饮活动的推销和预订管理能力、客户关系和公关活动能力、宣传推广能力、市场调查与分析能力、餐饮销售中的协调与配合能力、谈判技巧与合同管理能力、较强的语言表达能力等。其中，高中档和豪华型餐饮企业的销售经理还应具备外语口头表达能力。

餐厅部经理或楼面经理是餐饮企业对顾客服务的组织者，他们领导着企业大众餐厅、雅座餐厅、宴会和包间等各个餐厅主管或领班，企业餐饮服务质量的高低是由他们的业务组织和管理能力来决定的。为此，在餐饮企业市场准入管理中，餐厅部经理的选配和缔造，重点要注意三个方面的问题：一是在专业背景方面，要选择旅游或商业院校餐饮管理或酒店管理专业的大专或高职毕业以上的人员，高中档和豪华型企业要具有较熟练的外语表达能力。二是应具备的工作年限。一般应有5年以上餐饮工作经验，其中，应有2年以上的餐厅经理或主管工作经历，有较强的实际工作能力。三是应具有部门管理能力，熟悉餐厅、宴会、酒吧服务专业知识、工作内容、工作程序、质量标准，具有餐厅服务管理的人员组织、劳动安排、工作督导、员工考评等工作能力。

餐饮企业的财务经理是企业财务管理和会计核算的最高领导者，是企业董事长和总经理的经济参谋。其人员配备的素质和能力直接影响企业的财务管理和会计核算水平，直接影响企业的财务收支和经济效益。为此，在餐

饮企业市场准入管理中,企业财务经理的人员选配和缔造,重点要注意三个问题:一是财务经理的人品和职场道德。财务经理掌握着企业财务收支的权力。只要选择那些人品正直、办事公道、不谋私利、遵守国家财务制度、财经纪律和企业财务管理制度的人员担任,才能维护企业的经济利益和财务安全。二是财务经理的学历和资历。餐饮企业财务管理是一项专业性较强的工作,只有选择那些企业财务管理专业毕业、系统学习过酒店与餐饮财务管理专业知识、具有助理会计师以上职称的人员担任,才能适应企业财务管理的需要。三是财务经理的专业管理能力。餐饮企业财务管理与工业企业、商业企业、政府机构的财务管理都有较大区别。其专业管理能力主要表现为餐饮企业的会计科目设计、会计科目分类、会计报表设计、财务会计核算的组织、会计报表分析等方面。只有选择那些曾在较先进的餐饮企业工作多年、担任过会计主管的财务专业会计人员担任财务经理,才能保证餐饮企业财务管理和会计核算的质量和水平,为企业董事长和总经理当好经济参谋,降低企业消耗,不断提高经济效益。

(二)企业核心团队的领导体制缔造

餐饮企业核心团队的领导体制是指在企业领导权力的归属、划分、行使与控制基础上形成的领导管理制度。它以企业组织结构为基础,以领导制度为内容,以权力分配与行使为中心,是国家和地区的经济管理制度在企业管理中的体现和运用。在餐饮企业市场准入管理中,其核心团队缔造的质量和效果如何,不仅取决于核心团队的成员选配和缔造,而且与企业的领导管理体制密切相关。如果没有健全、合理与科学的领导体制和制度,企业核心团队的成员必然缺乏凝聚力和向心力,互不团结,钩心斗角,成为一盘散沙,也就没有战斗力。因此,餐饮企业在做好核心团队的成员选配和缔造的同时,必须十分重视领导体制和制度建设。只有这样,才能形成领导集体的战斗力和企业的核心竞争能力,保证企业成功进入市场。在餐饮企业市场准入管理中,其核心团队的领导体制缔造,重点要解决好三个方面的问题。

1. 核心团队的领导体制要根据企业性质和投资结构来确定

在市场经济条件下,餐饮企业的性质和投资结构直接决定企业的领导体制。企业性质主要有国有企业、股份制企业和有限责任公司三种,不管属于哪一种,企业性质一经确定,其第一投资人或投资主体的代表就必然成为企业的董事长或董事长兼总经理。而企业的领导体制也就必然采用董事会领导下的总经理负责制。我国新建或租赁经营的餐饮企业,95%以上都是有限责任公司。所以,企业核心团队的领导体制必须根据这种企业性质和投资结构来确定。这种领导体制又是通过企业章程和董事会的管理制度体现出来的。因此,餐饮企业在组建和缔造自己的核心团队、建立企业领导体制和管理制度时,一开始就要合理制定企业章程,并根据企业性质和投资结构确定董事会的成员构成、主要职权、议事决策方式、董事会对企业的领导方式、对企业总经理或主管副总经理的领导权限、董事会对企业财务管理和经济指标的控制权限和办法等。这些制度和权限一经制定,餐饮企业核心团队的权力归属、行使和控制的制度和规定也就确定下来了。这些都是由餐饮企业的性质和投资结构决定的,也是建立企业核心团队的领导体制和制度时必须遵守和贯彻落实的。

2. 核心团队的领导体制要明确规定企业领导权力的划分和行使

餐饮企业的领导体制是以组织结构为基础,以领导制度为内容,以权力分配和行使为中心的。因此,在餐饮企业核心团队缔造过程中,根据企业性质和投资结构,一旦确定了"董事会领导下的总经理负责制"这一领导体制的核心内容,就要根据企业组织结构设计,明确规定企业董事长、总经理或主管副总经理、行政总厨或总厨师长、餐厅部经理或楼面经理、销售经理和财务部经理等核心成员的权力分配和行使方式。这种权力划分和行使规定主要是通过企业的领导管理制度和核心团队成员的岗位职责规范体现出来的。因此,餐饮企业在市场准入中要做好其核心团队的领导体制缔造,还必须制定好五项领导管理制度:一是董事会的决策领导制度;二是总经理或主管副总经理的经营管理制度;三是财务部的经济管理制度;四是行政总厨、餐厅部或楼面经理、销售和财务经理的岗位职责规范;五是各级主要人员的考核评估制度。这些制度的具体内容很多,通过这些制度的制定和贯彻执行,既明确规定了企业核心领导成员的权力划分和行使,又为企业领导工作和各项管理工作提供了领导者的行为规范和准则。这样,餐饮企业的领导管理体制也就建立起来了。也只有这样才能够缔造出一个优秀的核心团队,从而形成强大的企业核心竞争能力。

3. 核心团队的领导体制要贯彻垂直领导、逐级负责的管理制度

现代餐饮企业是一种社会化大生产的经营方式。在企业领导权力划分和各项制度逐步制定、贯彻落实的同时,还必须制定和贯彻落实垂直领导、逐级负责的管理制度,这样才能保证企业各项领导工作的顺利开展,充分调动各级管理人员的主动性、积极性和首创精神,防止多头领导、下级无所适从、挫伤下级积极性等不良现象发生。建立和贯彻这一制度的基本要求是从制度上明确规定:董事长向董事会或股东大会负责,总经理向董事会负责,部门

经理向总经理负责，部门主管向部门经理负责，领班向主管负责，员工向领班负责，各级副职人员均为正职人员的副手；从上到下形成直线指挥，工作指令逐级下达，不能越级指挥；工作控制和检查、工作协调，均逐级进行。只有贯彻执行这种管理制度，才能缔造出优秀的餐饮企业核心团队，形成企业的核心竞争能力。

三、餐饮企业市场准入核心团队缔造的注意事项

在餐饮企业市场准入管理中，其核心团队缔造是在开业策划过程中逐步完成的。它是一个比较复杂的过程。在这一过程中，关键是要使核心团队的成员之间的知识、能力、领导素质互相搭配，取长补短，形成群体动力和团队精神。因此，在核心团队组建和缔造过程中，要特别注意解决好四个方面的问题。

（一）团队成员之间的知识搭配

餐饮企业的核心团队就是企业的领导班子。除董事长或董事长兼总经理是由企业的投资结构决定的以外，其余班子成员都是通过企业董事会聘用而组建起来的。因此，在其核心成员聘用和团队组建与缔造过程中，要特别注意核心团队的成员之间的知识搭配。就整体而言，餐饮企业的核心团队应该建立一个以科学文化知识为基础，以领导决策和科学用人知识为指导，餐饮企业整体管理、销售管理、厨房管理、餐厅服务和财务管理等专业知识互相搭配的立体化知识结构。这样，各核心成员的专业知识和技能各有侧重，各有所长，互相配合，取长补短，从而发挥核心团队的整体效应。

（二）团队成员之间的能力搭配

能力是人们在工作中运用各种专业知识形成的能量大小，它包括思维决策能力、观察判断能力、创新研究能力、组织指挥能力、业务操作能力、督导检查能力等。餐饮企业要做到核心团队成员之间的能力搭配，其基本要求是：董事长或董事长兼总经理要具有思想家和战略家的能力，他们应该思维敏锐、知识广泛，善于统观全局，有较强的观察、判断、分析、想象能力和决策控制能力。聘用的总经理或主管副总经理要具有组织家和活动家的能力，他们应该熟知餐饮企业整体管理的全面业务，善于组织协调，具有较强的指挥、驾驭能力，以及各种活动的策划和控制能力、整体管理的推动能力，能够将董事长或董事长兼总经理的意图全面落实。销售经理、餐厅部经理、财务经理等成员要具有实干家和专项业务督导家的能力，他们应该有较强的部门业务的组织指挥、实际操作和推动能力，能够以身作则，带头实干，成为部门业务管

理的实干家。

（三）团队成员之间的气质搭配

心理学家认为：人的气质可以分为胆汁质、多血质、粘液质和抑郁质四种类型。其中，胆汁质的人精力充沛，情感强烈而易爆发，行动迅速，性情较急躁；多血质的人活泼好动，热情洋溢，情感变化快而不易持久，动作敏捷而可塑性较强；粘液质的人沉着冷静，情感反应慢而持久，动作迟缓而不够灵活；抑郁质的人敏感、多疑，情感丰富、细腻而不外露，反应速度较慢。由于人的气质和后天环境不同，人的性格也各不相同。外向型的人善交际，喜欢同别人合作；内向型的人喜欢独立思考；中和型的人性格温和。餐饮企业在其核心团队的成员选配和缔造过程中，还要注意不同成员之间的气质和性格上的互相搭配，特别是董事长和总经理或主管副总经理、各级正职和副职人员之间的互相搭配，要尽可能做到互相补充、取长补短、协调一致，以减少核心成员之间的摩擦、纠纷，发挥领导班子的整体动力和集体效应。

（四）团队成员之间的年龄搭配

领导班子的年轻化是现代企业管理的发展方向，但并不是清一色的年轻人就是最好。生理和心理学研究表明：人的智力、能动和经验都与年龄有密切的联系。在人的学历和文化程度基本相同的条件下，年龄较大的阅历广泛，经验丰富，深谋远虑，处事稳健，能够把握形势和指引方向；中年人年富力强、锐意创新，有开拓精神，理解力、辨别力、分析判断能力和解决问题的能力较强，可以发挥核心和中坚作用；年轻人思想活跃、行动敏捷，有生气，易于接受新事物。餐饮企业在其核心团队缔造中要尽量注意年龄搭配，除董事长以外，其余核心成员要尽量避免都是同一个年龄层或邻近年龄段的人员。最好是老中青结合，这样可以取长补短，发挥各自的优势。

第二节 餐饮企业市场准入的人员配备管理

案例

广兴大酒楼开业人员配备管理的得与失

广兴大酒楼是一家达到四星级标准的高档餐馆。酒楼经过装修改造，总面积 1 200 多平方米，设有 1 处大众餐厅、1 处雅座餐厅、8 个包间，总餐位 380

多个。董事长刘洪宇先生长期从事装修业务。在他的领导下，餐厅筹建与装修效果优良，环境美观舒适。开业前2个月，刘董事长与筹备组人员开始着手准备员工配备工作。由于他对餐厅经营的业务内容并不是很熟悉，于是主要委托筹备组负责人李先生负责。李先生曾在一家三星级饭店当过川菜厨师长，因与刘董事长是从小的“发友”，所以开业筹备时被请来，相互信任，关系良好。

李先生根据酒楼档次和餐位数量、厨房生产能力，召集筹备组先后开了三次会议，确定了人员配备的原则。管理人员的配备由李先生为主招聘，通过推荐，内部选派，董事长谈话选配；厨房员工及大众餐厅、雅座、包房人员等员工按初步工作岗位拟订了配备计划；后勤人员从刘董事长的公司抽调一小部分来酒楼工作；主要服务人员从外地职业中专招聘。经过广告宣传，在门前贴招工启事和到外地中专学校多方联系，到正式开业前20天，其人员配备基本到位。李先生被聘为总经理，李先生的朋友被聘为总厨师长。正式开业前，李先生组织开展了4天的员工培训，然后正式开业。

酒楼开业后，员工大多感觉新鲜，工作也比较努力，但熟悉专业的人员不多。在李总经理的督导下，厨房生产还算顺利，但餐厅服务质量较差，特别是各部门配合的问题较多。正式开业2个月后，管理人员有1/3辞职走了，服务人员有40%左右自动离职，这使酒楼业务很快陷入困境。李总经理和刘董事长不得不忙于人员招聘和置换，餐厅的生意也日渐萧条。

点评

在市场经济条件下，新建餐饮企业开业时的人员配备是一项复杂而细致的工作。它需要经过周密计划，细致安排，逐级逐岗确定用人标准，认真选拔和严格培训，才能做好这项工作，使之形成一个优良的员工队伍，保证企业成功进入市场。广兴大酒楼开业的人员配备管理是一个失败案例。其原因就在于人员配备管理过于草率，缺乏严格的工作程序和用人标准。这种随意招人、员工队伍极不稳定的现象在不少酒楼饭庄等独立型餐饮企业管理中广泛存在。这是需要引起餐饮企业管理人员，特别是董事长和总经理的广泛重视的。为此，本节介绍餐饮企业开业人员配备管理的方法和技术。我们相信这些方法和技术对新建餐饮企业的开业管理者来说一定会有帮助和指导作用。

一、餐饮企业市场准入人员配备的依据

做好人员配备、组建员工队伍是餐饮企业做好开业准备、成功进入市场的前提和基础，在缔造餐饮企业核心团队的同时，必须研究制定其人员配备方案，找出人员配备的影响因素和客观依据，以便合理配备人员，保证开业需要，降低人工成本，提高劳动效率。在餐饮企业市场准入管理中，做好开业时的人员配备的主要依据是：

（一）企业等级规格和生产接待能力

餐厅、酒楼等餐饮企业的新建与装修改造、设备配置完成后，其等级规格已完全显示出来。等级规格越高，内部分工越细，质量要求越高，企业用人相对越多；反之，则越少。企业生产接待能力则表现为厨房数量和炉灶多少，餐厅数量和座位多少。很显然，企业生产接待能力越强，规模越大，需要配备的人员必然越多；反之，则越少。为此，要做好餐饮企业开业时的人员配备，就要分析企业等级规格和生产接待能力，并以此为依据确定人员编制和人员配备。

（二）企业组织结构设计和岗位设置

餐饮企业准备开业时，其组织结构是根据企业规模档次、生产接待能力、企业性质、经营方式和产品风味等多种因素来设计的。组织规模大小、企业内部的部门多少、管理层次和内部分工的精细程度不同，其岗位设置也不相同。为此，要做好餐饮企业开业时的人员配备工作，拟订人员编制计划，就要事先分析企业性质、生产接待能力、经营方式、企业内部的劳动分工等，同时设计出企业的组织结构和工作岗位，并以此为依据来制定人员配备计划，从而确定人员编制。

（三）市场供求关系和设施利用率高低

在餐饮企业的开业策划中，其人员配备的多少应该与市场供求关系保持一致。餐饮企业的市场供求关系是波动的，一年中有淡季、旺季、平季之分。季节不同，其设施利用率的高低也不同。一般说来，做好餐饮企业开业时的人员配备，要以平季市场供求预测结果为基础，确定开业时的餐厅平均上座率。在保证员工劳动效率的前提下，制定人员配备和人员编制计划，这样，既可防止开业后的人力不足，又可防止人员过剩，有利于开业后的人员安排与调整，有利于提高劳动效率。

（四）企业用工方式和劳动组织安排

在餐饮企业开业策划中，其人员配备与准备采用的企业用工方式和劳动组织安排存在密切联系。用工方式和劳动组织安排不同，人员配备的多少也

不完全相同。从用工方式来看,一般有管理岗位的固定工、合同制固定工、临时工和季节工。人员配备和编制一般以固定工为主,临时工和季节工则根据餐厅经营的季节波动程度短期雇用和解聘。劳动组织安排则主要表现为员工的劳动班次安排,餐厅上座率较高的大中型和高中档餐厅,一般按2个班次来安排员工,而中低档餐厅则多按1—1.5个班次来安排员工上班。由此,必然引起开业时餐厅人员配备的差别。所以,餐饮企业准备采用的用工方式和不同用工方式的人员比例、准备采用的员工劳动组织安排也是餐厅开业时人员配备的客观依据之一。

二、餐饮企业市场准入时人员配备的工作步骤

新建或租赁经营的餐饮企业,在市场准入时的人员配备一般是在准备开业前的2—3个月开始的。其人员配备的工作步骤和方法可大致概括如下:

(一)根据企业性质、规模和生产接待能力设计组织结构

在餐饮企业开业策划中,其人员配备和编制都是以组织结构为基础的。而组织结构的设计又要根据企业性质、等级规格、规模大小、接待能力、经营方式、产品风味等多种因素来确定。为此,在着手配备和编制企业人员以前,首先要做好组织结构设计。其设计方法是:第一,根据企业性质和投资结构确定企业组织管理体制,即确定是采用董事会领导下的总经理负责制还是董事长负责制或上级部门领导下的总经理负责制,并确定董事长和总经理的岗位设置。第二,根据餐厅和厨房的数量、类型和规模大小及业务活动需要,确定设置多少个部门、每个部门的管辖范围和工作内容是什么。在确定部门设置时,必须将企业所有工作内容都分配到各个部门中去,不能留下空缺。第三,根据企业规模和体制要求,确定企业组织管理层级和末端机构设置。我国新建的独立型餐饮企业一般规模不大,管理层级一般设3—4级即可。基层班组和末端机构则要具体涵盖企业经营所需的所有工作岗位。第四,绘制企业组织结构图,为企业岗位设置提供客观依据。

在餐饮企业开业策划中,由于影响企业组织结构的因素较多,各企业的管理体制和分工不同,其组织结构的形式是不完全相同的。但是,由于我国新建或租赁经营的餐饮企业,95%以上都属于有限责任公司的性质,大多采用董事会领导下的总经理负责制。在企业内部,厨房类型一般都是设一个主厨房即热菜厨房,同时再设一个冷菜厨房和面点厨房。餐厅设置则大多是设一个大众餐厅和一个雅座兼多功能餐厅,再设一些包间餐厅。因此,其组织结构的形式大多大同小异。现以中等规模、中高档酒楼为例,其组织结构的一

般模式可参阅图 8-1。

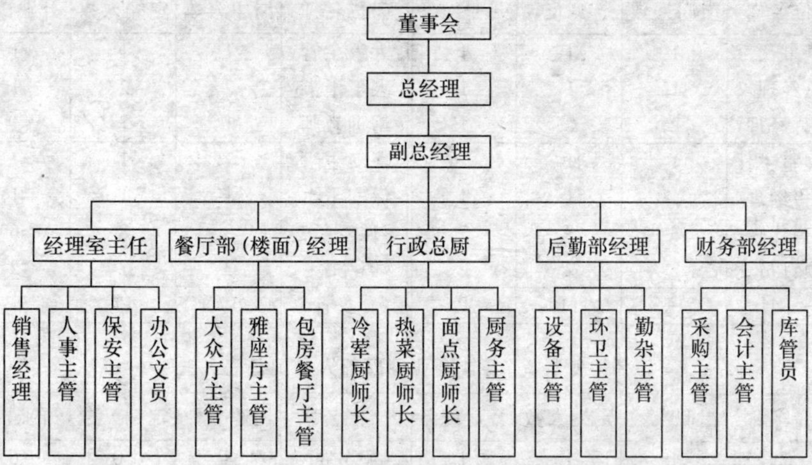

图 8-1　大中型餐饮企业组织结构形式图

（二）根据企业组织结构设计，确定企业岗位设置

在餐饮企业组织结构设计已经确定的条件下，其岗位设置主要分为两大类：一是主管以上的固定岗位设置。这些岗位不受企业经营程度的影响，是比较稳定的，与餐厅上座率的高低一般没有必然联系，因而其岗位设置方法主要是根据组织结构的设置来确定。因餐饮企业的规模大多较小，所以一般不设副职，只有主管副总经理或副总经理除外。如图 8-1 中，主管以上的管理人员需要配备的数量为 25 人。如果企业的组织结构较小，则可根据机构设置形式减少人员配备。

二是主管以下的各级岗位的设置，包括领班、厨师人员、服务人员、行政办事人员、后勤杂务人员等。这些岗位的设置要根据组织结构的设计、餐饮企业日常业务工作量的大小、企业用工方式、劳动组织安排等多种因素来确定。如图 8-1 中，销售经理以下可以设销售代表、餐饮预订人员，人事主管和保安主管以下可以设人事干事、保安员和巡逻员，餐厅主管以下可以设餐厅领班、领位员、服务员、传菜员和酒水员，各厨师长以下可以设厨师和徒工，厨务主管以下可以设洗碗工等。具体岗位的设置和需要配备的人员数量要根据各部门的各级主管以下的工作内容、业务工作量的大小、餐厅上座率的高低和班次安排来确定。在餐饮企业开业筹备中，要将这些工作岗位的设置和需要配备的人员数量逐一列表并拟订出来，以此作为其人员配备的依据。人员配备表格的形式可参阅表 8-1、表 8-2。

表 8-1　餐饮企业总经理室人员配备表　　单位:人

岗位名称	岗职人数	定编人数	开业配备	岗位名称	岗职人数	定编人数	开业配备
董事长	1	1	1	人事主管	1	1	1
总经理	1	1	1	人事干事	2	2	1
副总经理	2	2	1	培训教师	1	1	1
经理室主任	1	1	1	保安主管	1	1	1
销售经理	1	1	1	保安干事	1	1	1
销售代表	3	3	2	保安员	8	8	6
预订员	2	2	2	秘书	3	3	2
合　计	11	11	9	合　计	17	17	13

表 8-2　餐饮企业餐厅部人员配备表　　单位:人

岗位名称	岗职人数	定编人数	开业配备	岗位名称	岗职人数	定编人数	开业配备
餐厅部经理	1	1	1	服务员	8	10	6
大众厅主管	1	1	1	传菜员	4	4	2
领班	2	3	1	吧台员	2	2	1
领位员	4	4	2	收款员	2	2	2
服务员	10	12	6	小计	23	26	16
传菜员	4	4	2	包房主管	2	3	2
吧台员	2	2	1	领班	2	2	—
收款员	2	2	2	领位员	4	5	2
小计	26	29	16	服务员	8	10	6
雅座厅主管	1	1	1	传菜员	2	3	2
领班	2	3	2	小计	18	23	12
领位员	4	4	2	合计	67	78	44

上表各部门的各岗人员数量配备不完全相同。岗职人数主要根据组织结构和岗位设置确定,定编人数主要根据平季预测的餐厅上座率和繁忙时的倒班需要确定,开业配备人数则根据开业时最低人数确定。正式开业后,各岗人数还可以适当调整。企业开业时的其他各部门的岗位设置和人员配备也要参照上表格式逐一拟订,才能为开业时的人员配备提供客观依据。

(三)根据各级各部门的岗位设置制定招工用人标准

餐饮企业开业时的人员设备,在岗位设置和各岗人员数量基本确定的基础上,关键是要通过招工用人,选配适合岗位要求的各级管理人员、厨房技术人员和服务人员。所以,根据各级各部门的岗位设置,制定招工用人标准,是做好人员配置最重要的基础工作。餐饮企业的招工用人标准必须根据岗位职务的高低、各岗工作要求分别制定，每一个等级的每一种岗位各制定一份，绝不能用同一个标准去招聘不同岗位的人员。由于这种招工用人的具体标准各不相同，现以一家中档大酒楼的总经理、餐厅部（楼面）经理、总厨师长为例，说明其标准内容，其他各种岗位的招工用人标准，各企业可根据其岗位设置和实际情况制定。

表 8-3　酒楼总经理招工用人标准

<table>
<tr><td>职务名称</td><td>酒楼总经理</td><td>薪酬待遇</td><td>公司等级工资 2—4 级</td></tr>
<tr><td>直接上级</td><td>公司董事长</td><td>直接下级</td><td>酒楼各部门经理</td></tr>
<tr><td>管辖范围</td><td>主持日常业务</td><td>权力范围</td><td>计划、组织、指挥全面业务</td></tr>
<tr><td colspan="4">岗位任职基本条件</td></tr>
<tr><td>项目</td><td colspan="2">基本条件</td><td>理想条件</td></tr>
<tr><td>文化程度</td><td colspan="2">大专院校大专或高职毕业</td><td>大学本科以上毕业</td></tr>
<tr><td>所学专业</td><td colspan="2">工商企业管理专业</td><td>饭店或餐饮管理专业</td></tr>
<tr><td>身体状况</td><td colspan="2">良好，能胜任繁重工作</td><td>身体健康，精力充沛</td></tr>
<tr><td>仪容仪表</td><td colspan="2">身体协调，注重仪容仪表</td><td>良好，有较好的气质和风度</td></tr>
<tr><td>语言能力</td><td colspan="2">口头和文字表达能力较强</td><td>思维敏捷，有演讲表达能力</td></tr>
<tr><td>任职资格</td><td colspan="2">助理经济师以上职称，取得国家主管部门颁发的总经理上岗证书</td><td>经济师以上技术职称，取得国家主管部门颁发的总经理上岗证书</td></tr>
<tr><td>任职年限</td><td colspan="3">6 年以上饭店宾馆、酒楼饭庄工作经验，其中 3 年以上同等规格的企业部门经理以上工作经验，熟知餐饮企业全面业务和专业知识</td></tr>
<tr><td>基本素质</td><td colspan="3">1. 为人正派，品德端正，有良好的职场道德；合同意识强，不谋求合法利益以外的个人私利；无职场劣迹记录
2. 具有管理学、经济学、社会学、心理学、食品营养与卫生等较广泛的理论知识，熟悉餐饮行业动态与发展趋势
3. 有良好的心理素质，心胸开阔，性格开朗，有良好的合作意识</td></tr>
<tr><td>主要能力</td><td colspan="3">有决策拟订与实行能力、全面业务组织与指挥能力、协调控制能力、知人善任能力、客户关系处理能力和丰富的领导工作经验</td></tr>
</table>

表 8-4 酒楼餐厅部(楼面)经理招工用人标准

职务名称	餐厅部(楼面)经理	薪酬待遇	公司等级工资 4—6 级
直接上级	酒楼总经理	直接下级	各餐厅主管级经理
管辖范围	各餐厅服务管理	权力范围	执行、组织、督导、检查
岗位任职基本条件			
项目	基本条件		理想条件
文化程度	高职或大专以上毕业		大专或本科以上毕业
所学专业	饭店或餐饮服务专业		饭店或餐饮管理专业
身体状况	良好,能适应工作要求		身体健康,精力充沛
仪容仪表	端庄大方,注重仪表		仪容仪表优良,有良好的气质和风度
语言能力	口齿清楚,表达能力较强		善于表达,思路清晰,重点突出
任职资格	取得国家主管部门颁发的部门经理上岗证书		助理经济师以上职称,取得部门经理上岗证书
任职年限	5 年以上饭店宾馆、酒楼饭庄工作经验,其中 3 年以上同等星级的企业主管或部门副经理以上工作经验,熟知餐厅服务全面工作和质量标准		
基本素质	1. 接受过饭店或餐饮管理专业较系统的专业培训,掌握管理学、市场学、社会学、食品营养卫生等基础知识 2. 心理素质良好,有较强的事业心、责任感,办事严肃、认真 3. 有良好的职场道德、法纪意识,无职场劣迹记录		
主要能力	有较强的餐厅服务组织能力、督导检查能力、人员安置、评估与考核能力、客户关系处理能力和丰富的实际工作经验		

表 8-5 酒楼总厨师长招工用人标准

职务名称	总厨师长 (行政总厨)	薪酬待遇	公司等级工资 2—5 级
直接上级	酒楼总经理	直接下级	各单体厨房厨师长
管辖范围	负责厨房全面工作	权力范围	各厨房行政业务组织、指挥、督导、检查
岗位任职基本条件			
项目	基本条件		理想条件
文化程度	中专或中技以上毕业		高职或大专以上毕业
所学专业	旅游或商业学校烹饪专业		大专院校烹饪专业
身体状况	身体健康,无传染性疾病		身体健康,精力旺盛
仪容仪表	注重仪容仪表		身体协调,注重仪表卫生
语言能力	有良好的表达能力		语言文字表达能力较强
任职资格	烹饪专业高级(一级)厨师以上职称,取得行政总厨(部门经理)上岗证书		特级技师以上技术职能,取得行政总厨(部门经理)上岗证书

（续表）

项目	基本条件	理想条件
任职年限	5 年以上饭店宾馆、酒楼饭庄工作经验，其中 3 年以上风味餐厅厨师长以上工作经历，熟知厨房行政管理和专业技术全面工作，有丰富的厨房生产、组织、指挥工作经验	
基本素质	1. 具有餐饮管理、烹饪学、食品原料学、食品营养与卫生等专业知识，以及厨房行政管理、人员调配、大中型活动组织的专业知识 2. 熟悉高中档宴会设计、菜单设计、原料加工，并且个人技术优良 3. 有良好的心理素质和职场道德、不谋私利、无职场劣迹记录	
主要能力	具有较强的厨房行政管理能力、组织领导和指挥能力、菜单设计能力、宴会组织能力、成本核算与控制能力、餐饮产品创新与推广能力	

（四）做好人员配备方案及研究确定招工用人渠道和方法

在餐饮企业开业筹备中，各级各部门的岗位设置和各级各岗人员的招工用人标准确定后，要以部门为基础，形成各级各部门的人员配备方案。然后由董事长或总经理召集筹备组人员的工作会议，认真分析各部门人员配备方案、岗职、岗位和开业配备的人数是否合理，招工用人标准是否适合本企业的等级规格和实际需要，与人力市场供应状况是否吻合。经过修改，报企业董事会或董事长审批后，形成正式的人员配备方案，以此作为餐饮企业开业时人员配备的客观依据。在此基础上，还要进一步研究人员配备的招工渠道和方法，包括参加招聘会招聘、广告宣传招聘、内部推荐、同行或朋友推荐、到相关大专院校或中专、中技等学校招收等。具体方法我们将在下一节中介绍。

三、餐饮企业开业时人员配备容易发生的问题与对策

（一）人员配备容易发生的问题

在餐饮企业市场准入管理中，其人员配备大多是在企业开张营业前 1—3 个月的一个短时间内由筹备组人员完成的。这时，企业的装修改造和设备物资配备大多还没有完全到位，筹备组人员一方面要继续忙于餐厅开业前的物质准备，一方面要忙于开业前的人员准备。其中，不少企业的部分筹备人员还可能留下成为企业经营管理人员。这时，其人员配备管理最容易发生以下几个方面的问题：

1. 对人员配备工作的认识和准备不足，容易打乱仗

餐饮企业开业前的人员配备工作做得好与坏，直接决定和影响开业后的核心团队素质和员工队伍质量，是一项十分细致的工作。由于这时的筹备工

作时间短、工作千头万绪，不少投资人或董事长又缺乏这方面的经验，因而常常使筹备人员认识不足。特别是那些只负责餐厅开业筹备而并不留下继续工作的人员更可能如此。由此，又会造成准备工作不充分、不细致，缺乏具体工作步骤和方案。加之餐厅改造装修的督导、催促、设备配置、物资采购、工程验收、环境美化、卫生整理等各项工作掺杂在一起，容易发生打乱仗的局面，影响餐厅开业人员配备管理的工作质量和员工素质。

2. 对人员配备的岗位设置和方案制定不细致，草率从事

餐饮企业开业前的人员配备是以岗位设置为基础的。而岗位设置和方案制定，特别是各级各部门主管以下的领班和员工的岗位设置，是一项相当细致和复杂的工作。每一个基层和末端机构的岗位设置和人员数量都要以预计开业后的每日工作量的大小来确定，以保证员工在规定的时间和范围内，每天都有足够的工作量。由于不少筹备人员，包括高层管理人员并不熟悉这项工作的内容和方法，因而使人员配备中的岗位设置和人员配备数量大多不够细致。不少餐饮企业开业时的人员配备的岗位设置和方案常常只是粗略估计的，也没有像本节前面那样逐一制定每个部门的岗职人数、岗位人数和开业配备人员表格，由此造成草率从事的现象，有的岗位设置不合理，有的工作内容没有相应岗位去完成，有的岗位的工作内容常常互相重叠、冲突。由此，必然造成开业后的餐饮管理和服务工作混乱。这些都是在餐饮企业开业前的人员配备中需要避免的。

3. 没有或缺少人员配备的用人标准或标准不具体

餐饮企业的人员配备，各级各岗人员的招工标准是各不相同的。针对不同岗位，分别制定其用人标准是做好人员配备的前提和基础，也是做好人员配备的客观依据。但在实际工作中，不少餐饮企业在筹备开业时，要么没有制定各级各岗人员的用人标准，要么标准制定不齐全、不合理、不具体。常常是由筹备组的负责人口头讲一讲，提出一些并不具体的标准和要求，没有文字依据，由此必然影响企业的员工招聘和团队组建的质量，影响开业后的人员素质、管理水平和服务质量。这也是餐饮企业开业前的人员配备应该避免的，需要引起有关企业的高度重视。

（二）解决人员配备存在问题的对策和措施

针对上述餐饮企业人员配备中容易产生的问题，新建或租赁经营的餐饮企业在开业前的人员配备中，应该采取以下几项对策和措施：

1. 董事长或总经理要亲自挂帅，成为内行

餐饮企业开业前的人员配备是十分重要的，它直接影响开业后的企业核

心团队的素质和员工队伍的素质高低，直接影响企业开业后是否具有强大的核心竞争能力。只有董事长或总经理亲自挂帅，充分认识到人员配备的重要意义，让筹备组的每个成员都认识到这项工作的作用，并做好整体部署和计划安排，将开业前的人员配备和其他筹备工作区别开来，摆到十分重要的位置，才能做好这项工作。

2. 要制定周密的工作计划，逐项落实，限时完成

餐饮企业开业前的人员配备因时间紧迫、任务艰巨、标准不易掌握，同时又和开业前的其他筹备工作掺杂在一起，因此，企业董事长或总经理或筹备组的负责人要经过周密思考、认真分析，制定出一个周详的工作计划，然后分成不同的工作步骤，限时完成。在时间安排上，最好在开业前的3个月左右即开始这项工作。计划的重点是组织结构设计、各级各岗的岗位工作内容设计、人员配备数量确定和各岗人员的用人标准制定。只有这样，以计划和程序为基础，逐项落实和检查计划的实行情况，才能做好人员配备。

3. 要将岗位设置和用人标准作为工作中心和重点

餐饮企业开业前的人员配备的质量高低是由事先制定的岗位设置方案和用人标准来决定的，只有岗位设置合理，各个岗位的用人标准与岗位工作内容与素质、能力要求，包括学历、资历、工作年限、专业知识和工作经验相适应，才能招聘到合格的人才。所以，餐饮企业一定要将岗位设置和各个岗位的用人标准作为开业时人员配备工作的中心和重点，认真逐一落实，经过严格审核、批准，然后贯彻落实，才能做好开业前的人员配备工作，保证人员配备质量，保证企业成功打入市场，增强餐饮企业开业后的核心竞争能力。

第三节　餐饮企业市场准入的人员招聘管理

案例

一次比较成功的厨房人员招聘是这样组织的

黄河大酒楼是开元餐饮有限责任公司（集团公司）下属的一家四星级标准的独立型二级企业。酒楼面积1 600多平方米，设有3个餐厅、1个主厨房及与之配套的冷菜和面点厨房。酒楼开业前3个月，集团公司委派唐先生来酒楼任总经理、徐先生任行政总厨。两人在公司曾长期合作，关系融洽。为

做好酒楼开业前的人员招聘和团队组建，两人到位后即制定了人员招聘的详细计划和方案，拟订了企业内部的岗位设置方案和各岗人员的用人标准。在开业前的人员招聘上，分为两个工作小组：厨房人员招聘由徐先生负责，其余人员招聘由唐总亲自负责。

在酒楼统一安排下，通过广告宣传、行业同事及朋友推荐、参加人才招聘会等多种途径，已经物色和甄选出不少愿意前来工作的人员。为保证厨房人员招聘质量，徐先生对自己分工负责的工作做了如下安排：

(1) 明确招聘重点。徐先生将厨房人员招聘分为四类：一是因厨房规模较大，需要配备的热菜、冷荤和面点厨房的三名厨师长，其中以热菜厨师长为重中之重。二是热菜厨房直接上灶的主厨八人，其中领班两人。此外，还有冷荤和面点厨房的主厨各一人。三是加工厨房的领班和配菜师各两人。四是厨房其他厨师人员和厨工人员。

(2) 做好人员面试考核。在应聘人员报名、甄选的基础上，根据应聘人员自报应聘职务和岗位，徐先生将应聘面试分为两类：一是主厨和领班以上的人员。面试时间长，交谈具体，其中三名厨师长的应聘单独进行，每人两小时以上，主厨和领班则一个小时左右。面试中常常设想一些厨房管理中的问题，请应聘人员回答，相互交流。因应聘人员较多，人品、业务问题交谈内容广泛，这项工作需要花很长时间。二是领班以下的人员面试。主要观察工作意识、合作意识、责任心和吃苦耐劳等情况，每人面试30—40分钟。

(3) 组织笔试考核。经过面试考核后，对应聘厨师长、领班以上的人员，徐先生与公司总部人事部经理配合，组织进行笔试。试题内容以实用型的选择题、判断题为主，厨师长考核则增加情景模拟题和成本、毛利核算方面的题目。结果，收到了较好的效果。

(4) 组织实操考核。经过筛选，应聘主厨、领班以上的人员和技术素质较高的人员共剩20人左右。事先让每人自选三种菜点，酒楼准备好原料，按热菜、冷菜、面点分组，分两天进行实际操作考试，并从集团公司请来四位总厨师长和唐总经理等一起做出考核评估。

由于黄河大酒楼的厨房人员招聘在总经理领导下，组织良好、工作细致，加之酒楼对厨房人员的起点工资较高，人员可选余地大，不仅较好地完成了任务，而且酒楼开业后，很快赢得了市场。三个餐厅的平均上座率达到90%以上，座位利用率超过180%。

点评

餐饮企业开业前的人员招聘是根据人员配备方案,区分不同岗位的用人标准来选择和配置与岗位要求相适应的人员。它是一个复杂的过程。人员招聘与人们到商场买商品不同,其困难在于难以在较短时间内选到人品、道德、知识、能力和技术等方面都与岗位职责和要求相适应的人才。黄河大酒楼的厨房人员招聘之所以比较成功,其原因就在于企业领导重视,准备工作充分,组织严明,招聘组织者本身的素质较高,工作细致。不少新建或租赁经营的餐饮企业,往往一开业就内部矛盾重重,钩心斗角,经营不善。究其原因,大多是因为在人员招聘上发生了问题。为此,本节介绍企业开业前的人员招聘和团队组建方法,供各餐饮企业参考运用。

一、餐饮企业市场准入人员招聘的工作程序

餐饮企业开业前的人员招聘是在制定人员配备方案和不同岗位的用人标准的基础上开展的,其招聘工作大致分为以下几个步骤:

(一)根据招工计划准备招聘广告和宣传资料

新建或租赁经营的餐饮企业开业前需招聘的人员包括管理人员、厨房技术人员、服务人员和后勤保障人员等,其人员类型和数量都较多。根据招聘计划准备招聘广告和宣传资料,既是做好人员招聘的前提和基础,也是发布招聘信息、吸引应聘人员的重要措施。餐饮企业需要招聘的人员类型和应聘岗位不同,其人员素质的要求也不同。为此,准备招聘广告和宣传资料,要力求做到内容准确、信息清楚、聘用条件明确、对应聘人员有吸引力,其广告和宣传资料的内容一般应包括企业基本情况、等级规格、地方人事劳动部门的批准文号、招聘的岗位名称、人员数量、基本要求、薪资待遇、报名方式、需要准备的个人资料等。企业的具体情况不同,招聘广告和宣传资料的具体内容和写法也不一样。现以一家四星级标准的酒楼为例,说明其招聘广告的内容:

东海大酒楼招聘广告

一、东海大酒楼是一家四星级标准的豪华型餐饮企业，酒楼设有广东风味的大餐厅、多功能厅和豪华包间，总餐位480个，另设一处主厨房和两个专业厨房。酒楼采用董事会领导下的总经理负责制，即将于××月××日开业。经××市××区劳动局批准（批准文号05－4832），酒楼诚招下列人员加盟。有意者请与东海大酒楼有限责任公司筹备处联系，招聘对象和要求请参见下表：

二、招聘人员一览表

分类	招聘岗位	人数	基本要求
管理人员	总经理	1	有饭店餐饮部经理、酒楼副总经理工作经历，本科学历，经验丰富
	办公室主任	1	大专以上学历，有办公室全面工作经验
	人事主管	1	经济管理专业大专以上学历，熟悉人事劳动管理，有实际经验
	保安主管	1	大专以上学历，熟知消防、安全管理，有实际工作经验
	行政总厨	1	特级厨师证书，3年以上厨师长经验，熟悉厨房全面工作
	专业厨师长	2	一级厨师证书，熟悉专业厨房生产组织，有厨房管理经验
	销售经理	1	大专以上学历，2年以上销售主管经验，熟悉公关、销售工作
	财务部经理	1	会计师以上职称，熟悉餐饮企业会计业务，有实际经验
	餐厅部经理	1	大专以上学历，2年以上餐厅管理经验，有较强的服务组织能力
	餐厅主管	3	高职以上学历，有餐厅服务管理经验和实际能力
	餐厅领班	6	职高以上毕业，1年以上餐厅服务经验，有班组管理能力
服务人员	领位员	8	仪容仪表端庄，1年以上餐厅服务经验，有一定气质和风度
	服务员	35	职高以上毕业，仪表良好，无传染性疾病
	酒水员	3	职高以上毕业，有酒水服务专业知识，人品端正
	传菜员	6	职高以上毕业，仪表良好，无传染性疾病
	收款员	4	财会专业职高以上毕业，诚实可靠，仪表良好
	勤杂工	2	下岗或待业人员，女性，工作主动
	洗碗工	5	下岗或待业人员，工作主动、踏实

三、以上人员享受酒楼等级工资和奖金待遇，高于同等企业。具体工资待遇和国家"三险"根据应聘岗位，按国家政策规定执行。签订正式劳动合同，各岗工资待遇面议。

四、联系办法。公司地址：××市××区×××街5号；联系人：筹备处张小姐、刘先生；办公时间：××月××日—××月××日，全天候办公。求职者请带2寸半身照片2张、身份证、学历及职称证书等有关资料。

东海大酒楼餐饮有限责任公司（盖章）

××××年××月××日

（二）选择招聘渠道，发布招聘信息

餐饮企业开业时的人员招聘的渠道主要包括社会媒体招聘、学校招工、人才市场、网络招聘、内部推荐等。具体渠道的选择要根据企业所处的人才市场环境和实际需要确定。一般说来，餐饮企业开业时的管理人员招聘多以内部推荐、媒体和网络广告为主；技术人员招聘多以人才市场为主；服务人员招聘则多以学校招工为主。在选择招聘渠道、发布招聘信息时，要注意三个问题：

第一，选择媒体广告。企业招聘时可选择的媒体主要是当地报纸、电视、信息网络。选择媒体广告发布信息的优点是信息传播范围广、速度快，应聘求职的人员数量多，岗位层次的适应范围广，企业可挑选的余地大。但选择媒体广告时，要注意信息发布的内容必须明确具体，招聘岗位要求必须清楚。此外，信息发布时间一般要连续3—5天，以便引起广泛重视。

第二，选择人才市场。随着市场经济的发展和人才流动的日益广泛和普遍，可供选择的人才市场有职业介绍所、人才交流中心、就业服务中心、各种人才招聘会等。餐饮企业开业时因人员招聘的数量较多，岗位各不相同，一般以选择人才招聘会为好。这时要注意三个问题：一是企业招聘的时间要和社会组织的人才招聘会时间比较吻合，以保证企业人员招聘和开业需要。二是要提前做好参加招聘会的各项准备工作，如会场联系、招聘展台租用、招聘广告的设计与制作、招聘资料的印制与散发、应聘人员申请书的印制填写等。三是要做好参加招聘会的现场组织工作。其中，重点是人才招聘广告的设计与制作和招聘资料的印制。要做到企业情况介绍具体，图文并茂，能给应聘人员留下深刻印象，产生广泛吸引力。

第三，选择学校招聘。餐饮企业开业前的人才招聘一般应选择旅游专业、商业与服务专业的大学和中等职业学校为主。要事先与有关学校取得联系，签订招聘协议书，并到学校组织招聘会，散发招聘资料和应聘人员申请表。然后通过面试，选择有意到企业求职的人员。学校招聘一般以服务人员为主，若招大专或本科以上的学生，则以有发展潜力的中基层管理人员、厨师人员为主。

（三）收集应聘申请，做好面试初选

餐饮企业在制定招聘广告、发布招聘信息的过程中，无论是通过媒体广告、网络宣传、参加人才招聘会或到有关学校招聘，应聘者在获得招聘信息后，如果有意求职，都应向他们发放应聘人员申请表。然后将这些申请表收集起来，通过面试，做出初步选择。其表格内容可参见表8-6。

表 8-6　东海大酒楼应聘人员申请表　　　　应聘职位：

姓名		性别		出生年月		政治面貌		照片
学历		毕业学校				专业		
职称		现从事的专业/工作						
现工作单位				联系电话				
通讯地址				邮编				
家庭住址				身份证号码				
掌握何种外语		程度如何(有无证书)						
技能与特长				技能等级				
个人兴趣		身高　　米		体重　　公斤		健康状况		
个人简历								
欲离开原单位的主要原因						现在工资		
欲加入本单位的主要原因								
收入期望	元/年	可开始工作日期						
晋升期望(内容、日期、时间)								
其他期望								
家庭成员情况								
备注								

自愿保证：本人保证表内所填写内容真实，如有虚假，愿受解职处分。

申请人签字：　　　　日期：

在收集应聘申请、做好面试初选过程中，餐饮企业招工人员要注意三个问题：一是审查应聘申请表的内容是否填写齐全、清楚，是否准确、真实。若没有填写齐全，要通过面试请应聘者补充填写。二是面试初选要严肃、认真，针对申请表内容做好当面交谈，提出问题请应聘人员回答。对有疑问或问题、不太适合所聘岗位的人员，要在申请表的背面做好记录，防止事后遗忘、不好筛选。三是对重点岗位的应聘申请人要给予特别重视,适当多提问,尽可能对应聘申请人的基本情况、性格、特点、人品和能力等有更多的了解,并做出特别记录,以便为进一步的考核录用提供依据。

(四)针对不同岗位,做好考核录用

餐饮企业开业前的人员招聘因工作岗位较多,各岗人员的职位高低和素质要求不同,应聘人员的来源和具体情况复杂,因而其人员招聘工作也是十分复杂和细致的。为此,在收集应聘申请、做好面试初选的基础上,还要针对不同岗位,认真做好考核录用,才能选拔到适合本企业和不同岗位工作需要的人才,保证企业员工队伍素质。

针对不同岗位,做好考核录用。从工作岗位设置的角度来看,应聘人员的岗位可大致分为四种类型:一是从总经理到主管领班以上的管理岗位的应聘人员。二是从行政总厨到厨房生产的厨师岗位的技术人员。三是比较大量的各岗服务人员。四是为一线服务的职能与后勤保障的应聘人员。这些人员的岗位不同,从考核录用的角度来看,其考核方式也可以分为四种:一是诊断面试,即对初选合格的应聘人员进行实际能力和潜力测试,包括应聘者的表达能力、交际沟通能力、应变能力、思维反应能力、个人兴趣、特长等。这种考核方式主要适用于主管、领班及其以下的各岗服务人员、一般厨师、职能人员和后勤保障等各岗人员的应聘考核。二是笔试考核,即对初选合格的应聘人员组织书面答题考试,其内容应以专业知识、心理素质和实际工作的题目为主。这种方式主要适用于餐饮企业各部门经理以上的应聘人员。三是实操考核,即对初选合格的应聘人员进行实际操作考核。这种考核方式主要适用于各专业厨房的厨师长和专业厨师等各岗人员的应聘考核。四是场景模拟考核,即对初选合格的应聘人员先组织他们对企业及各部门的情况进行实地考察,介绍企业组织结构和人员配备设想,然后针对不同岗位请他们根据企业实际场景,拟订管理方案,编制企业或部门预算,提出管理措施等。这种考核方式主要适用于总经理、主管副总经理、行政总厨、财务经理、餐厅部(楼面)经理等餐饮企业核心团队成员等各岗应聘人员考核。采用场景模拟考核时,要注意每个岗位的考核题目涉及面不要太宽,宜专不宜泛,宜细不宜全,宜深不宜粗。与此同时,场景的背景资料要明确、具体。

二、餐饮企业市场准入中管理人员的考核招聘方法

在餐饮企业市场准入管理中,需要招聘的管理人员以总经理、主管副总经理、行政总厨,以及销售部、餐厅部和财务部经理等核心团队成员为主,同

时包括各专业厨房的厨师长、各部门主管领班以上的管理人员。其中,核心团队成员是企业开业时考核招聘工作的重点和关键。他们的素质高低、人品质量、工作能力将直接影响和决定企业能否成功打入市场和开业后的企业管理水平、服务质量和经济效益,需要引起高度重视。餐饮企业开业前,做好管理人员考核招聘工作的方法是多种多样的,但重点要做好三个方面的工作:

(一) 掌握人才背景,坚持"货比三家"

餐饮企业开业前的管理人员,特别是核心团队的成员有的来自内部推荐,有的来自同行朋友介绍,有的来自社会公开招聘,有的属于"毛遂自荐"。不管属于哪一种,招聘时都要通过他人介绍、自我介绍、推荐人介绍和调查了解,首先掌握应聘申请者的人才背景。所谓人才背景,主要是指应聘人员的姓名、年龄、学历、资历、曾经从事过的职业、任职单位和职务的工作年限、工作能力、前来应聘的工作岗位和职务等。然后,根据他们应聘的工作岗位,每人均应填写一份正式的餐饮企业应聘人员申请表(表格内容参见表 8-1)。表格内容的填写要全面、真实,防止弄虚作假。对于应聘总经理、主管副总经理、行政总厨、财务部经理等中高层职位的人员,必要时应通过走访原单位、发函或其他渠道,对他们过去的情况做一些必要的了解。在此基础上,对每一个重要的岗位或职务,至少应有三人以上通过面试初选,进入下一应聘程序,以便形成"货比三家"的竞争局面,有利于企业挑选合格人才。如图 8-2 所示。

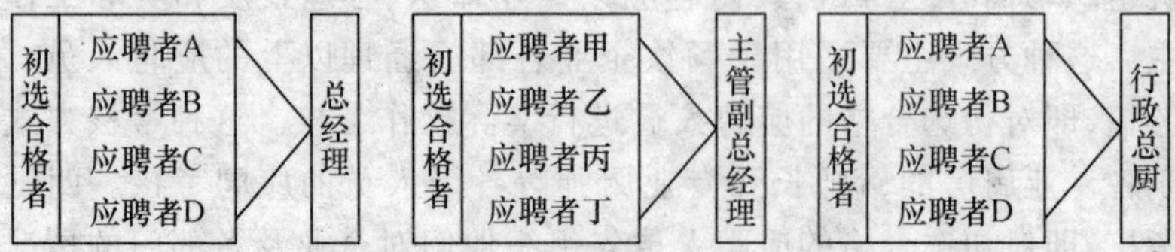

图 8-2

(二) 区分不同职位,做好诊断面试

诊断面试是指经过面试初选,对于初选合格的应聘人员所进行的能力和潜力测试。餐饮企业管理人员的诊断面试,要区分不同申请职位,由更高一级的管理人员和熟悉人员招聘的有关人员来进行。例如,企业总经理、主管副总经理、行政总厨一般应由董事长和已经确认的总经理或聘请人力资源管理专家来进行诊断面试;部门经理应由总经理来诊断面试;各专业厨房的厨师长则应由已经确认的行政总厨或总厨师长进行诊断面试。总之,诊断面试要想测试出面试人员的实际能力和潜力,必须区分不同职位,由人力资源管理经验丰富的专家和更高一级的人员来进行。

区分不同职位、做好面试诊断的基本方法是：第一，主考人明确面试诊断的具体目的。其主要目的是通过面试谈话提出各种问题，了解应聘人员的基本情况、工作经历、工作能力、工作经验、个人品德、工作潜力等是否适合所聘岗位或职务的基本要求。第二，准备好面试诊断谈话提问。谈话提问的内容和技巧是做好面试诊断的关键，其提问内容要根据应聘岗位的要求来确定。提问的方法可以采用简单提问、递进式提问、比较式提问和引导举例式提问等方法。第三，掌握好面试谈话的气氛和进程，面试谈话要在轻松、愉快的气氛中进行，防止紧张、尴尬局面的出现；谈话要以互相交谈为主，让应聘者畅所欲言，同时又不脱离主题，紧扣谈话进程，防止海阔天空。同时，要态度诚恳、认真倾听。只有这样，才能通过面试诊断，做好应聘人员考核工作，选拔符合企业所聘岗位实际需要的管理人员。

餐饮企业管理人员诊断面试的提问内容是比较复杂的。除了提前做好准备外，往往要根据谈话进程适时提出一些问题，请应聘者回答。现以总经理或主管副总经理的应聘谈话为例加以说明，以供参考。

(1) ××先生：您好，我们单位是一家新建的四星级大酒楼。您已通过初步面试。昨天，王小姐带您查看了酒楼的餐厅、厨房等设施和筹建进度。酒楼快要开业了，前来应聘的人员较多。今天，我代表公司想与您再进行一次深入交谈。我们已认真查看了您的应聘申请，真诚希望您能通过考核录用，来我们公司担任总经理这一非常重要的职位。您能谈谈您过去特别是最近五年来的工作经历吗？

(2) 听了您的介绍，您是一位经历和经验都比较丰富的餐饮企业管理人员，您在×××饭店担任过3年餐饮部经理。您认为您最成功的地方是什么？能谈谈您的成功经验吗？

(3) 您的成功经验对我们大家都是一个很好的启发。在现行的管理体制下，要想把事情做得尽善尽美是很困难的。在您的工作中，您觉得还有哪些不尽如人意的地方需要改进呢？

(4) ××先生，您结合近几年的工作谈了您对一些主要的需要改进的工作的一些看法。其中，既有客观环境的问题，又有现实条件、授权程度和主观可能存在的问题。结合您的情况，您能谈谈为什么准备离开原单位前来应聘新的职位吗？当然，在这一问题解决之前，不管结果如何，我们都是会为您保密的。

(5) 对您准备辞职的原因我们很理解，特别是您想换一个环境更好的地方以发挥您的能力,我们十分赞赏。您也对我们酒楼的条件和基本情况有所了解,如果您前来担任总经理,面对一个即将开业、万事开头难的局面,您准备从哪几个主要方面着手来开展工作呢?其中,您认为最关键的是什么?

(6)听了您的设想和准备采取的措施,我们感觉很不错。我们大酒楼是一家有限责任公司,实际上是私人投资。在管理体制上,实行董事会领导下的董事长负责制,我就是董事长,还有另外四名投资人。因此,在管理体制上与您原来所在的单位会有不少区别。如果您前来担任总经理一职,您在责任、权利和利益协调方面有些什么想法和要求呢?希望我们能够比较直率和明确地进行一些深入的交谈。我作为董事长,当然知道要通过权利和利益的调节才能把酒楼的经营业务搞上去,也才能让投资人获利,让管理人员和员工获得事业发展的平台、机会和实际利益。

(7)您是一位比较直率的人,您刚才所谈的一些想法和要求有很多是很合理的。您能抽出时间做出一个比较具体的方案吗?这对我们酒楼和我这个董事长来说,都是十分重要的。

……

管理人员的诊断面试比较复杂,其提问内容根据不同人员应聘岗位而变化。职位越高,谈话提问的内容越深入、越广泛;职位越低,则提问谈话的内容越专业、越具体。以上只列举了应聘总经理职位诊断面试的部分提问。值得注意的是,在面试提问与交谈过程中,主考人员要一边认真听取应聘人的讲述,一边做好必要的记录,同时观察应聘者的反应与面部表情。

(三)做好综合测评,选拔合格人员

餐饮企业的管理人员招聘,由于他们在企业开业后所处的位置十分重要,因此在诊断面试的基础上,还应根据实际需要,做好综合测评。综合测评的内容和方法主要包括四个方面:

第一,智能测评。智能是智商的反映,是企业管理人员能力的重要体现。其测试内容和方法主要包括四个方面:一是智力,即应聘者的数字和语言能力,可以通过词汇、相似、相反、算术计算等类型的问题来测试。智力测试成绩较好的人,一般工作能力较强,他们关注新事物,善于发现和处理问题。二是技能,即应聘者的某些特定技巧和能力。例如,计算机运用能力、文字记录及数字计算和逻辑思维能力等。技能可以通过现场考试、检查特定证书(会计证、外语等级证、计算机等级证、厨师职称证等)等形式来确定。三是专业知识,即餐饮管理所需要的各种专业知识。一般可通过应聘人员的专业和学历证书、国家主管部门颁发的上岗证书(总经理、部门经理上岗证书)、培训合格证书等来测评。四是情景模拟测试,即根据应聘职位不同,编制与所在职位基本相同的情景题目,将应聘人员安排在逼真的环境中,要求他们回答或处理模拟的各种问题。这样,可以测试出管理人员的领导能力、观察能力、分析能力、交际与沟通能力、语言表达能力、思考决策能力、解决问题的能力等。这是对应聘人员进行智能测评的主要方法。

第二,情商测评。情商是指人的情绪智商,即人在情绪方面所表现出来的能力。情商是企业管理人员,特别是中高层管理人员必须具备的能力,它对企业管理的组织领导效果起着十分重要的作用。其测评内容主要包括五个方面:一是自我意识,即管理人员认识自身的能力。它是情商的基础,一个人只有正确认识自己,摆正自己在上级、下级、同事之间的关系,才能与他人和谐相处。二是情绪控制能力。管理人员只有善于控制自己的情绪和感情,才有良好的心态,防止盲目冲动和差错发生。三是自我激励能力。管理人员不管处于什么环境,面对何种复杂局面,都应善于自我激励,胜不骄、败不馁,始终保持高昂的斗志。这样,才能带领员工不断前进。四是对待他人的情绪控制能力。管理人员每时每刻都在同上级、下级、同事、客户、顾客打交道,只有正确对待他人,善于借助他人来达成企业目标,才能获得成功。五是人际交往的智商和技巧,即要具备优良的人际交往能力,善于同各种类型的人打交道。只有这样,才能创造良好的人际环境,做好管理工作。

餐饮企业管理人员招聘时的情商测试方法可以通过面试谈话、诊断面试、笔试考核和情景模拟考核等多种方式来确定。一般可以在智能测试中增加一些情商考核的题目或以个别谈话为主来观察了解,确定应聘人员在情商方面的能力和水平。

第三,价值观测评。价值观是人的价值取向及其基本态度。它以管理人员的个人品质、职场道德、对待金钱和工作的态度为主。管理人员,特别是中高层人员的价值观是餐饮企业招聘考核的重要内容,也是综合测评后是否应该录用的重要标准。餐饮企业管理人员价值观测评的具体内容主要包括三个方面:一是个人品质。主要通过了解应聘人员过去有无劣迹记录和诊断面试谈话来判断。二是职场道德。包括对遵守法规、企业规章、合同的态度,对企业、投资人价值的态度等。三是对待工作、福利、不同人员的态度等。这方面的测评内容可以参阅表8-7。

表 8-7　工作价值观测试样例

评价因素	你认为的重要程度(在数字上画圈)				
有趣的工作	5	4	3	2	1
非工作时间	5	4	3	2	1
收入	5	4	3	2	1
挑战	5	4	3	2	1
住房	5	4	3	2	1
福利	5	4	3	2	1
明确的责任	5	4	3	2	1
技能应用	5	4	3	2	1
公司荣誉	5	4	3	2	1
培训机会	5	4	3	2	1
与上级的关系	5	4	3	2	1
赏识	5	4	3	2	1
建议被倾听	5	4	3	2	1
反馈	5	4	3	2	1
贡献	5	4	3	2	1
公平竞争	5	4	3	2	1
提升	5	4	3	2	1
合作的同事	5	4	3	2	1
和谐的组织气氛	5	4	3	2	1
诚信	5	4	3	2	1

第四,心理测评。主要考核管理人员的心理素质,包括心理倾向、坚韧性、幽默感等。这些心理素质又会转化为管理人员的个性特征或人格特征。其测评内容可以参阅美国伊利诺伊州立大学卡特尔教授 1963 年提出的人格特征问卷测定的项目。如表 8-8 所示:

表 8-8　卡特尔人格特征问卷测定人的个性特征

特　质	低程度特征	高程度特征
乐群性	缄默、孤独	乐群、外向
聪慧性	迟钝、学识浅薄	聪慧、富有才识
稳定性	情绪激动	情绪稳定
恃强性	谦虚、顺从	好强、固执
兴奋性	严肃、审慎	轻松、兴奋
恒稳性	权宜、敷衍	持续、负责

（续表）

特　质	低程度特征	高程度特征
敢为性	畏缩、退却	冒险、敢为
敏感性	理智、注重实际	敏感、感情用事
怀疑性	依赖、随和	怀疑、刚愎
幻想性	现实、合乎成规	幻想、狂放不羁
世故性	坦白、直率、天真	精明能干、世故
忧虑性	沉着、有自信心	忧虑、抑郁、烦恼
实验性	保守、服从传统	自由、批评、激进
独立性	依赖、随群附众	自主、当机立断
自律性	矛盾冲突、不明大体	知己知彼、自律严谨
紧张性	心平气和	紧张困扰

在上述综合测评的基础上，即可根据餐饮企业开业时的招工用人计划，在因事择人、任人唯贤、择优录用、双向选择的原则下，选择那些符合应聘岗位要求的人员，通过身体检查，签订劳动合同，为企业招聘到合格的各级、各岗管理人员，使其逐步进入岗位，成为餐饮企业的开业元勋。

三、餐饮企业市场准入技术人员的考核招聘方法

餐饮企业技术人员招聘以各专业厨房的厨师为主，其中又以热菜、冷荤、面点厨房的厨师长（主管）和上灶厨师、冷荤师和面点师为重点，其他一般厨师和徒工则只需相对考核。对上述人员招聘考核的方法也是多种多样的，重点是做好三个方面的工作：

（一）做好面试初选工作，审查任职资格

餐饮企业的技术人员从一级、二级、三级厨师到专业技师（特级）是有不同等级的。不管是内部推荐、同行介绍、公开招聘或毛遂自荐前来应聘的人员，都应在填写求职申请表的基础上，做好面试初选工作，审查任职资格。面试初选一般由已经确定的行政总厨或厨师长和人事主管负责。通过面试谈话，主要掌握应聘人员的学历、资历、专业方向，即他们是什么风味的厨师、应聘的厨房工作岗位是什么、从事本岗工作的年限、对本职工作的态度、工作责任心、敬业爱岗的程度、求职动机、离开原单位的原因、个人品质、有无劣迹记录、自我认识的技术水平等。对于应聘厨师长、厨房领班和上灶厨师的人员，还应审查他们的任职资格。其中，重点是检查他们的厨师技术职称的等级证书、学习烹饪专业的毕业或结业证书、参加过的烹饪专业培训的合格证书等。

有条件的企业,必须使应聘人员的岗位与他们已经达到的技术等级相适应。一般说来,其对应关系可参阅图 8-3。

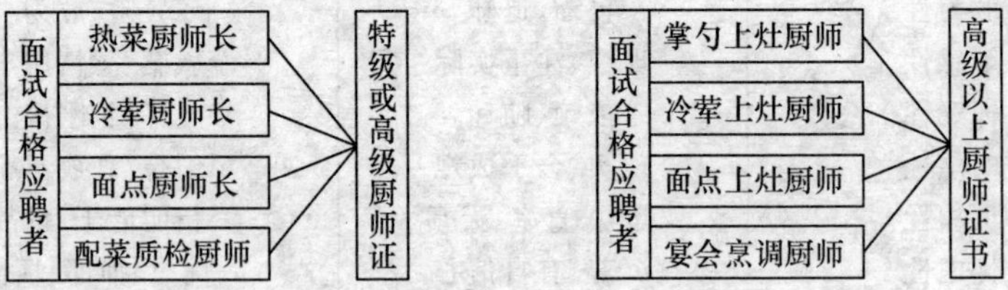

图 8-3　厨师应聘岗位与专业等级对应

（二）组织实操考核,考察实际能力

餐饮企业开业时的厨房技术人员配备质量直接决定企业开业后的产品质量,影响餐厅上座率和顾客的忠诚度,影响企业经济效益。为此,其技术人员的招聘考核,在面试初选合格的基础上,关键是要具备实际烹调技术能力,能够烹制出色香味形俱佳、受到顾客喜爱的食品。因此,应该对应聘人员组织实操考核,考察他们的实际能力,以便选择合格人才。其实操考核的方法大致分为三个步骤:

第一步,做好实操考核前的准备。厨房技术人员的实操考核以现场烹制食品为主,一般在开业前或试菜期间进行。考前准备工作的内容主要包括三个方面:一是应聘人员考核的菜点名称和数量确定。一般应根据开业时的菜单设计,每人确定 2—3 个自选菜点、3—4 个指定菜点,逐一落实到应聘申请人员,通知他们做好准备。二是食品原料和场所准备。一般根据菜单设计准备原料,对自选菜点需要的补充原料,则请应聘者开出采购清单购进,场地则在开业或试菜前准备好。因企业即将开业,只要整理好厨房即可。三是品尝考核的人员准备。重点是以行政总厨为首,董事长、总经理参加,聘请少量同行专家组成考核小组,制定出菜点考核评分表和评分标准。考核评分表的内容可参阅表 8-9。

表 8-9　实操考核菜点评分表

被考核人______　应聘岗位______　职称______　考核人______

得分　项目 菜点	原料用量准确性（5）	原料配比准确性（5）	菜点口味（10）	菜点形状（5）	菜点颜色（5）	价格合理性（5）	综合得分
1							
2							

（续表）

得分 项目 菜点	原料用量准确性（5）	原料配比准确性（5）	菜点口味（10）	菜点形状（5）	菜点颜色（5）	价格合理性（5）	综合得分
3							
4							
5							
综合平均							

第二步，组织实操考核工作。厨房技术人员的实际考核以现场操作为主。在企业即将开业、厨房各方面的条件已经具备的基础上，其实操考核的组织工作是比较简单的。重点要注意三个方面：一是做好考核人员的分区分组。一般热菜、冷菜和面点考核要分开，分别安排在各专业厨房。其中，掌勺上灶的热菜应聘人员较多，还要进一步分开，防止互相干扰。二是做好考核观察。重点是观察原料加工的合理程度、加工损耗的合理程度、水电燃料使用的节约意识、技术的熟练程度，这些都可以作为选拔录用时的依据。三是提供适当帮助，包括适时提供必要的厨具、炊具、用品、用具、原料等。

第三步，做好实操成品考核。应聘人员烹制的菜点，应及时送给考核组专家品尝，按评分标准逐一打分，同时按照考核项目的实际得分，做好每人每个菜点的综合评分统计和总体评分统计。如果是在试菜期间即试营业期间考核，还应向顾客分发菜点意见表，征求顾客的意见，以此作为选拔录用的重要参考。

（三）权衡比较人选，择优选拔人才

餐饮企业开业时的厨房技术人员考核招聘，在上述三个方面考核的基础上，应根据面试考核、实操考核的结果，并与应聘岗位的专业素质、业务能力、资历、学历、工作年限、实际经验结合起来，在双向选择、择优录用的原则下，从中选拔出合格的技术人员，安排到合适的厨房工作岗位。其中，重点是热菜、冷菜、面点厨房的厨师长和掌勺上灶的技术骨干。至于一般岗位的厨师人员，只要具备三个条件即可：一是人品较好，遵纪守法，诚实可信，无损坏公物的劣迹记录和不良行为；二是有一定专业基础和适当技术，积极向上，有一定发展潜力；三是工作积极主动，有良好的敬业爱岗精神和团结合作精神。由此，即可完成餐饮企业技术人员的考核招聘工作。

四、餐饮企业市场准入的服务人员招聘考核方法

餐饮企业开业时的服务人员招聘以各餐厅经理(主管)、领班、领位员等骨干成员为主,其他一般服务人员,包括桌面服务员、传菜员、洗碗工、卫生员等,只要符合企业等级规格的一般要求即可。服务人员招聘的来源很多,有学校招聘、就业中心招聘,也有通过广告宣传自动前来的人员。服务人员考核招聘的方法多种多样,重点是做好三个方面的工作:

(一)人事部门审查报名申请,做好面试考核

餐饮企业开业前的服务人员招聘,在招工报名、填写应聘申请表的基础上,人事部门要逐一审查报名申请表(参见表8-1),做好面试考核,其面试考核的内容主要包括应聘申请人的学历、所学专业、学习或从事餐饮服务的工作年限、所在单位的企业星级、担任职务、工作经验,以及应聘者的身高、体貌、仪容仪表、年龄是否符合本企业应聘岗位的要求等。在此基础上,可以询问一些基本或简单的问题,列举如下:

(1)××小姐,我们看了您的求职申请,您在××饭庄已有3年服务经验。我们单位是一家新建的星级大酒楼,特别欢迎有一线服务经验的员工加盟。您能谈谈您在原单位的主要经历和感受吗?

(2)听了您的介绍,我们感到您是一位有一定热情和经验的年轻人,也积累了不少工作经验。您能否告诉我,要想做好餐厅领班,您认为需要具备的最重要的条件是什么呢?

(3)我们酒楼虽然档次较高,但正处在开业筹备的紧要关头,可能存在的困难不少。您能谈谈您为什么要离开原单位前来应聘餐厅领班吗?如果您获得这份工作,您将怎样做好班组服务工作的组织领导呢?

(4)星级餐厅的服务工作是很复杂的,常常会碰到一些十分挑剔的顾客。如果您或您的下级遇到这样的顾客,您将怎样处理呢?请举一个具体的例子。

(5)听了您的介绍,我们受到很多启发。餐厅领班是一个夹在餐厅经理和服务员之间的工作岗位。您能向我们谈谈怎样处理好领班同餐厅经理、服务人员和顾客这三者之间的关系吗?

……

上述应聘面试的交谈是针对领班应聘的部分问题,具体交谈的内容很多,应聘岗位不同,提问的内容和交谈的深入程度也不同,主考人员要根据应聘人员的求职岗位和实际情况灵活掌握。面试时,要做好记录,并填写应聘

人员面试评价表，以便为进一步考核和录用提供客观依据。面试评价表可参阅表 8-10。

表 8-10 餐饮企业应聘面试评价表

<table>
<tr><td>姓名</td><td>性别</td><td colspan="2">年龄</td><td colspan="2">编号</td></tr>
<tr><td>应聘职位</td><td colspan="5">所属部门</td></tr>
<tr><td rowspan="2">评价要素</td><td colspan="5">评 价 等 级</td></tr>
<tr><td>1（差）</td><td>2（较差）</td><td>3（一般）</td><td>4（较好）</td><td>5（好）</td></tr>
<tr><td>1. 个人修养</td><td></td><td></td><td></td><td></td><td></td></tr>
<tr><td>2. 求职动机</td><td></td><td></td><td></td><td></td><td></td></tr>
<tr><td>3. 语言表达能力</td><td></td><td></td><td></td><td></td><td></td></tr>
<tr><td>4. 应变能力</td><td></td><td></td><td></td><td></td><td></td></tr>
<tr><td>5. 社交能力</td><td></td><td></td><td></td><td></td><td></td></tr>
<tr><td>6. 自我认识能力</td><td></td><td></td><td></td><td></td><td></td></tr>
<tr><td>7. 性格内外向</td><td></td><td></td><td></td><td></td><td></td></tr>
<tr><td>8. 健康状况</td><td></td><td></td><td></td><td></td><td></td></tr>
<tr><td>9. 掩饰性</td><td></td><td></td><td></td><td></td><td></td></tr>
<tr><td>10. 相关专业知识</td><td></td><td></td><td></td><td></td><td></td></tr>
<tr><td>11. 总体评价</td><td></td><td></td><td></td><td></td><td></td></tr>
<tr><td>评 价</td><td colspan="5">□建议录用 □有条件录用 □建议不录用</td></tr>
<tr><td>用人部门意见</td><td>签字：________</td><td>人事部门意见</td><td>签字：________</td><td>总裁（总经理）意见</td><td>签字：________</td></tr>
</table>

（二）部门做好复试考核，提出录用意见

餐饮企业服务人员招聘是为各餐厅选配人员，只有得到餐厅部门经理的认可、了解，才能适应工作需要，特别是餐厅经理（主管）和领班等骨干人员更是如此。餐厅部经理的复试考核可以采用个别谈话、情景模拟考核、笔试考核等多种方式进行。具体采用什么方式要根据实际需要确定。一般说来，可以将面试考核的合格人员分为两类：一是应聘各餐厅经理（主管）、餐厅领班以上的管理人员。对此类人员，一定要采用深入交谈、情景模拟和笔试考核等方式，通过认真复试考核，做出考核评估，然后在择优录用的原则下，提出是否录用的意见。二是一般服务人员，包括服务员、酒水员、传菜员、洗碗勤杂人员等。对此类人员，只要一般谈话或集体面谈，选出那些仪容仪表良好、具有中专中技或职业高中以上学历、乐于从事餐厅服务的人员即可。

（三）经理签署录用意见，办理招工用人手续

餐饮企业的服务人员招聘，在企业人事和部门经理两级考核、突出主管领班以上的骨干人员的基础上，根据两级考核的结果，选出符合所聘岗位素质要求的人员报企业总经理签署意见后，即可通知应聘人员做健康检查，签订劳动合同，办理招工用人手续，完成其人员招聘工作，保证餐饮企业的开业需要。

五、餐饮企业市场准入的职能保障人员考核招聘方法

餐饮企业的职能保障人员包括经理办公室秘书和职员、人事培训主管、采购库管人员、保安主管和办事员、工程维护人员等。这些人员类型较多，岗位及其素质要求各不相同，其人员考核招聘的方法只要按照本节一开始介绍的人员招聘工作程序办理即可。但重点要注意两个问题：一是要区别不同应聘岗位，分别制定招工用人标准，各有侧重，避免用同一标准招收不同岗位的人员。二是要和管理人员、厨房技术人员及服务人员招聘一样，认真做好面试初选、诊断面试、情景模拟等考核工作，同时坚持双向选择、择优录用的原则。开业前的人员选择不宜过多，要严格标准，宁缺毋滥。待开业后，根据需要逐步补充招收，其具体考核招聘方法这里不再重复。

第九章
备好扬帆远航的帆与桨
——餐饮企业市场准入的开业准备管理

9

第一节　餐饮企业市场准入的工商注册登记

案例

企业注册登记需要提供的注册资本证明材料

在法制健全的市场经济条件下，办理工商注册登记、取得法律地位和法人资格，是任何企业进入市场、开展业务经营活动的前提和基础条件。企业办理注册登记，需要做多方面的工作。其中，注册资本登记是十分重要的。以下是企业办理注册登记需要提供的注册资本证明材料表，可供投资人和企业参阅。

企业注册登记的注册资本证明材料表

资料项		适用对象及说明	具备(√)
1	名称预先核准通知书		□
2	公司章程、协议		□
3	企业设立登记申请书		□
4	上级单位拨付资金证明	全民所有制企业	□
5	股东资产负债表	法人股	□
6	股东营业执照	法人股	□
7	股东身份证件	自然人股	□
8	交存入资报告单	货币入股资料，包括：(1) 工商留存联；(2) 交事务所联；(3) 现金送款簿；(4) 进账单	□

（续表）

资料项		适用对象及说明	具备(√)
9	银行交款回执	货币入资	□
10	资产评估报告	实物入资、无形资产入资	□
11	购货发票	实物入资	□
12	实物照片	实物入资	□
13	场地存放证明	实物入资	□
14	资产的权属人及证明文件	实物入资	□
15	依法建立会计账簿的声明	需股东签字、盖章	□
16	财产转移承诺函	实物入资、无形资产入资	□
17	可行性分析报告	无形资产入资	□

点评

企业注册登记是一项比较复杂的工作，也是企业进入市场的重要前提条件。企业办理注册登记，需要办理多种手续，提供各种文件资料。上表是就一般企业办理注册登记需要提供的证明文件。餐饮企业要想取得市场准入的法律地位和法人资格，还要办理多种手续，准备众多文件。这就是我们在本节中要与餐饮企业各种类型的投资人和广大读者共同探讨的问题。

一、餐饮企业市场准入注册登记的时间和内容

现代餐饮企业就像一只帆船，我们在前面所介绍的市场准入管理的各项工作就是要造好这只帆船及其远航的条件。在这些工作完成后，还要准备好扬帆远航的帆和桨，以便进入市场经济的汪洋大海中航行。办理工商注册登记就是要准备好“帆”，做好开业前的管理制度与菜单准备就是要备好“桨”，而开业前的人员培训就是要训练好划“桨”的人。工商注册登记就像一面旗帜、一块招牌，在帆船航行中既显示自己的存在，又供市场辨认。如果遇到法律问题，还可以用这面旗帜以企业法人的身份去处理矛盾、纠纷，维护自己的法律地位。

餐饮企业市场准入的工商注册登记依企业性质和投资结构不同而略有不同。其投资结构主要有国有性质的企业法人投资、合伙性质的私人投资、

企业投资;其企业性质则主要有独资公司、有限责任公司和股份有限责任公司三种。我国餐饮企业的市场准入管理,在办理工商注册登记时,有限责任公司的数量和比例最大,约在95%左右。餐饮集团开设分店办理注册登记,申请分支机构设立,其母公司的绝大多数也属于有限责任公司性质。为此,我们介绍的餐饮企业市场准入的工商注册登记以有限责任公司的形式为主。

餐饮企业市场准入注册登记的时间大多在企业开业以前。提前时间的长短,没有明确规定。一般来说,在企业筹建已经完成、进入装修改造时完成注册登记为好。这样做有两个好处:一是企业名称已经确定,有利于在装修改造过程中就以企业的名称提前做好宣传。用企业名称设计广告宣传牌或横幅标语,便于提前打造企业的知名度。这对企业进入市场、争取更多客源是大有好处的。二是有利于合理避税,降低支出。

餐饮企业市场准入注册登记的内容主要包括企业名称登记、企业法人开业登记、企业营业执照办理、企业税务登记、企业法人代码登记、企业卫生许可证办理、企业消防安全许可办理等各项。企业名称、企业法人开业登记最终落实到企业营业执照办理上,其他登记都必须以营业执照为依据。在营业执照的办理,主要又在注册资本的准备和验资上。而在上述注册登记过程中,都要准备各种法律文件,这是餐饮企业办理注册登记的重要工作,也是能否顺利完成的重要条件。从注册登记的时间顺序来看,营业执照的办理最好提前,税务登记、卫生许可证办理、消防安全许可办理则可在企业临近开业时完成。

二、餐饮企业市场准入的注册资本准备

(一)注册资本的投资方式

注册资本是投资主体和投资人,即股东向企业认缴的,经过工商行政管理机构登记的企业资本。注册资本一经注册登记投入企业,其所有权仍属股东,但已转化为企业法人财产,投资人不能随意抽回。企业就是利用这些资本来开展业务经营活动、获得利润、扩大积累,并按投资比例向股东分红的。

企业要想完成工商注册登记,事先必须准备好注册资本。投资人向企业投入注册资本,其投资方式主要有四种:

(1)现金投资,即投资人向企业缴纳一定比例的现金,成为股东。投资人可以是自然人,也可以是企业法人,但都要办理认缴手续。

(2)实物投资,即投资人以房产或企业需要的实物投资。这时,要将实物投资经过资产评估折算成货币资金。例如,国有企业改制成立股份公司或有

限责任公司,也要办理认缴手续。

(3) 社会融资,即投资主体或投资人通过不同融资渠道取得资金,作为注册资本而登记注册。其融资方式主要是银行贷款。融资必然要支付融资成本。融资取得的资金投入企业,作为注册成本,必须注意两个问题:一是必须明确这部分注册资本在投资人中的分配数额和比例,以便为企业未来的股东收益分配提供客观依据;二是融资需要办理的手续。这些手续文件又会成为股东投入资金的数额和比例的依据,它们是环环相扣的。

(4) 无形资产投资,即投资人以技术商标、专利权等无形资产进行投资。这种投资方式要将无形资产通过评估换算成货币资金,确定资产数额,同时提供实物、照片、资产转移承诺的证明书等法律文件,是一项比较复杂的工作。

我国餐饮企业大多规模较小,市场准入的门槛较低,企业取得注册资本的投资方式主要以前三种方式为主。其中,现金投资是最主要的,80%以上的企业都是通过现金投资来取得注册资本的;实物投资主要适用于原国有或集体企业改制而成立新的有限责任公司;社会融资,包括银行贷款或其他形式的融资,最终也要以现金形式入股。

(二) 注册资本准备

餐饮企业在市场准入过程中,要想取得注册资本、办理工商注册登记手续、取得法人地位,其注册资本的准备方法是:

(1) 投资人或投资主体明确准备开办的企业性质。企业性质和规模不同,注册资本的要求也不同。在餐饮企业的市场准入中,企业性质以有限责任公司为主,并且国有独资公司已极少。股份有限公司则以大中型企业和餐饮企业集团为主,且数量也是很少的。餐饮股份有限公司大多也是在有限责任公司的基础上逐步发展起来的。所以,我们在介绍餐饮企业市场准入的注册资本时,仍以有限责任公司为主。

(2) 投资主体确定准备开办的企业注册资本数额和结构。餐饮企业注册登记所需要的注册资本数额主要受企业规模和档次的影响,一般分为三个档次:小型企业20—30万元,中型企业50—60万元,大型高档企业或大型集团企业80—100万元或以上。具体数额需要投资主体根据准备开办的企业规模和档次,向当地工商行政管理部门申请、协商,按工商部门的规定确定。注册资本的投资结构主要根据有限责任公司的性质和投资人的数量,由投资主体根据需要确定,工商部门没有具体人数和比例要求。一般投资主体和主要投资人所占比例最大即可,但投资人的人数不能超过国家《公司法》的规定。

(3) 投资主体或主要发起人筹措和准备好注册资本。一般说来,餐饮企业发起人或投资主体早在筹划的初期，就已经筹集或准备了部分资金，不足部分才需要筹措。否则，没有资金谈何开办企业呢？所以，投资人或主要发起人筹措和准备注册资本，就是以其已有的资金为基础，根据需要的注册资本数量和事先确定的投资结构，筹措不足的部分。具体的筹资方法请参阅本书第五章，这里不再重复。

（三）注册资本缴纳

餐饮企业办理工商注册登记的前提是先筹集并缴纳注册资本。所以，在做好资金筹集的基础上，要先在开户银行缴纳注册资本。其缴纳方法是：

（1）发起人或投资主体提出申请。由发起人或投资主体向工商行政管理部门提出申请，填写开办企业的申请登记表格。由工商管理部门指定开户银行，并给一个暂用的银行账号，然后将投资人投入的资金送存银行或准备好投资的法律证明文件。

（2）投资人办理投资缴纳注册资本的手续。其方法是：第一，现金投资。投资人将投入的资金交存开户银行，取回银行交回的凭单。其中，银行开出的工商留存联即可作为注册资本的缴纳凭证。第二，实物投资。根据资产评估和实际验收，由国家认可的评估或验资机构出具具有法律效力的凭单，即可作为注册资本的缴纳凭证。第三，银行借款或其他融资。银行借款由贷款银行出具凭证，并将资金交到开户银行，取得开户银行开出的工商留存联即可。其他融资方式也以投资人的资金存入银行，由开户行开出的工商留存联作为注册资金缴纳的凭证。

三、餐饮企业市场准入的工商注册登记和营业执照办理

在餐饮企业的市场准入中，所谓注册登记主要是工商注册登记。通过办理登记手续，取得营业执照，即可进入市场，合法开展业务经营活动。其登记和办理的方法和程序是：

（一）办理企业名称申请登记

餐饮企业在办理营业执照前，要先办理企业名称申请登记。其方法是选派人员到当地工商行政管理机构提出申请，并提交以下证明文件：

（1）组建负责人即发起人签署的登记申请表。

（2）组建单位的资格证明或股东、发起人的法人资格证明或自然人身份证明。

（3）申请办理人的身份证明及指定委托的有关证明文件。

（4）法律法规或政策规定的应提交的其他证明文件。

上述具体证明文件，工商登记部门会具体说明，如企业投资的企业法人证明、自然人投资的身份证明等。为了防止企业名称互相重复、音字相近，可能引起纠纷或侵权行为，工商部门一般要告之企业名称中的字号即商号限定的字数和需要提供的可供选择的企业名称个数。最后，由工商登记部门通过与当地同类企业名称的电脑比对，即可选出一个作为企业工商注册登记的企业名称。

（二）完成企业注册资本验收

在餐饮企业市场准入的注册登记中，注册资本验收是企业登记的前提。所以，在企业名称正式确定后，企业必须通过工商部门的注册资本验收，这时需要提供的证明文件主要有：

（1）股东投资数额和投资结构的签字报表和身份证明。

（2）现金投资的银行工商留存证明和会计师事务所提供的验资报告。

（3）实物投资的资产评估报告和国家指定机构的入股验资报告及相关证明材料，如以房产作为投资的房产证、以设备投资的资产权属证明等。

经过验收，在工商行政登记部门确认投资主体、发起人和股东的投资数额、投资比例和结构真实可靠，在没有疑问的条件下，即可办理正式的餐饮企业营业执照。

（三）企业营业执照办理

营业执照是企业办理工商注册登记的主要目的，也是企业取得法律地位和法人资格的关键证明。为此，在完成注册资本验资的基础上，办证人员还要向工商登记机构提供以下企业证明文件：

（1）企业董事长签署的设立企业即公司的登记申请表。

（2）全体股东指定的代表或委托代理人的证明文件。

（3）企业制定的公司章程。

（4）具有法律效力的验资机构出具的验资证明。

（5）股东的法人资格证明或自然人身份证明。

（6）载明公司董事、监事、经理姓名及住所的文件和有关委托、选举或聘任的证明。

（7）公司法定代表人的任职文件和身份证明。

（8）公司名称预先登记核准的通知书。

（9）企业即公司住所证明。

（10）法律法规或政策规定的应提交的其他证明文件。

上述文件，经过工商登记部门的审核，确定准确无误、真实可靠，在没有问题的条件下,即可确定企业的营业范围,完成工商注册登记,由工商登记部门发给餐饮企业营业执照。

四、餐饮企业市场准入的税务登记和企业法人代码登记

餐饮企业的税务登记是企业工商注册登记的组成部分。其登记方法是以企业营业执照为基础,由企业提供企业名称、住所、法定代表人的任职文件和身份证明、公司章程等有关文件,同时准备企业主管会计或财务部经理的任职文件和身份证明,到企业住所指定的税务机构办理。税务机构经过审核,确定真实无误,即可核准,发给企业税务登记证书和牌照,办理企业发票购置登记手续,完成税务登记。

餐饮企业的法人代码登记比较简单,主要是以企业营业执照和税务登记为基础,带上两种登记的证明文件或副件,办理相关手续,即可完成企业法人代码登记,发给企业代码证书。

五、餐饮企业卫生许可登记和消防安全登记

在餐饮企业市场准入中,卫生许可登记和消防安全登记也是十分重要的。否则,企业无法开业,进入市场。其登记方法是:

(一)明确登记机构,掌握市场准入的卫生、消防要求

餐饮企业的卫生许可登记由企业所在地的政府卫生主管机构即食品卫生检疫机构负责。企业在筹建,特别是装修改造过程中,就应与卫生主管机构联系,明确国家对企业卫生管理的要求。这些要求主要表现在餐饮企业的上下水和污水管道要求、生活用水的卫生要求、食品与餐茶具的消毒卫生、企业垃圾处理、冷菜厨房的卫生要求等。在筹建和装修改造过程中,最好要取得当地卫生主管部门的支持、指导,按卫生标准和要求做好筹建与装修,防止卫生检查不过关。

餐饮企业的消防安全由企业所在地的政府消防主管机构负责。同样,在企业筹建和装修过程中,也要和主管机构联系,明确消防安全部门的要求,获得其支持和指导。消防安全要求主要表现在餐饮企业的消防设施方面,如消防栓、消防水龙头、防火安全通道、餐厅及厨房的防火材料选用等。企业要按照这些要求做好餐厅、厨房、库房等的筹建和装修改造。

(二)及时请卫生、消防主管机构做好监督检查工作

为了取得餐饮企业卫生和安全许可,及时开业进入市场,在企业筹建和装修改造过程中,就要根据工程进度和实际需要,及时和适时请卫生、消防主

管部门的有关人员前来做好监督和检查工作。重点是卫生和安全管理的设备与材料选用、标准掌握、安装位置等。要尽可能按照主管机构人员的要求办事,重要设施、设备、材料选用要请主管机构人员签字或留下符合卫生和消防安全的凭证和证明材料,以便为企业开业时的消防、卫生安全验收做好准备。

(三)做好开业前的卫生、消防验收,办理登记手续

餐饮企业正式开业前,要办理卫生许可证和消防安全登记。这时,企业要在做好准备工作的基础上,分别请卫生主管机构和消防主管机构的人员前来做好企业的卫生和消防管理的检查验收。其中,卫生条件的检查验收以厨房、餐厅、洗碗间、冷荤间为主,消防验收以消防栓、消防水龙头、防火安全通道等安全设施和防火材料选用为主。在验收合格、开出合格证明的基础上,即可准备登记所需要的有关证明材料,如企业的营业执照、企业法人和法定代表人的任职文件和身份证明、企业名称核准通知书、企业卫生和消防主管负责人的任职文件和身份证明、企业卫生和安全验收合格证明等,然后即可派人到当地卫生主管登记机构和消防安全主管登记机构办理登记手续。这些材料经审查合格,即可由卫生主管登记机构和消防主管登记机构分别向企业核发卫生许可证和消防安全许可证,完成企业卫生和消防登记,取得市场准入的资格。

第二节　餐饮企业开业前市场准入的管理制度准备

案例

一家大型饭庄的领导管理制度内容摘录

江南名士阁饭庄是一家大型高档酒楼。饭庄面积3 600多平方米,是租用一家高档写字楼的三层房产开办的。一层是中档大餐厅,二层设有18个豪华包房,三层设多功能厅和KTV包房。江南名士阁饭庄的性质为餐饮有限责任公司,是一家大型餐饮集团开办的子公司。饭庄采用董事会领导下的总经理负责制。正式开业前,制定了“江南名士阁饭庄领导管理制度”,经过管理人员专业培训和贯彻落实,收到了良好效果,其领导管理制度的内容共六条,摘录如下:

(1) 饭庄领导制度。江南名士阁饭庄采用董事会领导下的总经理负责制,实行董事会向股东负责、总经理向董事会负责、部门经理向总经理负责、主管领班向部门经理负责的垂直领导制度,总经理以下的副职人员协助正职领导工作。

(2) 单一指挥制度。在垂直领导原则下,各级管理人员和员工只接受一名直接上级的指挥,对非直接上级的指挥,下级有权拒绝。各级领导必须明确自己的直接下级及责任分工,不得越权指挥,也不得越级指挥。

(3) 工作指令与任务责任。从总经理到各级主管、领班的工作指令必须逐级下达,工作任务必须逐级布置。上级对下级实行直线指挥,上级只布置任务,下达指令,规定完成时限和完成结果,进行必要的指导、检查,但不得过多干预,更不许越级指挥和代替下级处理应该由下级去处理的问题,以充分调动各级主管人员的积极性。

(4) 工作控制与检查。各级领导对直接下级布置的工作,要定期或按规定的时限检查完成结果,严格掌握标准和时限。下级必须按时、按质量标准和上级要求完成工作任务,不得推诿或借口不执行。凡不能按时和按工作标准及要求完成工作任务、发生延误、推诿或阳奉阴违的,上级可将下级作为工作失职处理。

(5) 工作协调。饭庄采用垂直领导制度后,各级领导的直接下级之间出现的问题、矛盾、纠纷,由直接上级出面协调和处理,实行逐级协调制度,下一级必须执行上一级的裁决与处理。如有意见,在不影响对客服务的前提下另行解决。

(6) 意见沟通。各级人员对上级、同级或其他部门的工作有意见、建议等,要加强沟通。公司鼓励员工多提合理化建议,重要建议、意见和重大情况,不便当面向直接上级反映或沟通的,可以越级反映和上告,由上级领导处理。遇有此种情况,任何一级不得打击报复或借口给人穿小鞋,否则,一经发现,将作为破坏公司垂直领导制度的严重过失处理。

点评

现代餐饮企业管理需要的规章制度很多,其中一些涉及企业全局的重要制度,应该在开业前的市场准入管理中就建立起来,才能从一开始就打下企业制度化、规范化、条理化管理的良好基础,防止发生企业管理混乱和开业后的重新整治或治理,因为这样必然会给企业带来严重损失。不少餐饮企业正式开业前没有搞好重要制度建设 ,造成严重失误,甚至中途转让,就是反面教材。为此,本节介绍餐饮企业开业前市场准入的制度准备。上面的例子只是这些制度的一种,具体的重要制度准备我们将在下面向读者逐一介绍。

一、餐饮企业市场准入的企业章程准备

企业章程既是餐饮企业开业前办理工商注册登记的重要文件,又是企业最重要的制度之一。不少餐饮企业在开业准备中,常常将企业章程的制定仅仅当成办理工商注册的文件 ,而没有将它和企业开业后在经营管理中的实际运用结合起来,甚至流于形式而不执行。事实上,企业章程是现代企业管理中最重要、最根本的制度,是企业其他各项制度制定和执行的总纲,所以,企业章程又被称为现代企业制度的"宪法"。

餐饮企业开业前要做好企业章程的准备,即制定出科学合理、实用性强的企业章程,重点要注意以下三个问题:

(一) 明确企业性质和公司法的基本要求

企业章程是根据公司法的要求来制定的,是企业贯彻落实公司法的重要体现。所以,它要明确规定餐饮企业的设立方式、企业性质、投资结构、管理体制、基本制度、经营范围、经营方式、财务管理等内容,而这些内容又必须符合公司法的基本要求。因此,在餐饮企业开业前的市场准入管理中,投资人和投资主体的负责人、企业筹备人员要认真学习公司法的内容,明确公司法对企业管理的要求,并根据企业性质认真研究和确定企业的经营方式、管理体制、领导制度等企业章程必须载明的内容和表达方式。只有这样,才能制定出科学合理、内容全面、实用性和可操作性强的企业章程。

(二) 起草制定企业章程的内容和条款

餐饮企业的企业章程大多是在开业前的工商注册登记时制定的。企业章程一经制定,既有长期的稳定性,又要成为企业经营管理的"宪法",要能指导企业其他重要制度的制定,还必须得到贯彻落实。因此,其内容和条款既要简洁、明确、概括性强、表达准确,又要内容全面而详略得当。具体内容和条款主要包括:

(1) 章程总则——简单介绍企业基本情况,内容是逐条介绍餐饮企业的设立方式、企业地址、公司性质和法定权力及地位。

(2) 企业宗旨和经营范围——明确提出企业经营宗旨、法定经营范围、主要经营方式。

(3) 企业投资结构和注册资本——逐条载明餐饮企业的股份总额、股东人数、投资结构和比例、注册资本总额、资本构成和比例、资本缴纳与股东投资数额和比例。同时，载明股东资本投入后与餐饮企业的关系和享受的法定权益。

(4) 公司董事会或股东会——根据餐饮企业设立时的性质，逐条载明企业董事会和股东会的设立方式、产生办法、主要职权、人员数额、董事会召开的法定规定人数、决议形成规定、权力范围等。

(5) 公司监事会——主要适用于股份有限责任公司和大中型国有独资性质的餐饮企业，餐饮有限责任公司大多不设监事会。设立监事会的企业，主要载明监事会的产生方式、人数、主要职权，以及监事会对企业和股东财产的监督管理办法。

(6) 公司经营管理机构——逐条载明餐饮企业的领导管理体制，主要管理机构，总经理、副总经理、财务管理人员的产生办法、人数规定、主要职责权限及其与董事会、监事会的关系与权力分配，及其对下级各部门经理的职权范围和权力关系等。

(7) 公司财务会计——主要载明餐饮企业财务管理要遵循的制度规定、记账货币种类、银行账户、会计账册内容、报表编制的时间规定、债权债务、税务处理准则等。

(8) 企业利润分配——逐条载明餐饮企业利润的形成和来源、利润分配的先后顺序和时间、分配方法、支付方式，以保证股东和企业的合法权益。

(9) 企业员工与工会——主要载明餐饮企业和员工的劳动关系、需要遵循的国家劳动制度、劳动合同管理规定、企业工会形成办法、人员产生办法、工会主要职权及其与企业和员工的关系处理规定。

(10) 企业重要制度与破产清算——逐条载明餐饮企业最主要的管理制度名称，企业分离、合并、破产的法定程序，破产清算办法，财产处理方式、办法及纠纷处理的法定原则等。

(三) 企业章程的审批与执行

企业章程制定完成后，一般采用两级审批：一是交企业总经理和董事长，召开企业董事会或股东会审批。其审批标准为：是否符合公司法的要求，内容条款与表达是否适当；是否符合企业实际和股东的利益。二是在工商注册登记中交工商登记机构审批，合格后完成注册登记，取得营业执照和企业市场准入的法人资格。然后,在餐饮企业经营管理中贯彻执行。

二、餐饮企业市场准入的领导管理制度准备

领导制度是现代企业管理的重要制度,它是在企业章程的指导下,根据企业章程规定的企业性质、管理体制来制定的。其作用是规范企业的领导行为,以保证企业成功进入市场。不少餐饮企业在开业准备中,对员工管理的制度比较重视,而对领导者的管理制度反而重视不够,甚至没有制定或简单从事。这是很多企业难以从一开始就实现科学化、正规化管理的原因所在,需要引起高度重视。

餐饮企业在开业准备中,需要准备的主要领导制度及内容包括:

(一) 企业董事会的议事规则

董事会是企业最高决策领导机构,是股东权益和企业利益的代表。董事会的议事规则及其成员的行为对企业管理具有十分重要的作用,对维护股东权益也具有十分重要的作用。为此,餐饮企业在开业前应该制定出企业董事会的议事规则,作为企业领导管理制度的重要制度之一,从而为领导决策的制定提供行为准则。餐饮企业董事会议事规则的内容主要是逐条载明董事会职权依据、董事会的人员构成、会议召开方式、议事规则、决策事项的权力范围及决策内容、决议的贯彻落实办法、董事会与总经理的工作关系等。

(二) 企业领导工作的制度规定

在我国餐饮企业管理中,其领导管理的形式主要有两种:一是董事长兼总经理形式,以有限责任公司的中小型企业为主;二是董事会领导下的总经理负责制形式,以大中型餐饮企业和集团企业为主。不管属于哪一种,其领导管理制度都以垂直领导为主。为此,餐饮企业开业前要对企业领导工作做出制度规定,主要是制定垂直领导的工作制度,以规范企业中高层管理人员的领导行为。垂直领导制度的具体内容请参见本节开头的案例。

(三) 企业监事会的议事规则

监事会的议事规则主要规定监事会成员构成、产生办法、职权范围、监事会的会议召集方式、监事会怎样对企业财产和股东权益进行监督、监事会与董事会和总经理的关系、监事会发现企业管理中的违法乱纪、徇私舞弊、贪赃枉法等行为的处理程序等。监事会的议事规则主要适用于大中型餐饮有限责任公司或股份有限公司。为此,在餐饮企业正式开业前,要根据需要组建成立监事会,逐条载明上述监事会议事规则的内容,以规范企业监事会成员的行为,维护企业和股东的合法权益。

（四）企业各级各岗人员的职责规范

在餐饮企业规划建设和装修改造基本完成后，为迎接企业正式开业、进入市场，在设计组织结构和工作岗位、完成人员招聘的同时，还要制定各级各岗人员的职责规范，以规定各岗人员的职权范围、工作内容和具体任务，规范各级各岗人员的行为，保证餐饮企业开业后各项工作的协调和顺利开展。这也是餐饮企业开业前的领导制度准备的重要内容。因为在餐饮企业管理中，各级管理人员都是通过各岗人员的职责规范的制定和贯彻实施来实现其正确领导的。离开了职责规范，从总经理到部门经理，直至基层主管和领班的领导工作就没有遵循的依据，必然使餐饮企业的各项领导工作形成以“人治”为主而不是“法治”的局面，这也是不少餐饮企业管理混乱、没有章法的重要原因之一。

餐饮企业开业前要做好各级各岗人员的职责规范准备，重点要注意以下三个问题：

（1）职责规范的制定要根据岗位设置来确定岗职联系，即各级各岗的岗位职责规范要在组织结构设计和岗位设置的基础上来制定。从总经理、副总经理开始，到各部门经理、各级主管和领班，直到各岗员工，要分析每个岗位的岗职关系、职权范围、工作内容和工作任务，明确每个岗位的直接上级、直接下级和联系部门，保证每个岗位的上下左右关系明确，职责规范的内容清楚，不会发生互相扯皮、职权混乱的现象。

（2）职责规范的内容要全面具体，能够规范各岗员工的行为。就内容而言，餐饮企业各级各岗员工——从总经理到各部门经理、从各级主管领班到普通员工——的职责规范都应该包括四个方面内容：第一是各个岗位的职位说明或职位描述，即明确岗位名称、上下级关系，承担这一岗位必须具备的学历、资历、职称、仪表、语言、身体素质要求等，重点是学历、资历和所学专业。第二是岗位职责规范，即逐条载明从事这一岗位的工作所要承担的职责、任务、工作内容和行为规范，以规范各级管理人员和员工的行为，将餐饮企业的工作内容、工作任务逐级落实到各级各岗人员的实际工作中去，保证各级、各部门的各项工作协调、顺利地开展。第三是各岗人员的任职条件，即每一个岗位的人员要想取得这一职位需要具备的主要工作能力和专业素质，以防止不称职人员被聘用到高一级的岗位，影响企业人员素质和管理水平、服务质量。第四是各岗人员的考核标准，即简单载明担任这一职位的人员，要用哪几条标准来考核其是否完成了本职岗位的职责规范和工作任务。

（3）职责规范一经制定，要严肃、认真地贯彻落实，不能因人而变。在餐饮企业开业准备和日常管理中，各级各岗人员的职责规范一经制定、经过修改定稿后，要按部门、班组认真组织学习和贯彻实施，每天或定期逐级检查落实情况，纠正存在的问题和偏差；要把各级各岗人员的岗位职责规范作为餐饮企业管理的组织法规来对待，未经组织修订，任何人不得随意更改，更不能因人而变；要保持企业各级各岗人员职责规范的稳定性、连续性，以防止“一朝天子一朝臣”和“一层领导一套章法”等可能引起的企业管理的混乱局面。这是现代餐饮企业管理和传统的以“人治”和“经验型”管理为主的餐饮企业管理的主要区别所在。

三、餐饮企业市场准入的员工管理制度准备

在餐饮企业开业前的准备工作中，其管理制度准备的工作内容是多方面的。除上述两个方面外，员工管理制度准备也是十分重要的。因为企业的优质产品和优良服务都是靠广大员工来创造的，而员工作为一个群体，如果没有管理制度来规范其行为，必然成为一盘散沙。为此，餐饮企业开业前，还必须做好员工管理的制度准备，即制定员工管理制度。主要制度包括以下几项：

（一）员工劳动管理制度

员工劳动管理制度是餐饮企业组织员工劳动的综合性管理制度，主要对员工的劳动要求做出具体规定，其制度内容主要包括：

（1）总则——主要对企业的人事劳动组织、劳动关系、人员聘用、员工招聘、劳动效率、人员变动、劳动要求等做出规定，以便让员工对企业整体劳动构成及其相互关系有所了解。

（2）劳动管理——逐条载明企业用工方式、人员招聘程序、用工制度规定、劳动考勤、人员调整、员工辞职、劳动合同管理、人事档案管理等内容，为企业劳动管理提供准则与规范。

（3）劳动制度——主要载明员工必须遵守的企业主要劳动制度，包括员工守则、考勤制度、奖罚制度、职责规范等。但这些制度一般不详细列出，只从整体上提出需要遵守的原则规定。

（二）企业员工守则

企业员工守则是餐饮企业员工劳动管理制度的具体化，是企业员工管理最重要的制度之一。它的作用是规范员工行为，确保企业对顾客提供优质服务。其内容主要包括：

（1）总则——简单介绍企业性质、管理体制、组织结构、经营范围，明确载明员工在本企业工作必须遵守的总体行为规范的原则要求，以指导企业全体

员工的行为方向。

(2) 仪容仪表——逐条载明员工上班在着装、仪容、仪表、个人卫生、行为举止,包括发型、面容、手势、工服、鞋袜穿戴等方面必须达到的标准和应遵守的条款,以保证员工以优良的仪容仪表和精神面貌为顾客提供优质服务。

(3) 礼节礼貌——逐条详细载明员工在对客服务和员工交往中必须遵守的礼节礼貌要求,以规范员工的礼貌行为,保证顾客用餐、活动得到尊重和礼貌对待。

(4) 工作态度——逐条提出员工在工作和对客服务中必须坚持的正确态度,包括主动、热情、周到、耐心、细致、诚恳等具体要求。

(5) 劳动纪律——逐条载明员工上班、下班、工作和对客服务中必须遵守的有关规定,员工考勤和工作时间规定,员工遵守劳动纪律和违反纪律的奖罚细则。

(6) 奖罚条款——主要是对员工表现的奖励,员工过失、违纪行为及其表现形式的处罚程序和办法等做出具体规定,其条文内容大多比较细致,便于实际运用。

(三) 员工考勤制度

考勤制度也是企业劳动管理制度的具体内容之一。其作用在于维护劳动纪律,考核记录员工工作时间,为员工的工资、奖金发放提供客观依据。餐饮企业员工劳动考勤制度的内容主要包括:

(1) 员工出勤——逐条载明员工每周工作时间、出勤记录的人员分工、员工签到、考勤统计汇总等规定。

(2) 员工缺勤与假期——逐条载明员工迟到、早退、缺勤,员工可享受的假期如事假、病假、婚假、产假、丧假、探亲假等的时间规定、计算方法、考勤方式等,以保证员工劳动时间,维护员工劳动权益。

(3) 员工旷工与加班——主要写明个别员工旷工的计算方法、员工加班的时间规定及计算方法等。

(4) 员工缺勤工资扣除——主要说明根据员工考勤结果,对违反规定出现的迟到、早退、缺勤、旷工、病事假等的工资奖金扣除的计算标准和处理办法。

(四) 员工工资福利制度

工资福利是员工为企业创造价值、做出贡献后应该获得的劳动报酬,是企业物质激励的重要手段,也是中央提出的建立和谐社会的基础。一个国家、一个社会要和谐,首先是各个企事业单位要和谐。如果员工的工资福利都没有保证，又何谈建立和谐社会呢？所以，餐饮企业在正式开业前就应该研究制定出员工的工资福利制度，这是餐饮企业开业前管理制度准备的重要工作之一。其内容应包括：

（1）总则——简单写明企业的工资福利来源，员工、投资人即股东和企业利益分配的来源、原则和依据，企业采用的工资福利制度形式等，以便为企业劳动分配提供理论依据。

（2）企业工资构成——大多数企业采用等级工资制，也有的岗位采用计时、计件工资制。餐饮企业要逐条载明企业的工资构成，包括等级工资的基薪工资和奖金工资的工资等级、工资标准、适用岗位、工资构成。

（3）企业工资发放——逐条写出企业员工的工资奖金计算方法，以及基薪工资、店龄工资、效益工资、技能和岗位工资、奖金工资的发放标准、依据、发放时间、工资扣除规定等。要让员工感觉公平、合理，有利于充分调动员工积极性，能够看到有发展前途。

（4）企业员工福利——主要写明员工上岗可以享受到的集体福利，包括员工服装、员工膳食补助、集体宿舍等内容。

（5）企业员工社会统筹——主要写明企业遵守国家人事劳动政策，给员工安排的退休保险、医疗保险、失业保险、大病统筹等政策性社会统筹的内容、标准、支付办法，以解除员工后顾之忧。

需要说明的是，工资福利制度是现阶段很多企业，特别是不少私营与民营企业，甚至包括不少原属国有企业改制而形成的有限责任公司等企业所不愿明确制定的管理制度。这是我国市场经济体制尚不完善、和谐社会建设还有很大差距的原因之一。随着我国市场经济的深入发展，法制建设、和谐社会建设的进步，企业工资福利管理必然向制度化、规范化、透明化、法制化方向发展。

四、餐饮企业市场准入的经济业务管理制度和表格准备

现代餐饮企业经过装修改造，要想成功进入市场、科学开展业务经营，必须提前做好其经济业务管理制度和各种表格准备，才能从一开始就保证餐饮企业各项业务管理的数据准确、管理规范，防止各种盗窃、舞弊、弄虚作假、侵犯企业和投资人财产等不良现象的发生。其准备工作的内容主要包括两个方面：

（一）经济业务管理制度

酒楼饭庄、饭店宾馆等餐饮企业开业前需要准备和制定的经济业务管理制度都与财务管理密切相关，需要各级各部门开业后贯彻执行。其具体制度很多，主要包括：

(1) 企业采购管理制度——逐条写明企业食品原材料、餐茶用品、物资用品、设备工具的采购申请、审批、价格制定、采购手续办理等规定，以规范企业采购行为，保证采购质量，降低进价成本。

(2) 企业库存管理制度——主要对企业购进的设备、物资和用品等的入库验收、库存管理、每月盘点、出库管理等的管理办法、手续、报表等做出具体规定，以保证物品安全，满足业务需要，降低库存，节省费用。

(3) 产品生产管理制度——主要对企业各厨房的原料领用、加工制作、食品卫生、成本控制、厨房成本核算等做出制度规定，以规范厨房产品生产行为，保证产品质量，降低实际成本消耗。

(4) 餐厅销售服务管理制度——主要对餐厅消费环境、清洁卫生、菜单定价、接待服务、顾客投诉处理等做出具体规定，以规范餐厅员工行为，确保对客提供优质服务。

(5) 企业财务管理制度——餐饮企业财务管理的具体制度很多，包括财产管理、现金管理、成本管理、会计核算、会计报表、财务分析制度等，需要由财务人员根据企业实际情况逐项制定，并在业务管理过程中贯彻执行。

（二）企业业务管理表格

现代餐饮企业一旦开业，所需要的各种表格就很多。企业绝大多数经济业务管理的各种数据都要运用表格来记录、统计、传递，所以餐饮企业在正式开业前，就必须设计、印制出各种表单。具体的表单很多，包括采购申请表、货源报价表、物品采购单、食品原料领用单、验收单、菜点原料配备定额单、厨房出菜记录表、每日成本核算表、餐厅顾客点菜单、顾客交款记录表、财务成本及费用核算表等。这些表格要根据餐饮企业的业务流程，以财务人员为主来统一设计、制作，然后投入使用，保证餐厅开业需要。

第三节　餐饮企业开业前市场准入的餐厅菜单设计

案例

将开业菜单当做招揽顾客利器的蜀鑫大酒楼

蜀鑫大酒楼是一家租用临街居民楼底商的三星级酒楼。酒楼一层为大众餐厅,二楼为雅座餐厅和包房,共有餐位480多个;经营川菜风味,以工薪阶层、单位用餐和家庭用餐顾客为主要接待对象;餐厅装修属中档水平,但室内布局良好,清洁卫生优良;门前没有停车场,可利用路边停车。酒楼开业前,投资人兼总经理黄友庆先生高薪聘来了川菜特级厨师张建成先生担任总厨师长,组建了一支厨艺水平中上、梯队合理的厨师队伍。酒楼开业前,黄先生召集厨师长和厨师骨干召开了几次菜单设计工作会议,做出了五项决定:

(1) 必须将开业菜单当成招揽顾客的利器。菜单分为两种:楼下大众餐厅以工薪阶层和家庭用餐顾客为主,菜点以精选家常菜为重点;楼上雅座餐厅以单位用餐和白领工薪顾客为主,菜点以风味品种为主,但价格宜低不宜高。为此,楼下菜单毛利率定为50%—52%,楼上菜单毛利率定为55%—58%。

(2) 菜单设计必须做到适用范围广泛,确保丰俭由人。为此,经过认真分析,楼下菜单选80个品种,楼上菜单选90—100个品种,但品种重复率不得超过20%。高中低档的比例为:楼下菜单按20%、50%和30%安排,楼上菜单按30%、50%和20%安排。

(3) 菜单品种选择必须突出酒楼特色,对顾客有广泛吸引力。为此,两种菜单都必须选出厨师最拿手的8—10个招牌菜,是厨师做得最好、顾客又十分喜欢的菜点。其他菜点质量必须达到中档以上水平,所选菜点必须与周围10里范围内的同类餐厅有区别,不得简单重复。

(4) 菜单价格必须具有竞争力。楼下菜单顾客人均消费在30元左右,即可享用2—3个菜点;菜单消费达到50—60元,即可享用4—5个菜点。此外,质量和盘菜分量均能让顾客感到满意。楼上菜单顾客人均消费达到40—50元,即可享用3—4个菜点;菜单消费达到80—100元,即可享用5—6个菜点。此外,质量和盘菜分量,也要让顾客感到满意。

(5) 菜单制作要图文并茂,便于顾客使用。菜单由厨师长张建成先生主持设计,选好菜点后先逐个试制,成功后拍成照片,请专业设计公司做封面设计、内容编排和印制。

蜀鑫大酒楼的开业菜单经过20天的设计、试制和调整,所制菜品联系部分单位按工作餐的形式试销。正式开业后即以设计优良、美观大方的菜单出现在顾客面前,结果大获成功。餐厅开业后,楼下大众餐厅每天每餐的上座率达到130%—150%,楼上雅座餐厅每天每餐的上座率达到120%—140%。在以后长达1年以上的时间内,餐厅上座率稳中有升,经久不衰。顾客普遍反映,蜀鑫大酒楼的菜点经济实惠、好吃不贵。餐厅回头客达到70%,既赢得了顾客的广泛支持和好评,又为企业带来了丰厚利润。

点 评

餐饮企业开业前,要想成功进入市场,菜单设计是一项十分复杂而又细致的工作。其关键在于餐饮企业厨师技术水平的保证程度、企业对目标市场顾客需求和价格水平把握的准确性和菜品选择的适应性。从上面的案例中,我们可以比较充分地体会到这一点。为此,本节我们在餐饮企业完成开业前的准备工作的基础上,探讨餐饮企业开张营业的菜单设计,从而为企业成功进入市场,赢得顾客的广泛支持、认可,并能留住顾客创造良好条件。

一、餐饮企业开业前菜单设计的原则

餐饮企业经过规划建设、装修改造、工商注册和制度准备,即将迎来开张营业。这时,其菜单设计、菜品质量和价格水平已经成为餐厅能否成功进入市场、赢得顾客广泛支持和认可的重要条件,是餐厅开业准备管理中最重要的工作。因为菜单是餐饮企业向顾客推出的开展市场营销、完成产品交易、广泛招揽顾客的最重要的利器。为此,餐饮企业要保证开张营业获得成功,其菜单设计必须遵循以下几条基本原则:

(一) 突出经营特色,创造营销亮点

餐饮菜单设计是为餐厅开张营业和开业后的业务经营活动服务的。在餐饮企业的筹建和装修改造中,各种各样的酒楼、饭庄、餐馆都力图突出自己的特色,选择不同的经营方式。为此,其菜单设计必须与餐厅的经营方式、经

营特色相适应。只有突出经营特色,将自己的菜单设计、菜品选择、质量保证和价格水平与周围同等餐厅区别开来,才能具有竞争力,广泛吸引顾客。所谓突出经营特色,一是要将菜单设计和本餐厅的经营风味、消费环境、餐厅档次结合起来,使其与周围同类餐厅有所不同;二是要在菜点选择、菜品质量、菜品结构等方面形成自己的特色,防止与周围餐厅互相雷同或互相抄袭;三是要在菜单价格水平、价格构成上形成自己的特色,使产品价格具有竞争力。在突出经营特色的基础上,餐厅开张营业的菜单设计要有利于创造营销亮点。这里的营销亮点主要表现在两个方面:一是要选出5—8种顾客最喜欢、价格又相对便宜的菜点,使顾客感觉比较实惠;二是重点推销的菜点,要做到口味突出、质量优良稳定,形成招牌菜、看家菜,能够广泛吸引顾客。

(二)瞄准目标市场,引导消费时尚

在比较充分和完全的市场竞争条件下,任何一家餐厅酒楼的开张营业,都不是针对所有市场的。因此,其菜单设计必须瞄准目标市场顾客的消费需求,并能引导市场的消费时尚。贯彻这一原则,在菜单设计中,设计人员必须注意两个方面:一是要认真做好目标市场顾客的消费需求及其需求变化方面的调查,特别要做好区位市场和点位市场范围内同等和同类餐厅的菜单调查,确保设计出来的菜单所选择的花色品种与周围同类餐厅不同,做到菜品新、口味新、质量好,能够迎合顾客"吃新店"、"吃新品"、"追新赶潮"的消费心理,切忌简单重复或抄袭别人的菜点。二是在菜单设计过程中,要坚持求新、求奇、求特、求变,注重绿色消费,注重营养配餐,使设计出来的菜点能够引导顾客的消费时尚。就是一些传统菜、老菜点,也要结合当地顾客的口味特点,坚持在继承的基础上有所发展、有所创新。这样设计出来的菜单,一定会受到顾客的广泛欢迎,保证餐厅开张营业大获成功。

(三)注重菜品结构,刺激顾客消费

餐厅开张营业的菜单设计,不单是为开业服务,而且要在开业后的一个定价期内的正常营业中长期发挥作用。因此,只有注重菜品结构、刺激顾客消费,才能收到产品推销的良好效果。所谓注重菜品结构,就是要根据菜单种类,分别确定每种菜单的菜点总量和内部构成。例如,雅座和包间餐厅销售商务套餐,其套餐菜单的品种大多只安排4—10种菜品,即档次较低、面向一般白领阶层的商务套餐,只选择4菜一汤;档次高、面向大中型公司老板、海外商务顾客的套餐菜单,可选择6种、8种或10种菜为一套。凡是商务套餐,每一套菜都要将肉菜、蔬菜、鱼菜或海鲜等菜点结合起来,形成品种适当、营养搭配、分量适宜、色香味形配合良好的菜单。只有这样,才能刺激顾客消费。同样,酒楼、饭庄等企业的餐厅开张营业,其菜单设计以零点菜单为主,菜品总数应安排在60—80种,以不超过100种为宜。菜单内部结构应做到蔬菜、肉类、海鲜、河鲜、禽蛋等种类齐全,家常菜、季节菜、时令菜结合,凉菜、热菜、甜点、汤菜的比例合理,一般可按5∶15∶4∶3的比例安排。菜单价格要做到高、中、低档搭配。其中,价格较贵的高档菜应占25%左右,价格适中的菜应占45%—50%,低档菜点则占25%—30%。只有这样,才能使设计出来的菜单适应范围广泛,可选余地大,价格丰俭由人,能够适应不同类型的顾客多方面、多层次的消费需求,真正达到刺激顾客消费的目的。

（四）创造竞争优势,有利于产品推销

餐饮企业开张营业的菜单设计,其目的是要创造竞争优势,促进产品销售,保证利润目标。因而,在菜单设计过程中,要充分考虑顾客的喜好,突出本餐厅的菜品特色和重点推销的产品。要在品种选择、价格制定、菜品排列组合、菜点风味和质量保证等各个方面,认真做好市场调查,掌握竞争对手的菜单和价格水平,创造竞争优势。特别是在菜单价格制定中,要注意两个问题:一是菜单综合毛利率要根据餐厅档次和目标顾客的消费水平、支付能力来确定。如高档豪华型餐厅,毛利率要高一些;中档或一般餐厅,毛利率要相对适中;家常菜为主的大众餐厅,毛利率要相对较低。具体综合毛利率的多少要根据当地和企业区位市场与点位市场同类或同一档次的餐厅价格水平来确定,使菜单整体价格水平具有竞争力。二是菜单中各种菜点的毛利率要有高有低。一般蔬菜类菜点的毛利率较高,肉类毛利率适中,进价成本很高的海鲜类菜点毛利率要较低。每种菜点具体的毛利率水平也要根据区位市场和点位市场同类或同一档次的餐厅的分类毛利率水平来确定。总之,在具体定价时,要将每种产品的成本、毛利、价格和预计的销售量结合起来,该高就高,该低就低。只有这样,才能使设计出来的菜单真正做到创造竞争优势,有利于产品销售,保证利润目标,使餐厅一开业就能赢来宾客如云,获得顾客的广泛认可和支持,从而获得优良的经济效益。

二、餐厅开业前菜单设计的基本要求

从餐饮企业经营者的角度来看,任何一家餐厅开业的菜单设计都希望一炮打响,达到开张赢得“满堂红”的目的。因此,其菜单设计要遵循以下基本要求:

（一）菜单设计要和销售方式相结合

酒楼、饭庄开业，大多以零点销售方式为主，但同时还会有套餐销售、宴会销售、自助餐销售、火锅销售、烤肉销售、涮锅销售等不同的方式。因此，其菜单设计要和销售方式相结合。例如，零点销售的菜单客源范围广泛，消费需求各不相同，顾客以点菜付费为主，因而其菜单上的菜点种类要齐全，各种类型的菜点要做到适应范围广泛、价格丰俭由人、选择余地大。宴会销售的菜单则有两种设计方法：一是由餐厅根据市场需求，将宴会分成3—5个档次。每一档次确定一个收费标准和宴会毛利率，然后设计出必备菜点和可选菜点，制成菜单，供顾客选择。二是根据顾客预订宴会时愿意支付的宴会标准，由宴会厨师按照顾客预订的标准，现场设计菜单，满足顾客需求。再如自助餐销售的菜单设计，是由餐厅根据市场需求和市场竞争形势，事先确定一个人均收费标准，再估计每餐可能的就餐人数，然后根据预计的每餐收入和毛利，选择可以销售的菜点品种，在保证餐厅毛利总额的基础上，设计出菜点花色、品种，供顾客选用。其菜单设计的收入、成本和毛利估算比较复杂，也不易掌握。总之，餐厅销售方式不同，其开业菜单设计的要求也不同。只有将菜单设计和销售方式结合起来，才能适应顾客的消费要求，有利于促进销售，保证开业成功。

（二）菜单设计要和餐厅收费及产品价格协调一致

餐厅开张营业后，其销售方式不同，餐厅收费方式也不同，因而其菜单设计的要求也不同。如零点销售，按顾客点菜的盘数和单价收费，因而其菜单设计要按菜点逐盘、逐份核定产品价格。套餐销售是将菜点组成成套产品，按出售的套数和每套价格收费，因而其菜单设计要按菜点套数分别核定每一套菜的成本、毛利和价格。同理，宴会、团队和会议顾客用餐，是按人均消费标准和人数多少收费，其菜单设计则要先确定每个团队、宴会或会议的总收入和毛利率，再根据毛利总额来确定可以上哪些规格的菜点，形成菜单。所以，只有将菜单设计和餐厅收费方式及产品价格结合起来，保持协调一致，才能使顾客感到价格合理、物有所值、质价相符，从而达到促进销售的目的。

（三）菜单设计要做到美观、大方与内容全面

餐厅菜单既是产品推销的广告，又是传播饮食文化、引导美食消费时尚、图文并茂的艺术作品。因而，餐厅开张营业的菜单设计必须从外观设计、图案选择、纸张运用、内容编排到外观形式都做到美观大方，内容全面。只有这样，才能受到顾客欢迎，有利于促进销售。美观大方的具体要求是：菜单设计规格大小合理，外观美观、大方，印制精美，使用方便，对顾客有形象吸引力。

内容全面的具体要求是:菜单封面、封底印制的企业和餐厅名称、店徽、商标、地址、订餐电话齐全,菜单内页编制的菜品名称、照片、价格、文字说明等内容齐全,排列顺序和印制疏密得当,方便顾客选菜。

三、餐厅开业前菜单设计的客观依据

餐厅开张营业的菜单设计总是根据市场供给和顾客需求两个方面的综合考虑来确定的。因而,其客观依据也来自这两个方面,主要依据是:

(一) 区位和点位市场的顾客需求

餐厅酒楼、饭店宾馆的餐厅经营都属于"坐商"性质,其客源市场均以距离较近的区位市场和点位市场为主。对远距离的客源,其竞争程度大为减弱,难以形成竞争。因此,其区位市场和点位市场的顾客需求就成为菜单设计的首要依据。这一客观依据的具体表现是:第一,从地域范围看,区位市场是以本餐厅为中心,周围 0.5 个小时的车程距离;点位市场是以本餐厅为中心,步行 15—20 分钟的距离。要以这一范围内的顾客需求为主。第二,从区位市场和点位市场的顾客需求来看,是指这一范围内的目标市场的顾客需求,具体包括客源类型、客源层次、消费水平、支付能力、消费习惯等。要对这一范围内的目标市场的上述因素进行综合分析,然后再设计菜单。第三,从菜单菜品选择的角度看,要在对区位市场和点位市场范围内的同类或同种餐厅的菜单进行调查研究的基础上,选出与其菜单不同的菜点,作为菜单内容,使设计出来的菜单做到品种新、口味好、价格合理。只有这样,才能使餐厅一开业就能广泛赢得顾客,保证餐厅上座率,确保开业成功而又具有发展后劲。

(二) 餐厅等级规格和客源档次高低

餐厅等级规格不同,目标市场的客源档次不同,顾客需求的具体表现也不同。因此,餐厅开张营业的菜单设计要以本餐厅的等级规格和客源档次为依据,档次越高,菜单上的高档菜越多,价格相对越高。反之,低档餐厅、家常菜、大众菜餐厅,菜单上的高档菜很少,中低档菜较多,价格水平相对较低。所以,餐厅等级规格和客源层次是菜单设计中的菜品选择和菜单定价的重要依据。这一依据分析不透、菜点选择不合理、定价过高或过低,常常是不少餐厅开业不久就出现客源不足、经营困难的重要原因。

(三) 菜单类型风味和厨师技术水平

各种餐厅在开张营业中要成功设计菜单,必然事先确定菜单种类、风味,然后根据厨师的技术水平来设计菜单。菜单种类是由餐厅销售方式和产品决定的。例如,套餐菜单和零点菜单的设计制作区别较大,宴会菜单和自助菜单的设计方法各不相同，火锅餐厅的菜单和烤肉类菜单设计大相径庭。这些都是由餐厅销售方式和产品类型不同引起的。餐厅风味既可能是中餐、西餐，也可能是日餐、韩餐、印度餐，中餐风味中还有川菜、粤菜、鲁菜、淮扬等区别。此外，还有烤鸭类餐厅、烤肉类餐厅、清真类餐厅等。餐厅风味不同，菜单内容、所用原料、加工方式各不相同。厨师技术水平则直接决定菜单设计的品种选择、菜品质量的保证程度和价格高低。例如，同样是水煮牛肉，高水平的川菜厨师和水平较低的“二把刀”厨师做出的成品会大不相同。而且，后者的质量水平前后很难保持稳定，因而其价格可以各不相同。至于一些高档、豪华餐厅开业，如果厨师技术水平上不去，其名点名菜的质量和价格必然会受影响。所以，菜单类型、餐厅风味和厨师的技术水平，都是餐厅开张营业中菜单设计的重要依据。

（四）计划控制的餐厅毛利率水平

毛利是菜点价格扣除成本后的余额。毛利率的作用主要是控制产品价格。一种菜点的成本相同，但毛利率不同，则价格高低明显不同。餐厅毛利率的高低是由企业经营者和菜单设计人员根据餐厅档次高低、装修豪华程度、客源层次、当地物价水平、餐饮市场供求关系等多种因素来确定的。因此，餐厅开业时管理人员计划的或想要达到的毛利率水平也必然成为菜单设计的客观依据。因为只有事先确定了餐厅毛利率，包括综合毛利率和分类毛利率的水平，才能核定菜单的产品价格，也才能制定出科学、合理的菜单。

四、餐厅开业前菜单设计的影响因素

餐饮企业开张营业中，其菜单设计是比较复杂的。前面所述菜单设计的原则、要求和依据又常常会通过各种因素表现出来。这些因素是多种多样的，它们对菜单设计的影响方向和影响程度各不相同。总的说来，餐厅开业中要设计制作好菜单，必须以顾客需求为中心，以餐厅客观物质技术条件为基础，综合分析影响餐厅供给和顾客需求的各种因素，然后设计菜单。其具体因素和设计思路可参阅图9-1：

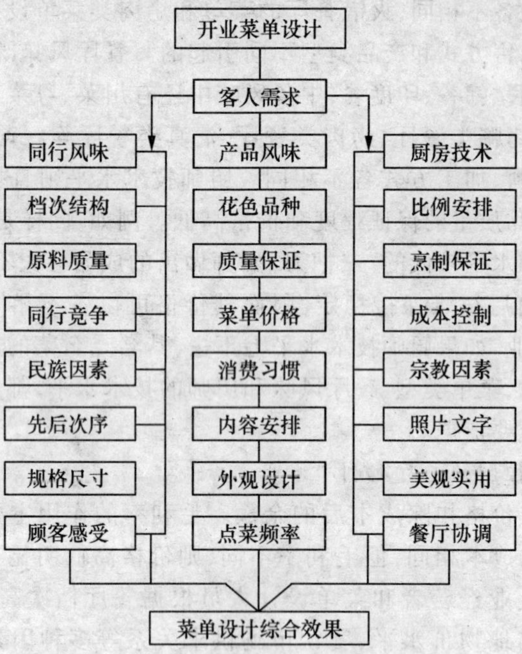

图 9-1　餐厅开业菜单设计要考虑的因素

五、餐饮企业开张营业菜单设计的工作步骤

餐厅开业的菜单设计和制作是一个比较复杂的创意设计、智力开发和艺术创造的过程。要使设计制作出来的菜单既美观大方、实用性强,又能一炮打响,提供餐厅营业后劲,实在是一件不容易的事情。其设计制作的过程和方法可大致概括为以下几个步骤:

(一) 明确经营风味,确定菜单类型

餐厅开业时的菜单设计,首先要明确餐厅经营的产品风味。高中档酒楼、饭庄,只能一个餐厅一种风味,不可能同时经营多种风味。只有那些经营档次较低,以家常菜、大众菜为主的餐厅才会不分风味,川鲁粤淮大杂烩。实际上,只要价格低,能适应各类顾客的食用要求即可。因为餐厅的产品风味不同,菜单设计的内容、所选择的菜品、设计要求也不同。一般说来,餐厅开业时的产品风味大多是在企业筹建和厨师招聘时就已经确定下来的,设计菜单时只要明确强调一下即可。与此同时,还要根据餐厅开业后的销售方式,确定需要设计的菜单类型。因为菜单按顾客用餐方式不同,有零点菜单、套

式菜单、自助菜单、团队用餐菜单等之分，按顾客用餐时间有早餐菜单、正餐菜单、夜宵菜单等之分，菜单种类不同，其设计内容、菜单形式、菜品多少、设计要求等也不同。所以，明确产品风味、确定菜单类型是餐饮企业开张营业时做好菜单设计，保证菜单设计效果针对性强、准确性高的首要步骤。

（二）针对顾客需求，选好菜点品种

在餐厅风味和菜单类型已经确定的基础上，针对顾客需求选好菜点品种，就是开业时的菜单设计中最重要的事情之一。因为菜单设计的目的就是要做到餐厅一开张就能吸引、招徕目标市场的大量顾客，并使他们能经常前来用餐。如果菜点选择不合理，质量无保证，价格又高，那怎么能达到菜单设计的目的呢？针对顾客需求选好菜点品种的具体方法是：第一，根据菜单类型，决定菜单需要配备的菜点总数。例如，设计零点正餐菜单，应该选择60—80种菜，不宜超过100种；设计套餐菜单，可以选择4菜1套、6菜1套、8菜1套，甚至10菜1套；设计自助餐菜单，需要配备30—40种菜。具体需要多少种，要根据设计的菜单种类来确定。第二，根据菜单及确定的菜点总数，确定菜点构成或菜点结构。菜单总是由不同的菜点构成的，设计菜单时，根据菜单种类确定菜点总数后，就必然要确定菜点结构。例如，设计套餐菜单，已经确定了4菜1套或6菜1套，就要确定4菜或6菜的具体构成；设计零点菜单，如果已经确定了选择80种菜或70种菜，就要确定准备选用的蔬菜类菜点、猪肉或其他肉类菜点、海鲜或河鲜类菜点、禽蛋或野味类菜点，应该各安排多少。其中，凉菜、炒菜各是多少，甜点、汤菜各是多少。同样，设计宴会菜单，也要确定菜品总数和菜点结构，包括安排几种凉菜、几种炒菜、几种海鲜或其他菜点。确定菜单上的菜点结构要根据荤素搭配、营养平衡、顾客的点菜预估、菜点分量和价格水平等多种因素来选择，并不是简单、随意地排列组合。第三，根据菜单上的菜点构成或结构，选择顾客喜欢的菜点，即具体选择哪些和什么菜点。这时，每一个具体菜点的选择都要考虑多种因素，如所选菜点是传统菜还是新菜；厨房原料和厨师技术有无保证；所选菜点与周围同类同等餐厅有无区别或特色；所选菜点的原料进价、加工损耗和餐厅分类毛利率结合，其价格水平是否为多数顾客所接受；价格有无竞争力；所选菜点在分量、口味、颜色、形状、盛器等方面能否形成优势，真正受到目标市场顾客的广泛欢迎等。所以，针对顾客需求选好菜点品种是餐厅开业时菜单设计的中心环节，也是厨师长等设计人员的市场判断能力、产品开发能力、产品排列组合及其创意设计能力的重要体现。

（三）组织菜点测试，保证菜品质量稳定

餐厅菜单设计是为生产服务的，不是简单列出菜品印到菜单上即可。所以，在选择菜点品种的同时，还应组织菜点测试，以保证餐厅开业后的菜品质量稳定。所谓菜点测试，就是要将所选菜点按厨师的技术特长和烹调水平，落实到具体人员，然后组织他们每人烹制5—10种已经选择好的菜点。要求发挥各自的最好技术，并将测试过程中每种菜点所用的主料、配料、调味料消耗等记录下来，每个菜点制定一份标准菜谱。这样，通过菜点测试，可以稳定质量，制成标准菜谱的菜点，纳入菜单中去。对测试不合格的菜点，经过调整，重新挑选后再测试，最后形成菜单上各种菜点的花色品种。通过菜点测试和每种菜点的标准菜谱制定可以获得以下好处：第一，可以保证菜单上所选菜点都是不同厨师人员最拿手而且能够保证质量的菜点，防止菜单设计和实际操作脱节。第二，可以通过菜点测试掌握每个菜点的实际质量，看它们是否能够受到顾客的欢迎，从而淘汰那些不受欢迎的菜品，保证菜单设计的成功率和针对性。第三，通过标准菜谱制定为每个菜点生产的主料、配料、调料耗用，以及加工方法和步骤提供标准和依据，形成稳定的菜点烹调制作规范，由此将菜单制定和厨房生产组织结合起来，能够长时间保证菜点质量的稳定性，为餐厅开业发展保持后劲。所以，组织菜点测试、保证各种菜点的稳定质量，也是菜单设计的重要环节和关键措施。

（四）核定菜单价格，编排菜单程式

菜单设计和菜单定价是相辅相成的。核定菜单定价大多在菜点测试过程中完成，又要根据菜单种类来分别核定。例如，零点菜单以盘菜或份菜形式定价，就要通过测试分别核定出每盘或每份菜的主料、配料、调料用量和平均成本，再根据菜点分类毛利率水平核定出盘菜价格。宴会菜单以事先设定的标准或顾客预订的标准定价，这时是通过接待人次、预计收入、倒推成本价格来确定宴会菜点品种和数量，从而达到核定成本、价格的目的。套餐和自助餐菜单是以预计每餐接待人次、销售收入为基础，事先确定毛利率和原料成本，再核定出每套菜点或每人次的收费标准，作为菜单价格。所以，核定菜单价格要根据菜单种类不同、定价方式不同，分别采用不同的方法。在核定菜单价格的基础上，还要编排菜单程式。所谓编排菜单程式，就是要根据菜单种类不同，将各种菜点合理分类，形成不同的排列组合，并和菜点的彩色照片结合起来，形成分类合理、重点突出、文字介绍与照片展示相结合的能够刺激消费并引导顾客需求的菜单程式。这样设计出的菜单才能引起顾客的注意和重视，从而达到广泛招揽顾客、扩大产品销售的目的。

（五）做好外观设计，力求印制精美

餐饮企业的菜单既是顾客的消费依据，又是餐厅的营销广告，因而大多十分重视菜单外观设计和印制质量。要做好菜单外观设计，保证印制精美，其方法是要解决好三个问题：一是外观形状。餐厅开业，大多数菜单选账簿形，规格较大，美观大方。但也可根据开业需要和剪彩要求，选择扇面形、立体形、灯笼形、宝塔形等，具体选择什么形式，要根据菜单种类、餐厅开业活动需要，从能够反映餐厅风格、环境气氛和规格的要求出发来确定。二是封面设计。菜单封面有面封和底封之分。面封以图案为主，配以文字，一般要求简洁、明快、美观、大方，与餐厅等级、风格、菜单类型、经营风味与品种相适应。例如，可以本餐厅的外观彩色照片做封面，也可以餐厅营业高峰时的全景图做封面，还可以本餐厅某一特定景观和特色菜、看家菜相结合的彩色照片做封面。这种封面设计一定要人物、景观相配合，将菜单设计和广告宣传融为一体，防止只有景观没有顾客的乏味宣传。封面设计最好是请美术专家和管理人员合力完成，封底设计比较简单，重点是提供地址、电话等必要信息，做好文字编排。三是选好菜单所用纸张。如面封彩照要美观、大方，纸张较硬，表面最好经过压膜处理。菜单内页纸张要以铜版纸为主，图文并茂，排列整齐，天地边行安排美观，让顾客有舒适感、方便感。最后，要选择好的印刷机构，即可印制出封面美观、内容充实、图文并茂的精美菜单，以迎接餐厅开业，满足业务需要。

第四节　餐饮企业开业前市场准入的菜单定价

案例

聚雅阁餐厅开业的菜单定价策略运用

聚雅阁餐厅是一家有320个餐位的四星级餐厅。餐厅地处市区商业中心，以经营淮扬菜为主。餐厅开业时，门店经理召集厨师长李长顺先生和炒菜、冷荤及面点厨师认真研究了菜单设计和定价问题。在餐厅菜单初步制定、进行菜点测试中，他们决定采用的定价策略是：

(1) 菜单价格瞄准目标市场顾客的消费水平。聚雅阁餐厅地理位置好，交通方便，装修达到四星级餐馆水平，客源以附近政府机构、来此办事的商务顾客和餐厅旁边的高档写字楼为主要目标市场。因此,菜单定价面向单位用餐和白领阶层的消费水平和支付能力。菜单分两种:楼下大众餐厅菜单人均消费45—50元,毛利率控制在52%左右;以单位集团用餐的包房菜单人均消费75—80元,毛利率控制在58%左右。

(2) 菜单定价力求做到丰俭由人,适应范围广。聚雅阁餐厅的大众餐厅菜点选了80多种,在遵循高档餐厅、中档定价的原则下,80多种菜点的价格分布如下:价格10—20元的菜点安排20个左右,价格20—35元的中档菜安排了45个,价格40—60元的高档菜安排了15个。还有3个价格在80元以上的菜。以团体用餐为主的14个包房餐厅菜单选了80多种菜,其中价格20—30元的菜点安排了18个,价格30—45元的中档菜安排了42个,价格50—80元的菜点安排了15个。此外,还有5个价格80—120元的高档菜。这一价格水平和价格分布,按当地白领阶层的消费水平,普遍感到经济实惠。

(3) 菜单定价必须保证菜点分量和质量。聚雅阁餐厅的开业菜单定价,其主要菜点都经过加工测试,每种菜点必须保证每次的装盘分量和菜点质量,并落实了每个上灶厨师分别负责炒哪几种自己最有质量保证的菜点。结果,一个顾客来用餐,花40—50元可以享用2—3种口味的菜;2—3人一起用餐,花130—150元可以享用4—6种口味不同、分量充足的菜点。而在楼上豪华包间用餐,人均花费100—150元,其菜点已十分丰富,质量很好,大多会有不少剩余。

(4) 菜单定价效果。聚雅阁餐厅的菜单定价考虑比较细致,各种菜的具体定价和比例,都经过成本测算、市场分析。此外,还十分注重菜点生产中的质量和分量保证。所以餐厅一开业,就受到顾客的广泛好评。开业后的餐厅上座率从70%逐步提高到90%—95%,不仅成功打入市场,而且保持了稳步发展,为企业带来了丰厚利润。

点评

菜单定价和菜单设计是相辅相成的。事实上,它们是餐厅开业菜单准备的两个方面。菜单定价大多是在菜单设计与制作过程中完成的。餐饮企业开业前的准备工作,其菜单设计和定价都是比较复杂的。聚雅阁餐厅的定价策略只反映了菜单价格管理的部分问题。事实上,餐厅开业的价格制定需要做多方面的工作,其实质是反映企业管理人员的市场价格判断和决策能力。

为此，本节向读者介绍餐饮企业开业前的菜单价格制定的简单原理和定价方法，从而为餐厅开张营业做好准备。

一、餐饮企业开业前市场准入的菜单价格制定原则

菜单定价和菜单设计是密不可分的，在市场经济条件下，价格是餐厅成本、费用、利润、税金等的综合反映。合理制定菜单价格，是比较复杂和细致的，需要考虑多种因素，权衡各方条件和利益。餐厅正式开张营业前的菜单定价应遵循以下原则：

（一）按质论价，优劣分档

餐厅菜单的价格水平因企业和餐厅的等级或星级高低、室内外的装修水平、环境与家具质量、菜点本身的质量不同而发生变化。高档餐厅装修改造投入大，菜单产品档次高，价值含量高，价格必然要高。反之，则价格要低一些。所以，餐厅开业时的菜单制定就应坚持按质论价、优劣分档的原则。贯彻这一原则的关键是要正确理解“按质论价”中的“质”。“质”的内涵应该包括以企业和餐厅等级为基础的装修质量、环境质量、家具档次、产品质量、服务水平和地理位置、交通条件等，其本质是餐厅投入的价值量的高低。而这种按质论价的“质”和优劣分档的“档”的确定，则主要是通过与当地区位市场和点位市场的各种餐厅，特别是同等、同类餐厅和同类产品价格的比较完成的。所以，贯彻这一原则，必须认真做好市场调查，找到自己和地区市场价格的可比性。

（二）区分市场，分类定价

餐饮企业开张营业，其菜单设计和菜单定价都是针对某一目标市场的。但是，目标市场的顾客需求又不是单一的，而是多方面、多层次的。同时，餐厅菜单上的菜点品种较多，各种菜点因其原料进价、加工方式、产品质量、毛利水平不同，其价格也是从低到高而变化的。此外，随着市场供求关系、季节波动、节假日的变化，餐饮产品价格也必然会变化。所以，餐厅开业的菜单价格制定和管理就应遵循“区分市场、分类定价”的原则。贯彻这一原则的具体要求是菜单定价要与目标市场的顾客消费水平和支付能力相适应。但不同产品的价格又要根据原料档次、进价、加工方式、产品质量本身的不同而有高有低。也就是说，将菜点分为肉类、海鲜、蔬菜、禽蛋、野味等不同的种类，分类确定毛利率的高低，然后分类定价，使菜单价格与产品质量协调一致，对顾

客有吸引力。

（三）目标合理，策略得当

餐厅开业，其菜单设计和定价都是为了成功打入市场、赢得顾客欢迎。因而，其定价目标要合理，策略要得当。餐厅开业，其常用的定价目标和策略主要有：① 市场占有策略。它以扩大和渗透市场占有为目标，以低价策略为主，力争开业就每天宾客盈门。② 声望定价策略。餐厅一开业就定高价，以塑造企业名贵、产品高档优质的形象和声誉，吸引社会名流。这种策略主要适用于高档豪华、产品质量和服务质量都很好的餐厅。③ 竞争定价策略。开业定价的目的是开展竞争，增强竞争能力，扩大产品销售，所以价格水平总是瞄准竞争对手，在产品质量、分量基本相同的条件下，价格水平比竞争对手低。④ 满意利润策略。定价的目的以获得正常利润为主。价格不高不低，在同一档次的企业中走中间路线。⑤ 心理定价策略。在制定菜单价格时，注重顾客的消费心理，如采用奇数定价或偶数定价。餐厅开张营业的菜单定价，要做到目标合理、策略得当。具体选择哪些策略，要对餐厅的等级规格、装修环境、产品档次、定价目的等多种因素进行综合分析来确定。

二、餐饮企业开业时市场准入的菜单定价工作步骤

餐厅开业的菜单定价是在菜点测试过程中完成的。它是一个比较复杂的过程，其价格制定大致应经过以下几个步骤：

（一）判断目标市场需求

餐厅菜单的产品价格总是针对市场某一层次、某一消费水平的顾客的。为此，在正式定价前，就要将菜点选择和目标市场的顾客需求结合起来，分析目标市场的顾客对产品和价格的态度及其能够接受的价格水平。然后，才能合理制定产品价格。所以，判断市场需求的关键是搞清楚目标市场的顾客的消费水平、支付能力，包括每人每次平均消费，3—5 人每次的客单消费水平，企事业单位的顾客集体每次用餐的客单消费。只要把这些需求调查清楚，菜单定价也就有了客观依据。

（二）核定单位产品原料成本

菜单价格是以成本为基础来制定的。只有事先核定出产品的原料成本，才能根据产品配方和原料用量、产品毛利率来制定产品价格。如果是宴会、团队和会议菜单，也必须核定原料成本，才能保持价格水平和成本消耗的适应性。菜单定价时，原料一般分为主料、配料和调料三种。其成本核定方法一般是根据毛料价格和加工损耗情况及单位用量来核定的。公式为：

$$单位成本=\frac{毛料价}{净料率}\times单位用量$$

（三）确定定价目标与毛利水平

定价目标是餐饮产品价格策略的具体运用。定价目标不同，同样成本的价格水平也不同。这时，又要确定菜单价格的毛利水平。毛利率可以较好地反映产品的定价目标。例如，一种海鲜产品，经过核定的盘菜成本为24.5元。如果选择市场占有率的低价策略，毛利率若为48%，则基价应为47.12元/盘。反之，如果选择声望定价的高价策略，毛利率定为65%，则盘菜基价可达85.75元/盘。所以，确定定价目标和毛利水平是餐厅开业菜单定价的重要工作步骤。这时的关键是每种菜点的定价目标和所确定的毛利率是否相适应，要尽可能做到既能够实现定价目标，又能满足顾客对消费水平和支付能力的要求。

（四）选择菜单定价的具体方法

餐厅开业常用的菜单定价方法是多种多样的。每一种定价方法所定出的价格会有一定区别。具体选择什么方法，可根据餐厅开业的实际需要来确定。其常用的方法，我们将在下面介绍。

三、餐饮企业开业时市场准入的菜单价格制定方法

餐饮企业的菜单定价方法多种多样，这些方法大多是在核定产品成本和毛利率，或在餐厅定价期内的销售预算和计划毛利率的基础上来制定菜单价格的。这里我们结合餐厅开张营业的菜单制定介绍几种最常用也最适用的菜单价格制定方法。

（一）毛利率定价法

毛利率定价法是根据核定的产品成本和毛利率来制定菜单价格。餐饮定价时的毛利率分为销售毛利率和成本毛利率两种。前者是产品毛利占产品价格或销售额的百分比，后者是产品毛利占产品成本或成本总额的百分比。其具体方法是：

(1) 核定产品单位成本。根据菜单设计和菜点测试，在制定每种菜点标准菜谱的基础上，分别核定出菜单上每种产品必须使用的主料、配料和调料成本，要保证每个菜点、每种原料的标准用量和标准成本。

(2) 确定菜点分类毛利率。餐厅开业时的菜单定价是以分类毛利率为基础的。产品类型不同，毛利率的高低也不同。一般餐厅定价时是蔬菜类菜点毛利率最高，肉类略低，海鲜类更低。每种菜点具体的毛利率要经过对多种

因素的综合分析来确定。

(3) 制定菜单产品价格。在核定单位产品成本和确定分类菜点毛利率的基础上,其价格制定只要按公式将实际数据代入即可。计算公式为:

$$P=\frac{C}{1-r} \tag{1}$$

$$P=C\times(1+f) \tag{2}$$

式中,P——产品价格;r——销售毛利率;C——产品成本;f——成本毛利率。

在上面的公式中,(1) 式是销售毛利率的定价公式,习惯上称为内扣毛利率法。(2) 式是成本毛利率的定价公式,习惯上称为外加毛利率法。两种毛利率的值是有很大差异的。总体而言,销售毛利率的值较小,成本毛利率的值较大。如果数值相同,两者不能混用,但可以互相换算。公式为:

$$r=\frac{f}{1+f} \tag{3}$$

$$f=\frac{r}{1-r} \tag{4}$$

例1 蜀鑫大酒楼开业时的菜单设计中,大众餐厅两种招牌菜水煮牛肉和酸菜鱼的原料加工测试及有关数据如下:

菜　点	主料进价	加工损耗	盘菜用量	配料成本	调料成本	分类毛利率
水煮牛肉	15.8 元/千克	8.5%	0.25 千克	0.85 元/盘	1.85 元/盘	52.8%
酸菜鱼	12.4 元/千克	12.8%	0.62 千克	1.2 元/盘	0.68 元/盘	54.6%

(1) 请用销售毛利率法核定两种菜的菜单成本和价格。

解 ① 核定两种菜点的单位成本

$$水煮牛肉单位成本=\frac{15.8}{1-8.5\%}\times0.25+0.85+1.85$$

$$=7.02(元/盘)$$

$$酸菜鱼单位成本=\frac{12.4}{1-12.8\%}\times0.62+1.2+0.68$$

$$=10.7(元/盘)$$

② 核定两种菜点的菜单价格

$$水煮牛肉基价=\frac{7.02}{1-52.8\%}=14.87(元/盘)$$

$$酸菜鱼基价=\frac{10.7}{1-54.6\%}=23.57(元/盘)$$

（2）请用成本毛利率法重新核定两种菜点的菜单基价。

解 ① 将两种菜的销售毛利率核算成成本毛利率

$$水煮牛肉(f)=\frac{r}{1-r}=\frac{52.8\%}{1-52.8\%}=111.86\%$$

$$酸菜鱼(f)=\frac{r}{1-r}=\frac{54.6\%}{1-54.6\%}=120.26\%$$

② 用成本毛利率重新核定两种菜点的菜单基价

水煮牛肉基价 $=7.02\times(1+111.86\%)=14.87$（元/盘）

酸菜鱼基价 $=10.7\times(1+120.26\%)=23.57$（元/盘）

（二）主要成本法

主要成本法是将餐厅的原料成本和人工成本作为主要成本，并以此为基础来制定菜单价格。这种方法与单纯的毛利率法不同，前者是以单个菜点的分类毛利率和单位成本来定价的，后者是以餐厅开业的全部成本、收入预测为基础来定价的。主要成本法的定价过程和方法是：

（1）核定分类菜点成本率。成本率是产品成本占计划收入或价格的百分比。成本率和毛利率是相辅相成的。在餐厅开业时的菜单制定中，分类菜点的成本率一般都可以计划毛利率为基础，将菜单上的菜点分为蔬菜、猪肉、羊肉、牛肉、海鲜、河鲜、禽类、野味、干货等不同的种类。然后，再确定计划毛利率，即可核定出分类菜点成本率。

（2）预算直接人工成本率。直接人工成本是指一个定价期内的餐厅、厨房的人事成本占同期计划收入的百分比，所以它是在餐饮企业预算的基础上来核定的。直接人工成本的内容包括餐厅员工的基薪工资、奖金工资、员工福利、统筹三险等四个方面，其预算方法可以参照当地同类、同等企业的水平大致确定。

（3）计算分类产品的定价系数。定价系数是指餐厅预算的主要成本，即原料成本和人工成本之和占预算收入的比值。其数值一般都会大于1。它反映的是主要成本、产品收入和价格的关系。具体运用时，定价系数一般要按分类菜点来核定。分类菜点的主要成本越高，定价系数的值越小。

（4）核定菜单产品价格。菜点产品价格是主要成本和定价系数的乘积。主要成本包括原料成本和人工成本，都必须以单位成本为基础。原料单位成本可以根据加工测试来核定，人工单位成本需要按原料成本和分摊比例来确定。因此，主要成本法的价格制定公式为：

$$r=\frac{Q}{C_1+C_2} \qquad (1)$$

$$C_e = C_n \times \frac{y_n}{1 - S_n} \tag{2}$$

$$P = r \times (C_n + C_e)$$

式中，r——定价系数；Q——分类产品预算收入；C_1——分类原料成本；C_e——单位菜点分摊人工成本；C_2——分类人工成本；C_n——单位产品原料成本；y_n——人工成本率；S_n——分类产品毛利率；P——菜单产品价格。

例 2 名士阁饭庄开业，其川味餐厅菜单定价期 3 个月内的预算收入为 385.78 万元。经验测分析，菜单上各类菜点设计的销售份额和计划毛利率如表 9-1，餐厅计划人工成本率 18.2%，部分产品的盘菜成本亦如表中所示。请用主要成本法核定菜单定价。

表 9-1 餐厅开业菜单定价资料表

项目 \ 分类	蔬菜类	肉类	海鲜类	禽蛋类	河鲜类	凉菜类	合计
销售份额	18.6	28.5	25.4	10.2	9.8	7.5	100%
毛利率	68.7	61.8	63.7	65.3	64.2	62.5	（%）
产品单位	川江豆	鱼香肉丝	酸菜鱼	桂花鸡	鲢鱼羹	红油肚丝	—
成本举例（元/盘）	3.5	5.8	12.6	10.4	9.8	4.8	—

解 ① 根据预测定价资料，核定各类菜点的原料成本、人工成本和定价系数。其中，分类菜点分摊的人工成本按原料成本比例分摊。结果参见表 9-2：

表 9-2 餐厅开业菜单主要成本和定价系数表 单位：万元

项目 \ 分类	蔬菜类	肉类	海鲜类	禽蛋类	河鲜类	凉菜类	合计
销售收入	71.76	109.95	97.99	39.35	37.81	28.93	385.78
原料成本	22.46	42.00	35.57	13.65	13.54	10.85	138.07
人工成本	11.42	21.36	18.09	6.94	6.89	5.52	70.21
定价系数	2.118	1.735	1.826	1.911	1.851	1.767	1.852

② 核定菜单分类产品应该分析的直接人工成本。其分摊比例按餐厅人工成本率和分类菜点的成本率换算。一般而言，单位原料成本越高，加工越复杂，需要分摊的人工成本也越多。如蔬菜类的川江豆盘菜应分摊的人工成本为：

$$C_e = C_n \times \frac{y_n}{1 - S_n} = 3.5 \times \frac{18.2\%}{1 - 68.7\%} = 2.04\text{（元 / 盘）}$$

其他菜点人工成本分摊方法相同,结果见表9-3。

③ 核定菜单各类产品基价,即按定价公式计算,结果如表9-3:

表9-3　餐厅开业菜单部分产品价格　　单位:元

项目＼菜点	川江豆	鱼香肉丝	酸菜鱼	桂花鸡	鲢鱼羹	红油肚丝
定价系数	2.118	1.735	1.826	1.911	1.851	1.767
单位成本	3.5	5.8	12.6	10.4	9.8	4.8
人工成本	2.04	2.76	6.32	5.45	4.98	2.38
产品基价	11.73	14.85	34.55	30.29	27.36	12.69

(三) 毛利贡献法

毛利贡献法是从餐厅开业的全局出发,分析顾客用餐中各种菜点应该获得的毛利。顾客来用餐,他们既应支付原料成本,还应支付餐厅毛利,包括人工成本、水电燃料等各种费用,以及各种营业税金、餐厅必需的盈利。除原料成本外,上述人工成本、各种费用及税金、餐厅盈利共同构成毛利。毛利贡献法就是根据这一原理来制定菜单价格的。其定价方法是:

(1) 编制定价期内的餐厅预算。餐厅开张营业,制定菜单和价格可先确定一个菜单定价期。然后,预算这一定价期内的预算收入、原料成本、人工成本、各种费用、营业税金和计划盈利。这时,预算收入扣除原料成本,即为餐厅预算毛利额。

(2) 预测定价期内的产品销售量和单位平均毛利额。餐厅开业,各种菜点的销售量不会完全相同。因此,产品销售数量可以根据预测接待人次和预计的人均点菜份数来大致确定。在此基础上,根据餐厅各类菜点毛利额和销售份数,即可核定出单位产品的平均毛利。

(3) 分摊产品毛利,制定菜单价格。餐厅开业定价,菜单上各种菜点的毛利率高低是不相同的。一般蔬菜毛利率最高,肉类其次,海鲜略低,而大众菜、家常菜的毛利率较低。因此,要将单位产品的平均毛利额分摊到不同的产品中去,然后才能制定菜单价格。其定价方法的计算公式为:

$$m = \frac{M_n}{Q} \tag{1}$$

$$P = C_n + m \times \frac{D}{\overline{D}} \tag{2}$$

式中,m——单位产品平均毛利;M_n——餐厅预算毛利额;Q——餐厅预测菜点销售份数;P——菜单产品价格;C_n——菜点单位成本;D——分类产品毛利率权重；$\bar{D}$——菜单各种菜点毛利率平均值。

例 3 糊涂楼大饭庄一层大众餐厅设有座位 485 个，餐厅开业制定菜单，定价期 6 个月内的餐位利用率平均为 1.26。预计每人前来用一次餐平均点菜 2.52 份。餐厅人工成本率计划 16.82%，原料成本率平均 36.84%，费用率 18.42%，营业税税率 5.5%。180 天内的预算收入 298.74 万元，餐厅菜点定价资料如表 9-4，请核定菜单上部分菜点价格。

表 9-4 餐厅菜单定价预算资料

项目 \ 分类	凉菜类	蔬菜类	肉类	海鲜类	汤类	合计
毛利率(%)	62.5	68.5	63.4	64.8	67.2	63.16
产品单位	白斩鸡 3.8	清炒莴笋 1.2	滑熘肉片 4.8	红烧海参 12.6	酸辣汤 2.9	—
成本额(元/盘)	五香花生 1.6	蒜茸苦瓜 1.8	软炸里脊 5.2	清炒虾仁 9.4	鱼头汤 1.8	—

解 ① 表 9-4 核定定价期内的餐厅预算成本费用、税金、利润，为菜单定价提供依据。结果见表 9-5：

表 9-5 餐厅菜单定价预算营收表 单位：万元

项目	预算额	构成比例(%)	项目	预算额	构成比例(%)
预算收入	298.74	100.00	营业税	16.43	5.50
原料成本	110.06	36.84	预计盈利	66.97	22.42
人工成本	50.25	16.82	毛利额	188.68	63.16
营业费用	55.03	18.42	销售份数	277 195	—

② 核定定价期内餐厅菜点平均每份毛利额。

$$\text{菜点平均毛利额 } m = \frac{M_n}{Q} = \frac{1\,886\,800}{277\,195} = 6.81(\text{元})$$

③ 核定菜单上各菜点分摊毛利额，制定菜单价格。列表如下：

表 9-6 毛利贡献法菜单定价表 单位：元

项目 \ 菜点	凉菜类		蔬菜类		肉类		海鲜类		汤菜类	
	白斩鸡	五香花生	清炒莴笋	蒜茸苦瓜	滑熘肉片	软炸里脊	红烧海参	清炒虾仁	酸辣汤	鱼头汤
单位成本	3.80	1.60	1.20	1.80	4.80	5.20	12.60	9.40	2.90	1.80
平均毛利	6.81	6.81	6.81	6.81	6.81	6.81	6.81	6.81	6.81	6.81
分摊毛利	6.74	6.74	7.39	7.39	6.84	6.84	6.99	6.99	7.25	7.25
产品基价	10.54	8.34	8.59	9.19	11.64	12.04	19.59	16.39	10.15	9.05

餐厅开业菜单定价还有其他一些方法，如价格乘数法、成本加成法、竞争对手参数法等。用得较多的是上述三种方法。具体采用什么方法，需要餐饮企业管理人员和厨房、财务等定价人员根据餐厅实际需要确定。

第五节　餐饮企业市场准入的开业培训管理

案例

一次成功的、鼓舞人心的酒楼开业培训动员会

黄河大酒楼经过一段时间紧锣密鼓的人员配备和招聘，员工队伍已基本配备到位。酒楼正式开业前，由总经理主持召开了一次开业前的员工培训动员会，作为员工培训的第一课，由酒楼董事长兼开元集团公司总经理陈先生做培训动员。陈先生的动员报告，摘要如下：

各位同仁、各位同事：

黄河大酒楼是我们开元集团公司下属的一家四星级标准的高档酒楼，是公司投资的一个新领域。酒楼经过艰苦而卓有成效的筹备，将于 ××××年××月××日正式开业。我们派到各大中型饭店、宾馆和酒楼饭庄实习、培训的厨师人员、服务人员、管理人员已陆续返回，今天和大家一起将参加为期10 天的开业前的集中培训，酒楼黄总经理让我代表董事会来做一个发言。首先，我代表董事会竭诚欢迎大家前来酒楼工作，成为公司的新成员，我想讲三个问题。

（一）公司发展战略

我们开元集团公司是一家以房地产为主，同时经营饭店宾馆、酒楼饭庄的多元化投资的实业公司。集团现有 5 家下属房地产子公司、1 家饭店餐饮公司，总资产 40 多亿元。集团公司除房地产外，将在饭店宾馆、高档酒楼方面大力发展。未来 5 年，集团在旅游服务领域的发展目标是，建成一家拥有 10 个饭店且能够输出管理技术的饭店管理公司，建成一家以黄河大酒楼为旗舰和标杆的、规模在 8 家以上的餐饮集团管理公司。黄河大酒楼即是公司未来 5 年餐饮集团化发展的战略基地、烹饪及管理技术的培训基地，也是人才培养和输出基地。你们既肩负着酒楼开创与发展的光荣任务和使命，也是公司未

来餐饮管理集团化发展的人才希望所在。正因为如此，黄河大酒楼不仅在规划建设上投入了大量资金，达到了本市最高档次，具备了最好的生产经营和接待服务条件，而且在人才招聘和工资待遇的起点上也比本市同行高出15%以上。公司为各位在餐饮管理和服务方面搭建了一个很好的平台，为你们今后事业的发展、个人晋升和自我价值的实现，创造了良好的机会。公司希望各位同仁能够把握这一机会，运用好这个平台，认真参加开业前的培训，满怀热情地搞好开业和业务经营，以优良的实际表现和优异的成绩为公司业务发展做出贡献，为个人的事业发展创造条件。

（二）公司管理体制

黄河大酒楼是开元集团的二级子公司。公司实行董事会领导下的以垂直领导为特征的总经理、部门经理负责制。在策划研究这一管理体制的过程中，以黄总经理为主，酒楼已经制定了这一管理体制的具体制度。我希望，在开业培训和开业后的业务经营中，大家一定要学好、用好以下几项重要制度：一是黄河大酒楼餐饮有限公司的企业章程。它详细阐明了酒楼的公司性质、管理体制、领导制度、员工劳动、财务管理等方面的有关制度和规定。二是酒楼经营管理制度，包括逐级领导责任制度、酒楼经济管理制度、各部门的规章制度等。三是酒楼的员工守则，它详细规定了酒楼的员工关系和行为规范。这些都是各位必须严格遵守、认真贯彻落实的。在这次开业培训中，各部门要认真组织学习、考试，务求贯彻落实。这些制度既是酒楼建设的基础，也是未来发展的重要条件。

（三）对各位同仁的几点希望

各位同仁，从今天开始，我们就是同一个战壕中的战友。公司和员工的关系是相辅相成的。公司为各位同仁搭建了一个良好的事业发展平台，提供了一个自我价值得以实现的机会。我希望各位同仁能认真做到以下几点：一是要树立以董事会和总经理为核心的团队观念。大家来自四面八方、五湖四海，一定要坦诚相见、团结一致、共同奋斗，防止钩心斗角，共同搞好黄河大酒楼的开业培训和业务经营。二是要培养艰苦创业的事业心和责任感。黄河大酒楼是公司开创的一个新的投资领域，它有着光明的前景，是公司未来餐饮业集团化发展的基地和旗舰。你们将成为公司未来餐饮业发展的“黄埔军校”第一期学员，只有胸怀强烈的事业心和责任感，爱业敬业，用心做好自己的本职工作，用优良菜品和优质服务吸引、留住我们的顾客，提高餐厅上座率，创造优良的经济效益，才能促进公司发展，也才能用优异的成绩为你们自身事业的发展创造条件。三是要保持一种潜心做好本职工作的心态。在当今市场经济条件下，酒楼与各位同仁之间，既是雇佣关系，更是劳动合作的关系。你们每个人，尽管职位、工种各不相同，但都是在双向选择的条件下招聘而来的。不管处在什么岗位、从事哪项具体工作，只要保持一种潜心做好本职工作的良好心态，充分展示自己的才华，做出实际贡献，就会有事业发展的机会。四是要树立正确的价值观，君子爱财，取之有道。公司奖励那些工作踏实、做出优异成绩和贡献的员工，并将通过工资和奖金制度来体现。公司坚决反对那些企图利用职权和工作方便谋取应得利益以外的个人私利的现象和行为。一经发现，公司将毫不留情地给予处理。希望大家在这方面能够引起高度重视。

各位同仁、各位同志，作为我们黄河大酒楼开业集中培训的开场白，我就讲这三点。有关培训的具体工作和安排与要求，请黄总经理来讲，谢谢各位。

点评

餐饮企业的开业培训是一项十分重要的工作，其目的是要通过开业培训将来自不同企业、不同单位和学校刚毕业的学生等员工凝聚成一支思想统一、目标一致的员工队伍，以便按照餐饮企业的统一要求成功打入市场，开展业务经营活动。不少新建或租赁经营的餐馆、酒楼只重视企业的硬件建设，不重视开业培训，常常草率从事，有的甚至不搞开业培训就仓促上阵，造成企业一开业很快就形成管理混乱、质量低下的局面。黄河大酒楼董事长在开业培训动员大会上的发言，之所以很成功，能够鼓舞人心，关键是其发言内容是经过精心准备的。不仅有正确对待员工的态度，让员工看到了希望和前途，而且也提出了明确的要求和希望，而不是居高临下地说教。当然，餐饮企业的开业培训工作是十分细致和复杂的，这也是我们在本节所要探讨和介绍的内容。我们相信，这也是餐饮企业职业经理人和在职管理人员共同关心的问题。

一、餐饮企业市场准入开业培训的目的

酒楼、饭庄等餐饮企业的开业培训一般是在企业筹建和装修改造基本完成、人员招聘已经到位的基础上集中进行的。培训时间多以10—15天为宜。其培训目的是：

（一）熟悉企业基本情况，增强员工凝聚力

餐饮企业开业时，员工来自社会各界、四面八方。他们来到一个新的工作单位，对企业的基本情况、工作环境一无所知，对企业的机构设置、上下级关系、周围同事也不熟悉、不了解。这时，餐饮企业管理人员将员工组织起来进行集中培训，向员工讲解企业的设施设备、企业等级规格、经营方针、发展战略、经营目标、发展方向，不仅可以让员工互相了解，增进联系，建立感情，而且可以让员工逐步熟悉本企业的基本情况，看到企业餐厅、厨房的环境状况，看到企业的发展方向，从而可以起到员工之间增进了解、增强团结、加深友谊、增强员工凝聚力的作用。所以，熟悉企业基本情况、增强员工凝聚力，既是餐饮企业开业培训的重要目的之一，又是开业培训应该达成的必然结果。

（二）统一员工思想认识，明确共同奋斗方向

餐饮企业要想成功开业并成功打入市场，赢得顾客的广泛认可和支持，依靠的是企业的优良环境、优质产品和优良服务。而这些都是在有员工统一的思想认识、目标一致、行动一致的前提下才可能做到的。如果没有开业前的集中培训来让员工学习、掌握企业的经营思想、经营目标、企业文化，形成企业精神，员工的思想和行动就不可能统一，就会成为一盘散沙，也就很难创造出优良的消费环境、优质产品和优良服务。反之，企业集中做好开业培训，在培训过程中，集中向员工讲解、宣传企业领导制定的经营思想、经营方针、企业目标，分析企业在当地区位市场和点位市场优越的地理位置、交通条件、企业内部的餐厅消费环境、厨房良好的生产条件、人员技术优势等，就可以将员工的干劲鼓舞起来，调动员工的主动性、积极性和首创精神，从而达到统一员工思想认识、明确共同奋斗目标、鼓舞员工斗志的目的。

（三）熟悉掌握企业规章，规范企业员工行为

餐饮企业正式开业前，已经制定了企业章程、企业领导管理制度、员工管理制度、经济业务管理制度等各项规章制度。这些规章制度都必须依靠广大员工来贯彻执行。如果员工没有经过集中培训来学习、掌握这些规章制度的内容，也就不可能规范员工的行为。其结果必然是各行其是，各吹各的号，各唱各的调，餐饮企业开业后的业务经营必然会乱七八糟。反之，企业集中做好开业培训，在培训过程中，根据员工所在部门，组织他们学习必须掌握和贯彻落实的规章制度，开展小组讨论，制定个人的行动计划，就可以让员工掌握企业规章制度的内容和实质、贯彻落实的具体要求、违反制度与规章可能受到的处罚和可能带来的严重后果，从而必然能够达到规范员工行为、保证企业一开业就实现制度化、规范化管理的目的，确保企业成功进入市场。

（四）落实员工岗位职责，明确各岗位具体任务

餐饮企业要想成功开业并打入市场，赢得顾客的广泛认可和支持，只有将各级各岗员工的岗位职责落实到具体人员，让他们明确各自的具体任务，并按照岗位职责的要求去做好本职工作，才能创造出优质菜点和优良服务，从而广泛吸引顾客。而要做到这一点，必须通过开业培训，将员工组织起来集中学习，制定各岗员工的岗位职责，并通过学习、讨论，分析岗位职责的具体内容、精神实质、具体任务、具体要求等，从而让员工知道自己应该干什么，怎么干，要完成哪些工作，哪些事情不能干，哪些事情需要与相关部门和岗位协调。只有这样，才能做好本职工作，保证企业成功开业、打入市场。所以，落实员工岗位职责，明确各岗员工的具体任务，也是餐饮企业开业培训的重要目的所在。

二、餐饮企业市场准入开业培训的主要内容

做好开业前的员工培训是餐饮企业统一员工思想认识、规范员工行为、成功进入市场、确保优质服务的重要条件。企业人员配备和招聘工作完成后，员工来自四面八方，他们的资历、学历、专业知识、工作经历和经验各不相同，就是来自其他饭店宾馆和餐馆酒楼的员工，其管理制度、工作程序和质量标准的要求也各不相同。因此，只有通过员工培训来统一员工的思想和行为，贯彻落实本企业的规章制度、工作程序、质量标准，才能保证企业成功进入市场、保证产品质量和服务质量。餐饮企业市场准入的员工培训的特点是：培训时间短，培训内容多，培训工作和开业前的准备工作交织在一起，需要交叉安排好时间。其培训内容主要包括六个方面：

（一）企业概况

了解企业性质、规模、星级规格、企业实力、发展方向和目标等基本情况，是培养员工热爱自己的工作单位、培养员工对企业的感情、鼓舞员工斗志的重要方法之一。因此，做好企业概况介绍是餐饮企业开业培训的重要内容。培训中，对企业概况的介绍要讲清企业发展历程、艰苦创业的精神、企业等级规格、接待能力、消费环境、企业在区位市场和点位市场的竞争优势、企业在近期（2—3 年）的发展战略、发展目标及其对员工事业和福利可能带来的实际利益等。总之，要让员工通过企业概况的培训、介绍，看到希望与前景，产生热爱之情。

（二）企业优势与前景

作为餐饮企业开业培训的内容，其优势与前景培训重点是向员工分析企

业设施设备、装修改造的投资及其所产生的优势地位，企业经营风味、技术实力、产品质量、价格水平、服务质量标准等在区位市场和点位市场的优势所在，以及企业未来的发展方向、目标与前景。这样，通过企业优势与前景的内容培训，在员工中间形成向心力、凝聚力，让他们感觉在本单位工作有安全感，有良好的个人发展平台。

（三）企业规章制度

规章制度是餐饮企业开业时员工集中培训的重要内容，其目的是让员工了解企业规章制度的内容和实施办法，以便员工遵守。但在开业培训中，企业制度培训的内容是分层次选择的。其中，部门经理以上的管理人员培训以企业章程、领导管理的规章制度和重要的经济业务管理制度为主，一般员工培训以企业员工守则、劳动管理制度、考勤制度等为主。其中，有些制度如员工守则、垂直领导制度等内容，经过培训，必须让员工记住。与此同时，要分别组织一般员工和管理人员进行考试，以便于员工记住和贯彻落实。

（四）各岗人员的岗位职责规范

餐饮企业各岗人员的岗位职责规范必须落实到具体人员，并得到贯彻实施，因而也是餐饮企业开业培训的重要内容。但是，各岗人员的岗位职责规范培训必须分层次、分组进行，要同员工，特别是管理人员的具体工作岗位结合起来，以便将企业管理的任务、目标从上到下，层层落实，形成企业管理体系，从而保证开业期间和开业后的实际运用，防止开业培训和实际运用相脱节。

（五）企业经济业务管理制度和表格运用

餐饮企业一旦投入运行，各种经济业务管理制度就会投入使用，各种表格每天都会填写。因此，企业经济业务管理制度，包括采购、验收、库存、用品发放、原料使用，直到成本核算、会计核算等制度和各种表格使用，也是酒楼、饭庄等餐饮企业开业培训的重要内容。这些制度和表格的内容培训最好分部门、按岗位培训，以便员工正确使用。

（六）员工技能和工作程序

在餐饮企业开业管理中，老员工的技能如厨师的烹饪技术、餐厅人员的服务技能是他们原来就应该具备的。否则，企业也不会录用他们。新员工，特别是刚刚入职的新学员，他们的技能主要是在开业后的实际工作中逐步掌握和提高的。所以，餐饮企业开业时的员工技能和工作程序培训以工作程序为主，主要是在开业培训过程中，穿叉安排员工到厨房、餐厅、雅座包间等场所进行实操训练或模拟训练，以培养和检验员工的操作能力和遵守工作程序的实际能力。

三、餐饮企业市场准入的开业培训计划编制

餐饮企业市场准入的员工培训以开业前的集中培训为主，时间大多在7—15天左右。这种培训既不同于学校教育的专业知识积累，又不同于企业开业后的在职培训。前者各种课程较多，注重理论性、专业性、系统性，时间较长，但普遍缺乏实用操作性；后者以“干什么、学什么，缺什么、补什么”为主，分期分阶段进行，实用性很强，但大多缺乏理论性和系统性。餐饮企业开业前的集中培训则不同，它具有三个特点：一是目的明确。均以统一思想认识、掌握规章制度、规范员工行为为培训目的，以适应企业开业的需要。二是面宽内容精。开业培训的内容课题多，但每个课题的信息量又以开业需要的内容为主，必须少而精。三是培训方式多样。开业培训有的由高层领导或专家做报告，有的由部门经理做专题讲解，有的看光盘或录像，有的现场讲解与实际操作相结合，有的采用问答方式。具体的培训方式要根据培训内容的实际需要来确定。因此，制定好培训计划、做好组织安排就成为餐饮企业开业培训能否取得成功的关键，需要引起高度重视。

（一）开业培训计划的制定原则

餐饮企业的开业培训工作是比较细致的，参加人员多，培训内容杂，培训时间短。为此，制定开业培训计划要遵循三个原则：一是目的明确、鼓舞斗志的原则。开业培训是为了统一思想认识，鼓舞员工斗志，凝聚员工心态，规范员工行为，以便众志成城地迎接开业。因此，培训计划的内容要精心安排，要能够鼓舞人心、斗志，让员工看到前途和希望。二是内容充实、实用为主的原则。餐饮企业开业培训所涉及的内容比较广泛，既有中高层管理的内容，又有基层班组和员工需要的内容；既有让全体员工了解的内容，又有只需各部门员工了解的内容。但它又不是专业化和系统性教育，而是以实用为主的临战前的集中培训。因此，培训计划所安排的内容一定要经过精心准备、认真挑选，既保证课程多样、内容充实，又要坚持少而精，以实用为主，防止过多的理论讲解。三是形式多样、生动活泼的原则。餐饮企业的开业培训既要有课程讲解，又要安排实地观看、现场讲授，还可安排观看光盘、录像，现场模拟或操作，使培训计划安排的培训方式形式多样、生动活泼，以增强实用性和可操作性，增强培训效果。要特别防止所有的培训内容和课程都以讲解为主，造成呆板、乏味的现象发生。

（二）开业培训计划的制定方法和参阅格式

餐饮企业开业培训计划的制定是一项比较复杂和细致的工作。企业规模大小和等级高低不同，事先准备的内容和课程不同，开业培训所安排的时间长短不同，其计划安排也不一样。培训计划的制定关键是要事先做好准备，选好培训内容和课题，落实好负责人和授课人员。然后将培训内容和课程组织起来。现以4—5星级标准的中等规模酒楼为例，说明其培训计划的内容和编制方法。

仍以黄河大酒楼为例，其开业培训计划的内容和样式可参阅表9-7。

表9-7　黄河大酒楼开业培训计划表

日期	时间	主持人	授课人	课程项目	课程内容	参加人员
第一天	上午	人事经理	总经理	动员报告	培训目的、意义和要求	全体员工
			董事长	公司战略目标	公司简介、经营战略方针与前景、目标	
			主管总经理	酒楼管理体制	公司机构、体制、制度与劳动关系	
	下午	人事经理	人事经理	公司员工守则	内容讲解与要求阐述	全体员工
		部门经理	部门经理	部门规章制度	分部门讲解，集体讨论	分部进行
第二天	上午	部门经理	保安主管	酒楼安全培训	参观介绍安全设施，讲解安全制度	全体员工
			部门经理	部门安全培训	讲解与讨论结合	分部进行
	下午	部门经理	—	员工守则与制度运用、员工守则与制度考试	分部门讨论，制定落实措施，统一考试答题	分部进行
第三天	全天	部门经理	外语教师	形体动作培训	讲授、看录像、现场示范	全体员工
			餐厅经理	形体动作实例	领位、门卫、服务员示范、实训	餐厅员工
			厨师长	行为规范讨论	各厨房分组讨论，制定落实措施	厨房员工

（续表）

日期	时间	主持人	授课人	课程项目	课程内容	参加人员
第四天	全天	部门经理	各部门经理与主管	• 厨房岗位职责培训 • 餐厅岗位职责培训 • 财务岗位职责培训 • 职能保障部门职责培训	• 行政总厨和各厨房主管讲授职责要求 • 餐厅部经理和各主管讲授职责要求 • 财务经理讲授采购、库管与会计职责要求 • 经理办及各主管学习本岗职责规范要求	分部门参加、学习
第五天	全天	人事经理	外语教授	餐饮营养配菜	餐饮市场消费的新趋势	全体员工
			外语专家	餐饮市场营销	餐饮市场竞争现状与营销对策	
			外语专家	餐饮卫生标准	食品卫生、环境卫生、餐具卫生	
第六天	上午	部门经理	厨师长	厨房卫生操作	边操作、边讲解如何整理厨房卫生	厨房员工
			餐厅经理	餐厅卫生管理	讲解与实操结合，整理餐厅卫生	餐厅员工
	下午	部门经理	行政总厨、餐厅经理	厨房生产流程与餐厅服务操作	观看光盘、录像，现场模拟或示范	分部进行
第七天	全天	部门经理	部门经理	厨房开业计划方案；餐厅开业计划方案；开业后勤计划方案	讲解方案，布置工作，落实任务	分部进行
第八天	全天	部门经理	部门经理	逐一做好开业准备，检查准备情况	各部门逐项完成，检查效果	分部进行
第九天	全天	人事经理	人事经理、部门经理、总经理	培训结业考试，部门总结发言，全店培训小结	统一安排笔试，总结汇报发言	全体员工

四、餐饮企业市场准入开业培训管理的组织工作

在餐饮企业开业培训管理中，培训计划的编制和培训组织是相辅相成的。采用正确的方法、做好培训的组织工作，是保证培训质量和效果的重要环节。培训组织管理工作的内容和方法重点包括以下四个方面：

（一）认真做好培训前的准备工作

餐饮企业开业培训的内容选择、培训计划编制和培训工作组织，都是以事前准备为基础的。由于培训时间较短，涉及内容较多，因而，准备工作的好坏直接影响培训质量和效果。培训准备工作的重点主要包括三个方面：一是培训内容和课程准备。要选择那些对企业开业和日后的业务经营十分重要，而且能够统一员工思想、鼓舞员工士气、规范员工行为、告之员工必须怎样做的内容，然后将这些内容编制成不同的课程或培训活动，形成培训计划和大纲，这样才能适应开业培训的需要。二是培训教师和人员准备。餐饮企业开业培训的教师和人员要以企业中高层领导、各部门经理为主，以外请专家教授为辅。因为培训内容重点是企业的管理体制、规章制度、工作程序、员工守则、操作规范等，因而具体教师和人员要根据培训内容和课程来确定。三是培训内容、教材、资料落实。餐饮企业的开业培训不是大学的专业课，而是以专题讲授本企业的规章制度、文件、材料为主，因而要提前做好准备。有的要印发给员工，如员工守则、部分规章制度等，有的要让员工观看、有的要实际操作、模拟操作、示范演练，因而要准备好场地、资料、器材等，以增强实用操作性。如前例中，黄河大酒楼的培训计划，大多是以上述三个方面的准备为基础。否则，其培训计划将无法执行。

（二）严格培训纪律与要求

没有规矩，不成方圆。餐饮企业开业前的培训参加人员较多，职务高低各不相同，培训方式多种多样。有时集中，有时分散，没有严格的纪律和要求，容易发生散乱，难以形成良好的培训气氛，甚至造成虎头蛇尾。为此，必须一开始就规定严格的纪律，提出具体要求。具体纪律主要包括出勤与考勤制度、课堂纪律规定、考试纪律要求、实操演练及模拟示范的纪律规定等。只有这样，才能保证整个培训过程既严肃认真、纪律严明，又生动活泼、气氛良好，较好地展示出员工的精神面貌。

（三）精心做好培训课程与活动的现场组织与管理

餐饮企业的开业培训课程，有的以专题讲授为主，有的以企业员工守则和规章制度讲授为主，有的以实操、实训、模拟演练为主，形式多样。现场组

织管理重点包括:第一,凡是专题讲授的课程,每节课的时间不宜太长。一般应安排在2个小时以内,突出重点与精华。要有吸引力和鼓动性,能够统一思想认识、鼓舞员工士气。第二,凡是员工守则和规章制度的培训,要以贯彻落实为主,多用正反两方面的案例和实例突出制度的严肃性,给员工留下深刻印象。第三,凡是普通员工实操为主的培训内容要把握三个要点,即每个培训课题不要超过20分钟,如果内容较多,要分成几个课题;每个培训题目的操作步骤不要超过6个,以3—4个步骤为好;每个步骤的重点不应超过4个,要突出操作重点和关键。第四,各项课程的培训要组织严密,内容紧凑,注重实效,防止流于形式。

（四）认真检查开业培训的成绩与效果

餐饮企业的开业培训最终要检查其培训效果,其检查内容和方法主要有三种:一是做好培训考核。如企业的规章制度、员工守则、经营方针、服务质量等培训内容,可以通过统一考试,以选择题、判断题、填空题等形式为主来考核。二是注重内容落实。各岗员工的岗位职责、行为规范等培训可以通过部门工作计划、员工准备如何落实的个人计划来考核。三是员工精神状态和士气考核。可以部门为基础,以培训中的实际表现为依据,采用A、B、C、D四个等级评定的方法来考核,主要观察员工出勤状况、遵守培训纪律情况、日常精神面貌等。总之,只有认真做好开业培训的组织管理工作,才能收到实效,统一员工的认识,规范员工的行为,用崭新的精神面貌迎接餐饮企业的正式开业。

第十章 搏击风浪任我行

——餐饮企业的开张营业与市场进退管理

10

第一节　餐饮企业的开张营业管理

案例

一家开张营业热闹了三天的中档餐馆

银河垮酒楼是一家设有240个餐位的中档餐馆。餐馆地处A市北城环路附近,楼下大众餐厅设有110个餐位,楼上雅座餐厅设有60个餐位,另有6个包间餐厅设有70个餐位。5个月前,酒楼董事长兼总经理唐先生通过朋友介绍,租下这一“二手货”餐厅。经过3个多月的装修改造,最后改名为银河垮酒楼。酒楼装修属于中档水平,地面、墙面和门脸进行了重新装修,家具、桌椅使用原来的,但换了台布。整个酒楼,包括楼下楼上的大餐厅和包房餐厅的装修都比较整洁、大方、自然。酒楼装修后,于10月16日正式开张营业。由于这一地区餐馆、酒楼较多,高、中、低档都很齐全,银河垮酒楼开业初决定以半价销售为主,酒水免费。10月16日中午,酒楼请来了仪仗队,敲锣打鼓、放鞭炮,举行了正式的开业仪式。门前请人送来了祝贺开业的花篮20多件,气氛比较热闹。从10月16—18日,酒楼着实热闹了三天,餐厅上座率达到了98%—100%。从10月19日起,酒楼恢复正常营业。价格恢复菜单定价,比开业时翻了一倍。结果,顾客急剧减少。2个半月后,每天中午、晚上两餐的平均上座率不足40%,酒楼董事长深深感到了经营的压力。长此以往,较高的房租、转让费用,将难以承担,该怎么办呢?

点评

新建或租赁经营的酒楼、饭庄等餐饮企业，能否成功进入市场，其开张营业管理是比较重要的。但开张营业的成功是企业筹建与装修改造，特别是各项准备工作扎实、充分的结果，是企业实力的综合体现。单靠降价或某一策略，可能临时奏效，但很难长期发挥作用。事实上，凡是开张营业比较成功而又能够稳步发展、餐厅上座率和营业收入逐步提高的企业，都是实力较强、开业准备又很充分的企业。为此，本节在前面介绍餐饮企业开业前的各项准备工作的基础上，着重探讨企业开张营业管理的工作内容、方法和注意事项。这也是餐饮企业经过较长时间的筹备，成功进入市场的重要标志。

一、餐饮企业开张营业的场所布置与检查

餐饮企业开张营业管理是指企业完成开业前的各项准备工作后，为筹备开业典礼和正式营业而进行的各项管理活动。餐饮企业，包括饭店宾馆、酒楼饭庄等，经过筹建改造、注册登记、开业培训等各项准备工作后，必将迎来正式的开张营业。这项工作的时间较短，工作内容较多，大多数企业的筹备人员都采用倒计时的方式来加快工作进展。其开张营业管理的工作以营业场所布置、美化为重点，以客源组织为中心，以开张剪彩、正式营业为最终体现。其中，做好营业场所的布置和检查又是餐饮企业开张营业管理的首要环节，其具体工作内容和管理方法是：

（一）组织员工彻底整理企业卫生，确保达到星级或相应的等级标准

餐厅、厨房、门前、门厅、过道、库房、公共卫生间、后厨垃圾站等各处卫生是餐饮企业质量好坏的首要体现，也是做好开业管理、保证营业场所和企业环境质量的重要工作内容。为此，企业总经理要组织厨房、餐厅、库房等各部门员工和各职能部门人员彻底擦拭、整理好各处卫生。其卫生质量要达到的标准是：① 地面。餐厅、包房、厨房、门厅等各处地面表面光洁，边角、边缝洁净，无灰尘、污迹。② 墙面。经过装修整理后的所有墙面表面洁净、平整，无任何污迹。③ 门窗。餐厅、厨房、包房等所有门窗工艺良好，表面光洁、美观，无任何污点，开启方便，暖气罩表面洁净。④ 天花。各处天花表面平整、光洁，灯具、厨房天花的抽油烟、排风设备等齐全、完好、整洁、牢固。⑤ 公共卫

生间。企业配套的公共卫生间设挂斗式小便池、隔断式厕位,设备齐全、完好、方便,各处卫生经彻底整理后表面光洁,无灰尘、水印、污渍,无异味。⑥门前。企业门前地面整洁,无积尘,无卫生死角,门楼、门面各处表面洁净、光亮、美观大方,无污迹。⑦ 花草。门前、餐厅边角、包间餐厅、接待柜台等各处适当位置设有盆栽、盆树、盆景等花草布置,各处花草数量得当,大小规格合理,位置适当,摆放整齐、美观,与周围环境协调。

(二) 认真搞好餐厅厨房设备布置与调试,保证开张营业需要

餐饮企业装修改造完成后,经过工程验收,其餐厅和厨房的各种固定设施,如餐厅大型接待柜台、分割式餐桌的隔断设施、酒水柜台、厨房炉灶与配套抽油烟机、冷荤间设施等都已安装完毕。但正式开业前,还必须认真搞好餐厅和厨房的可移动的各种设备布置与调试。其主要工作内容和方法是:①餐桌椅的布置与摆放,包括大众餐厅、雅座餐厅、包房餐厅或多功能厅。要根据餐厅面积、接待对象的特点,首先选好餐桌的台型。例如,以点菜为主的餐厅要做到 2 人台、4 人台、6 人台、8—10 人台等台型齐全、结构合理;以套餐和自助餐为主的餐厅要以 4 人台、6 人台为主,少设 10 人台;包间餐厅则应以 8 人台和 10 人台为主。其次,要事先设计好每个餐厅内的桌椅布局,保证通道、过道合理,桌椅摆放整齐、美观、协调,与餐厅内的接待台、酒水台、收款台、食品陈列展示台等配合良好,顾客进出、服务员上菜都很方便。然后,在按餐厅布局要求做好桌椅摆放时,要彻底擦拭桌椅卫生,确保表面、边角、桌后木板光洁,无灰尘、污点。最后,在搞好桌椅布局的同时,要根据餐厅档次和需要,铺好台布、台垫或转盘,保证餐椅表面整洁、美观、大方,达到开张营业、接待顾客的要求。② 厨房设备的布置与摆放,包括加工厨房、炒菜厨房、冷荤和面点厨房。要根据厨房性质和功能不同,在固定设施的基础上,首先做好需要的可以移动的设备造型和配备。例如,加工厨房需要洗菜及盛菜的设备、切菜大案板;炒菜厨房需要冰箱、冰柜、橱柜、不锈钢条案、临时加工的刀具、案板、配菜及出菜的条案、工具用具等;冷荤厨房需要大型案板、消毒设备;加工厨房需要粉碎机、切片机、搅肉机等。其次,要在选型和配备的基础上,搞好每种设备的布置与摆放。要根据需要和使用方便、便于维护的原则,将每种设备摆在适当、合理的位置,使其与厨房其他设备,特别是固定设备配合良好、协调美观,室内通道、过道合理,厨师每天操作使用方便,整体布局优良,能够保证开业需要。最后,要彻底擦拭,保证各种设备卫生达标。厨房各种设施设备,包括固定设施和开业前配备的各种设备,都要经过彻底擦拭、整理,保证表面光洁、摆放整齐、使用方便。③ 做好开业前的设备调试,保证开

张营业后的设备运转正常、顺利。其方法是在开业前的菜单测试中,通过产品加工生产,检查厨房供水、供电、供气、污水排放、洗碗机及各种水池的上下水和餐厅的桌椅、灯具、收款机、验钞机等各种设施设备运转是否正常。如有问题,则立即检修或请原施工单位抢修。总之,经过调试,要保证各处设施设备运转良好,无任何故障,保证餐饮企业顺利开张营业的需要。

(三)确保餐茶用品和食品原料到位,满足餐厅正式开业要求

酒楼饭庄等餐饮企业开张营业,要按照倒计时要求,在正式开张剪彩前2—3天,确保各餐厅的餐茶用品和食品原材料到位,以满足餐厅正式营业的要求。其主要工作内容和方法是:① 定额领取餐茶用品,做好登记造册。正式开业前,餐饮企业厨务部的主管或领班,要按照大众餐厅、雅座餐厅、包间餐厅的餐位数量和消耗定额,分别从企业库房领取餐具、茶具、酒具、餐厅和厨房需要的各种用品,并按使用部门分别登记造册,既保证开业需要和要求,又为开业后的餐茶用品消耗提供了准确的数量依据。② 做好餐茶用品洗涤消毒,确保开业餐具卫生。各种餐茶、酒具用品,除少数用品外,凡是供顾客进食使用的餐茶用品,如碗、盘、碟、杯、刀、叉、勺等,都要洗涤消毒,以保证开业餐具卫生,防止病从口入。洗涤消毒后的餐菜用品,要在规定的餐厅备餐室内的箱柜中分类摆放,做到整齐、取用方便。③ 按菜单设计和开业要求,保证各厨房需要的食品原材料到位。餐饮企业开业的食品原材料大致分三类:一是干货、箱冻等食品原材料,一般按不同原料的储存周期,在餐厅开业前3—5天内逐步购进即可。二是各种鲜活原材料,根据预计开业日的接待人次大致确定,确保前一天或当天早上到位即可。三是需要养活的河鲜、活物和需要在餐厅陈列、展示推销的食品原材料,必须在餐厅装修改造中完成设备定制。在正式开业前,保证养活的各种活物和陈列展示的各种食品原料到位,而且新鲜、整齐,排列美观,供顾客选用。

(四)全面检查营业场所各项准备工作完成结果,确保开张营业万无一失

上述各种准备工作完成后,在正式开业前的2—5天内,企业领导至少要组织3—4次检查,以保证开业准备万无一失。其检查内容和方法是:① 以餐厅和厨房等班组为基础的自我检查。以餐厅、厨房、库房和各办公室为基础,由主管和领班负责所进行的全面检查。检查内容包括门前、过道、门厅,以及各餐厅、各厨房的地面、墙面、门窗、灯具、家具、台面、设备等的卫生,花草布置,防火、防盗、防滑等安全措施,餐茶用品的洗涤消毒,物品摆放等,确保各项开业准备达到优质标准,发现问题及时重新整理,限时完成。② 由餐厅部经理、总厨师长或行政总厨组织的全面检查。由总厨师长或行政总厨组织各

专业厨师长对加工厨房、冷荤厨房、面点厨房、洗碗间和各库房、后厨垃圾站等所进行的专业检查,由餐厅部经理组织各餐厅经理(主管)对大众餐厅、雅座餐厅、包间餐厅或多功能厅、公共卫生间等所进行的专业检查。发现问题时,及时督导各餐厅主管或领班限时整改,保证质量达标。③ 由企业总经理、副总经理出面组织的餐饮企业开业前的全面检查。其检查工作的范围和内容和前两种检查基本相同,但会更专业、更细致、更全面。通过上述三个层次的检查,最终要做到开业前的餐厅布局、消费环境、美化布置、设备用品、安全卫生等各项工作万无一失,达到星级标准,保证开张剪彩和正常营业的要求。

二、餐饮企业开张营业的营销宣传和客源组织

客源是餐饮业的生命,是餐厅酒楼的衣食父母。离开了客源或客源不足,餐饮企业就是一个毫无经济价值的空架子,企业筹建、装修改造和开业准备过程中的大量投入就无法按时收回,必然造成严重亏损。因此,认真做好营销宣传和客源组织,广泛招揽顾客,是餐饮企业开张营业和开业后正常营业的最重要的工作内容之一,必须认真对待。

在搞好企业营销策划、营业亮点打造、菜单设计和菜单定价等各项准备工作的基础上,餐厅开业的营销宣传和客源组织的工作重点必须着眼于餐厅长期营业的需要,而不能仅仅着眼于企业开张剪彩的短期效应。为此,做好餐饮企业开张营业营销宣传和客源组织,重点要做好三个方面的工作:

(一) 搞好开业前的公关宣传,提高企业知名度和美誉度

餐饮企业公关宣传以对外宣传为主,以提高企业知名度和美誉度,吸引顾客前来就餐、举办宴请等活动为主要目的。一般来说,要在餐厅正式开业前1—2个月,做好以下公关宣传工作:① 利用媒体做好公关宣传。这时,要事先设计好宣传内容,包括餐厅名称、地址、经营风味、产品特色等,编写出创意独特、文字简洁、易听易记的宣传词或广告语。然后连续在当地报纸、电台、电视(有条件的企业)等媒体上刊登或广播1—2个月,每天或每周定时宣传,从而扩大企业知名度,吸引部分顾客。② 利用企业门脸做好广告宣传。在餐厅正式开业前1—2个月内,按本书第七章的相关要求,完成企业门脸装修、门前大型广告牌制作、大型灯箱设计制作和门前亮化处理等广告宣传,使企业以独具特色的门前环境和亮化、美化宣传效果引起社会各界和来往人员的关注,从而扩大餐厅在区位市场和点位市场的知名度,广泛吸引顾客。③ 认真做好开业前的小册子宣传。餐厅正式开业前5—10天,必须根据菜单设计和菜点测试结果,将企业美观、大方的餐厅环境、著名菜点、企业简介等

印制成编排合理、图文并茂的宣传小册子，然后散发到区位市场范围内的目标客户中去，包括大中型公司、机关、学校、外事机构，通知它们开业时间，从而争取客源，提高企业知名度。

（二）搞好企业开张剪彩的环境气氛宣传，吸引顾客注意力

餐饮企业的开张剪彩或开张营业，不能冷冷清清。为此，必须做好餐厅正式开张和剪彩的环境气氛宣传工作，以广泛吸引顾客注意力，增加客源。一般说来，在餐厅正式开业的当天，必须完成四个方面的工作：① 门前横幅与彩旗宣传，以形成开张营业的强烈气氛。此时，门前、楼上适当地方要打出多幅大型标语口号，门前和顾客进出的两边要并排插上各种彩旗，以强化开业气氛。② 开业祝贺的花篮宣传，要事先与区位市场的有关单位联系，取得同意后，将这些单位祝贺餐厅开业的长形花篮整齐地摆在餐厅门前两侧。每个花篮都有祝贺单位的红色条幅和贺词，从而引起顾客的广泛注意。③ 餐厅室内的环境气氛宣传。正式开业时，餐厅门口要设礼仪迎宾队伍，穿旗袍、佩绶带，热情、礼貌地迎接顾客。餐厅室内正面挂横幅标语，欢迎顾客到来，形成室内强烈气氛。④ 音乐、鞭炮气氛宣传。正式开业时，要播放热情奔放的迎宾曲，敲锣打鼓放鞭炮，形成热烈的开张营业的气氛，引起顾客广泛注意。这些都是增强环境气氛、吸引顾客注意力的重要方法，必须认真做好。

（三）做好重要顾客或客户邀请，保证餐厅开业客源和上座率

餐饮企业开张营业的客源组织最终要落实到餐厅上座率上。如果餐厅开业客源不足，冷冷清清，必然造成开业打败仗的后果。如果单靠降价来吸引顾客，开业后的顾客又容易形成价格感觉上的落差，可能造成客源不稳。因此，餐厅正式开业要着眼于以正常营业的客源为主，将顾客分成自愿前来的自费顾客和被邀前来的顾客两种类型。以前者为主，他们的上座率最好保持在80%左右。然后邀请15%—20%的关系户或比较重要的顾客，保证餐厅上座率达到95%—100%。餐位不够时，再安排包间餐厅。这样，既能保证餐厅正式开业的成功，又不会给顾客造成价格感觉上的落差，有利于餐厅开业后客源的稳步增长。

三、餐饮企业开张剪彩的活动组织

搞好开张剪彩、赢得顾客的广泛赞扬和支持，是餐饮企业成功打入市场、保证正常营业的重要标志。在餐饮企业开张营业管理中，营业场所的布置和检查包括卫生、整理、设备布置与调试、物品保证等，开业中的客源组织包括公关宣传、环境气氛营造宣传和顾客邀请等，都是为开张剪彩服务的。因此，

从餐饮企业开张剪彩的活动组织的角度来看，除本节前面所讲的工作外，重点是要做好以下工作：

（一）开张剪彩活动的现场准备

餐饮企业开张剪彩的活动现场大多是餐厅门口和室内布置。餐厅门口的现场布置主要包括门前的彩旗布置、横幅标语布置、祝贺开业的花篮布置、大型广告牌布置等，其工作内容与前面所讲环境气氛宣传基本相同。此外，门前要设迎宾小姐5—7人，穿着美观大方，佩红色绶带，分列两边，主动热情地迎接顾客。正门前设红色剪彩大红布，供剪彩时使用。餐厅室内布置一是要在餐厅前方设讲台或舞台，上方挂祝贺开张的横幅标语，主席台摆麦克风，讲台布置适当。二是要摆好顾客用餐的餐桌椅，做到整齐、美观、大方，顾客进出方便。三是要在餐厅边角或过道的适当位置插上或挂上彩旗、标语，以烘托餐厅开张剪彩的气氛。四是要在餐厅进门处及过道、边角、大型接待柜台等适当位置摆放盆栽、盆景，以美化环境。总之，餐厅开张剪彩活动的现场布置要以美观、大方、简朴为原则，不宜太过烦琐和讲究排场。

（二）开张剪彩活动的仪式组织

餐饮企业开张剪彩活动大多在中午或晚上开餐时间举办。在做好各项准备工作的基础上，开张剪彩仪式的组织重点是做好以下工作：① 渲染气氛。在开始时，播放比较热情的迎宾曲，门前组织歌舞表演，敲锣打鼓，燃放鞭炮，以吸引人们注意、渲染气氛。② 主动迎宾。顾客到来时，迎宾小姐主动迎接、问好，引导顾客进入餐厅。重要顾客可引入包间餐厅，也可根据需要设签到台，请重要顾客签到留言。③ 正式剪彩，祝贺开业。由总经理、副总经理陪同特邀的剪彩人员（多请当地政府官员、社会名流等）正式剪彩。此时，要做好剪彩活动的人员组织、现场讲话、音乐播放等工作。然后，按照事先确定好的进程，由总经理致开业辞，简单介绍企业开业，并向来宾表示感谢。接下来，再请上级单位、同行或有关社会名流做简要发言，祝贺开业。之后，即可结束剪彩仪式。④ 顾客用餐。餐厅开张剪彩活动要安排紧凑，时间最好在30—40分钟，活动结束，即请顾客用餐。餐厅开张剪彩的菜点要保证质量、盘菜分量和出菜速度，特别强化现场质量管理，确保为顾客提供优质服务，给顾客留下良好印象，这对餐饮企业开业后转入正常营业是十分重要的。

（三）开张剪彩活动的媒体宣传

在餐饮企业开张营业管理中，凡是规模较大、档次较高和有条件的企业，在开张剪彩活动组织过程中，都应邀请当地报纸、电台、电视等媒体记者前来采访，餐饮企业应事先准备好宣传资料、照片和新闻稿件，发给记者或召开新闻发布会。开张剪彩活动中，要认真做好记者接待、采访安排和用餐安排。活动结束后，要及时和各记者联系，了解发稿情况，要尽量争取在不同媒体同时报道企业的开张剪彩活动、产品风味特色，从而达到扩大企业影响和声誉、确保餐厅成功打入市场的目的。

第二节 餐饮企业的正常营业管理

案例

三只钟表的寓言故事给我们带来的启示

一只新组装好的钟表放在了两只旧钟当中，两只旧钟"滴答"、"滴答"一分一秒地走着。新钟新奇地望着两个老前辈。一只旧钟对新钟说："来吧，欢迎你加入到我们当中来。请你和我们一起工作吧，但是，我有些担心，当你走完3200万次以后，恐怕就会吃不消的。"

"天哪！要3200万次，简直吓死我了。"新钟吃惊不已，"要我做这么大的事，太难了。不可能的，我办不到。"

另一只钟说："别听它胡说八道，也不用害怕，你只要每秒钟'滴答'摆一下就行了。但不要乱摆，乱摆就会走不动的。"

"天下哪有这么简单的事情呢?"新钟将信将疑，"如果这样，我就试试吧。"

新钟很自然地每秒钟"滴答"摆一下，它从不乱摆。不知不觉中，一年过去了，它摆完了3200万次，走得很规范、顺利。它真不敢相信，在轻松愉快的"滴答"声中，它完成了当初不敢想象的事情。

（资料来源：华牧，《经典管理寓言全集》，企业管理出版社2004年版。）

点评

餐饮企业开张剪彩后，进入正常营业状态。它就像一只钟表，其筹建准备过程就是在建造钟表，而开业准备和开张剪彩就是在给钟表上好发条。而开业后的正常营业，就是要保持钟表的正常运转，保证钟摆正常、顺利、规范地摆动而不能乱摆。当然，餐饮企业开业后，转入正常营业，其业务管理的工作内容是十分繁杂的，市场竞争也比较激烈，不可能像钟表摆动那样简单。但保证其业务管理的科学性、正规性、规范性，则是餐饮企业正常营业管理的重要工作。本节对此进行一些简要介绍。它是餐饮企业市场准入管理的落脚点，也是本书内容的归宿。

一、餐饮企业转入正常营业后的工作调整

开张剪彩工作结束后，餐饮企业即转入正常营业。这时，要保证餐厅营业的正常、顺利开展，在市场竞争的风浪中搏击前进，需要做的工作很多。首先要做好的是工作调整。所谓工作调整，就是在餐厅开业后迅速将工作重点从比较杂乱的开业筹备、开业准备、开张剪彩等工作中转到正常营业的日常管理轨道上来。具体说来，其工作调整的内容和方法是：

（一）管理工作的思想调整

在餐饮企业市场准入管理中，从投资人的创意和目标设想开始，直到餐厅开张营业，企业投资人、投资主体负责人和筹建人员的工作重点都放在了企业建造、装修、开业准备等各种事务性工作上，而没有也不可能放在餐厅营业上。餐厅正式开张营业后，餐饮企业管理就必须迅速调整管理思想，即要根据餐厅开业后的实际情况、市场动向和竞争态势，提出明确的经营思想、经营理念、管理方针、发展战略和策略等，并将这些思想意识转化为员工的认识和行动，调整餐饮企业管理的工作重点，从而将注意力转到餐厅正常营业的各项管理工作中来，保证餐厅营业的正常进行。

（二）企业组织和员工管理的工作调整

餐饮企业筹备开业期间，其组织结构设计、人员配备和员工招聘、员工岗位设置与安排等，都是为餐厅开业服务的。但餐厅正式开业后，其组织结构的形式，特别是末端机构、班组设置和部分人员的岗位设置、人员安排等，可能有与餐厅开业后的实际情况和实际需要不完全符合的情况。因此，就应该及时做出必要的调整。当然，餐厅开业后的组织结构和人员调整要越少越好，要以企业管理的稳定、健康发展需要为原则，要特别注意防止"一朝天子一朝臣"，以防引起餐厅开业后的企业管理混乱。

（三）菜单和价格的适当调整

在餐饮企业市场准入管理中，其菜单设计和价格制定都是在餐厅开业前

完成的。经过开张剪彩转入正常营业后，管理人员要认真观察餐厅各种菜点的销售情况，统计分析不同种类的菜点销售结果和结构变化，分析存在的问题及其原因，然后根据顾客反映、市场实际情况和竞争需要，对那些不合理的菜单、不适合顾客要求的菜点或价格过高、过低的菜点做出适当调整，以保证餐厅开业后营销活动的顺利开展。

二、餐饮企业正常营业后的制度完善

在餐饮企业市场准入管理中，通过开业前的准备工作，特别是管理制度的准备，其主要管理制度已经基本建立起来，并在开张营业后转入正常经营的过程中得到贯彻和运用。这时，还要根据实际需要，进一步完善各种规章制度。主要包括以下几种：

（一）财务管理的制度完善

财务管理制度是企业正常营业中最重要的制度之一。在餐饮企业管理中，要通过财务管理制度的贯彻落实，监督业务活动的正常开展，要能够保证财务管理人员随时为投资人和总经理、部门经理提供企业及各部门每天运转情况的经济信息和改进经营管理的决策依据。为此，餐饮企业正常营业后，要在开业前的财务制度准备的基础上做好两个方面的制度完善：① 基建会计向经营会计转变的制度完善。餐厅开业前，其财务管理都以基建会计为主，大量账目都是企业建设、装修改造、开业准备的各种开支。餐厅开业后，财务管理要从基建会计转变为经营会计，因而必须要尽快建立和完善餐厅点菜、营业收入管理、成本费用管理、财务会计和统计等各项财务管理制度。② 定期、定时的财务统计报告与分析制度。餐饮企业正式营业后，每天都会产生各种营业收入，包括现金、转账、信用卡和应收款收入等，同时又会产生各种食品原材料成本、水电燃料等各种支出。只有通过制度贯彻，保证企业领导和投资人定期、定时掌握企业的收支变化、结构变化，才能为领导决策提供客观依据，保证企业业务发展的正确方向，也才能监督企业业务经营活动的顺利开展。

（二）业务管理的制度完善

餐饮企业经开张剪彩转入正常营业后，其日常管理以业务为主，比较集中。因此，要在餐厅开业前管理制度准备的基础上，完善其业务管理的各项制度。这些制度主要包括三个方面：① 餐厅管理的制度完善。根据餐饮企业开业后的实际情况，将开业前制定的企业劳动管理制度、员工管理制度落实到每个餐厅的员工管理中去，形成班组管理制度、劳动考勤制度、交接班制度等，以保证餐厅业务的正常、顺利和规范化开展。② 厨房管理的制度完善。厨房生产管理是餐饮企业的主要业务，因而开张营业后，也要根据厨房生产业务的实际需要，完善其具体的业务管理制度。如每日原料采购申请及审批、原料领用制度、原料采购规格的制度规定、原料加工的损耗率、出料率、成本系数规定、原料配量、烹调制作、出菜装盘规定等，都是厨房产品制作质量的重要制度保证。③ 采供管理的制度完善。采购和库房管理也是餐饮企业业务管理的重要内容。完善其业务管理制度的目的是保证原料供应，降低进价成本和库存损耗，提高资金使用效率。因此，餐厅开业后，为保证生产经营活动的正常、顺利开展，还要完善其采供管理制度，包括采购中的货源报价制度、进价管理制度，库房管理中的入库验收制度、出库管理制度、库房盘点规定、采购分析制度、原料报损规定等。总之，完善业务管理制度并认真贯彻落实是餐饮企业开张剪彩后转入正常营业管理的重要工作，也是保证餐厅业务顺利开展的重要条件。

（三）安全卫生管理的制度完善

餐饮企业开张营业后，其卫生和安全常常成为企业的生命，是餐厅能否正常营业的关键。不难设想，餐厅开业后，如果安全卫生缺乏严格的制度和规范，经常发生食品中毒、疾病传染、盗窃或其他严重安全事故，引起顾客不满或社会舆论谴责，那谁还愿意到你的餐厅用餐呢？当然也就很难保证正常营业的开展了。所以，餐厅开张营业后，不断完善其安全和卫生管理制度并认真贯彻落实也是十分重要的。其具体内容包括食品原料购入卫生检查规定、冷荤食品检验制度、餐茶用品消毒制度、预防食物中毒的制度规定、员工健康检查和个人卫生制度，以及防止盗窃、燃伤、划伤的有关制度等。要通过这些制度的完善和贯彻落实，确保餐厅开业后的业务经营能够正常、顺利和规范化地开展。

三、餐饮企业正常营业后的质量保证

餐饮企业开张剪彩后转入正常营业，并不意味着企业已经成功打入市场。企业能否在激烈的市场竞争中站稳脚跟、顺利成长，其关键还在于企业转入正常营业后是否具有很好的质量保证措施。必须完善质量管理的制度、规章、措施，确保产品质量和服务质量不断提高，这样才能赢得顾客的广泛赞扬，不断增加客源，提高餐厅上座率。这是餐饮企业转入正常营业后是否能够成功打入市场的重要标志。为此，餐饮企业正常营业后，必须加强质量管理，建立健全质量保证体系。其重点是要做好三个方面的工作：

(一) 健全和完善企业环境质量管理制度,确保消费环境质量稳定达标

餐饮企业转入正常营业后,其环境质量包括餐厅装修美化的环境布置、环境卫生、空气的新鲜程度、温度、湿度、气流控制等,是影响顾客是否愿意前来就餐的重要条件,也是餐饮质量的重要体现之一。为此,餐饮企业转入正常营业后,必须十分重视环境质量管理,确保每天、每餐都能为顾客创造和提供美观、舒适、典雅、大方、清洁、方便的消费环境,从而赢得顾客的信任。因此,企业要在开业前的制度准备的基础上,补充和完善企业的环境维护、卫生整理、餐厅美化的有关制度规定,并由厨房、餐厅认真贯彻落实,特别是各餐厅每天、每餐开餐前都要按制度要求,并根据顾客需要,搞好餐厅桌椅布局、台型摆放、花草布置、绿化盆栽养护工作,每天、每餐彻底整理好各处卫生。这样,就能创造出优良的环境质量,满足顾客对消费环境的要求,保证餐厅环境质量稳定达标。这是餐饮企业成功进入市场而能稳步前进的重要条件,也是其质量保证的重要体现之一。

(二) 坚持不懈地抓好产品质量管理,确保饭菜质量对顾客的吸引力

餐饮企业转入正常营业后,其质量好坏是以产品质量为中心的。环境卫生质量、服务操作质量如果离开了产品质量,优质服务就是一句空话,其质量保证也就成了无源之水、无本之木。因此,餐饮企业转入正常营业后,必须坚持不懈地抓好产品质量管理,牢牢把住质量关,确保饭菜质量对顾客有强大吸引力,保证餐饮企业成功打入市场而稳定发展。餐饮企业正常营业后的产品质量管理,重点要抓好四个环节的工作:一是产品原料质量保证,即每天、每次的原料采购和领用都必须符合菜单和菜品质量要求,把好原料采购、验收和领用质量关。二是加工配菜的用量标准,即每天每种产品的原料加工、切配、主料、配料和调料的盘菜用量都要事先经过加工测试,形成标准。每盘菜都按标准用料制作,才能保证质量。三是炉灶制作与装盘质量保证,即每天生产的每种产品都要按照不同菜点的质量要求和生产步骤做好炉灶烹制和装盘,保证每盘出品质量。要在厨房设立出菜质量检查制度,凡是不符合质量要求的菜点不能出菜上桌。四是菜点质量和价格的适应性保证,即餐厅正常营业后,其产品价格必须始终和产品质量、装盘分量相适应,保证质价相符,才能保证饭菜质量对顾客有吸引力。不少餐饮企业开张营业时风风火火、热热闹闹,但没过两三个月就经营不下去、生意萧条,大多是因为质价不符、味次价高、量少价高而引起顾客不满,不得不转手而退出市场。这是价值规律的必然结果,也是部分餐饮企业质量保证措施欠缺或得不到落实的重要体现,应该引起大家重视。

（三）自始至终抓好餐厅服务质量管理，确保餐厅优质服务的稳定性

餐饮企业经开张剪彩转入正常营业后，其菜点质量和餐厅服务操作质量是相辅相成的。为此，在保证菜点质量的基础上，只有同时并自始至终抓好餐厅服务质量管理，确保餐厅优质服务的稳定性，才能保证餐饮企业成功打入市场而得到稳步发展。为此，餐饮企业正常营业后，要重点抓好四项工作：一是餐厅员工服装仪容管理。餐厅特别是高中档、大中型餐厅要为员工统一设计、制作美观大方的工作制服。要区别等级、工种和岗位，每天、每餐开餐前检查员工的着装、仪容仪表，确保给顾客留下美好印象。二是每餐开餐前的准备工作，包括餐厅各处卫生整理、桌椅台型摆放、台面铺设、餐茶用品准备等，确保餐餐准备效果优良。三是开餐过程中的现场服务，即每餐都必须按照事先制定的服务程序、操作规程、质量标准为顾客提供优质服务，包括迎宾领位、餐前茶水、开单点菜、桌面服务、收款结账、送客离座等全过程的优质服务。四是餐厅员工的行为规范管理，主要包括员工的服务态度、礼节礼貌、职业道德、服务语言、劳动纪律、个人卫生等。只有通过制定行为规范，严格要求，确保员工遵守行为规范和要求，自觉、主动、热情、耐心、周到和规范化地提供现场服务，才能提高餐厅服务质量。

总之，餐饮企业正常营业后的上述三个方面的质量管理是相互联系、相互依存、互为条件、缺一不可的。其中，产品质量是根本，环境质量是依托，餐厅服务操作质量是最后体现。只有认真做好上述三个方面的质量管理，提供质量保证，才能保证餐饮企业成功进入市场，在市场经济的汪洋大海中乘风破浪、勇往直前，最终到达胜利的彼岸。

第三节　餐饮企业的市场退出管理

案例

这家大酒楼为什么退出了餐饮市场

2005 年大年初六，位于一号桥头的“府河菜根香”悄悄地关上了大门，最后一个离开的员工唐昌蓉还像往常打扫卫生一样用手在大门上擦拭了一下，确认没有灰尘，她关上了门锁……随后，这家在蓉城驰骋了数年的酒楼正式退出了餐饮市场。这天刚好是 2 月 14 日，西方传统的“情人节”。

昨日下午,记者先来到省展览馆侧面的“府河菜根香”,硕大的店招早已不知去向,二楼店堂大门紧锁,门口显眼处悬挂着“楼层招租”告示。

“你找这儿的菜根香?早就关门了。”楼下守门的大爷平静地说:“这儿正在招租,它在一号桥那儿还有个店,你到那儿去看看嘛!”

位于红星路一段一号桥头的“府河菜根香”也是大门紧闭,墙上也贴着告示寻求合作、转让。透过玻璃门看去,大厅内的摆设还是整整齐齐的,一对悬挂在门厅内的大红灯笼仿佛还隐示着曾经的热闹。

“是啊,我们的确不是做餐饮的。”昨日下午,庆玲实业负责“府河菜根香”招商的李小姐接受记者采访时称,酒楼关门并不是经营上的问题,而是现在公司在其他方面的业务比较多,在餐饮上不愿投入太大的精力,所以才把酒楼卖出去的。据她透露,一号桥酒楼的转让费在18万元,加上每月2.8万元的房租,起码要20多万才能接手这家曾经辉煌一时的酒楼。

说法一:停车不便拖垮酒楼

两年前,“府河菜根香”却是另外一番景象,人头攒动,车水马龙。在一号桥菜根香楼下卖了5年烟的曾大爷对当时的情景仍记忆犹新:“在2001—2002年间,天天都有排队等着吃饭的人,有时候连坐等的板凳都没了,只有站着等!生意好,连带着我的生意都好做!”

对于“府河菜根香”的关门,曾大爷有着自己的想法:“这里的停车条件太差了,这条街上四个餐馆都靠这栋楼背后的一个停车场,车子根本没地方停!很多人看到不好停车就走了,时间长了肯定要影响生意。”

在省展览馆“菜根香”守门的李大爷也说:“以前生意还好,就是停车不方便。院内车位不够,停在路边上又不行,这条路是单行道,行车也不方便……就这两点足以拖垮生意……”

说法二:小马拉不动大车了

一位曾供职于“府河菜根香”的人士称,在开业初期,经理一级就设了近10个职位,在鼎盛时期,两个店的厨师就有近20名,员工则近百人。如此庞大的员工队伍,与其现有的规模极不相称。

“本来‘府河菜根香’的投资者——成都庆玲实业公司的主业就不在餐饮上,酒楼的很多管理层都不是很懂餐饮,在开业初期大好的形势下,如果能进一步加强成本控制和规范管理,绝不会落到今天这样的结果……”这位销售方面的老员工动情地对记者说,当时被“胜利”冲昏头脑的管理者们,并没有冷静地面对项目后期的投入和管理。“从2002年开始,酒楼原有的菜品和客源逐渐退化,可管理者们却没在意,依旧按照原来的路子走,已经扯大了的

‘堂子’要缩小是不可能的，时间一长，小马就实在拉不动这架大车了！”

说法三：没有特色，关门是必然

对于“府河菜根香”的今天，省烹饪协会副秘书长周宁毫不吃惊：“做酒楼只是跟风而没有自己的特色，关门是必然的！”

周宁说，“府河菜根香”是庆玲实业为招待自己的客户而设立的“内部食堂”！2001 年底开设了第一家店，在餐饮品种的经营类型上，公司选择了当时风头正劲的“菜根香”，由于酒楼的铺面是自己的，菜品也很符合当时的消费潮流，很快这家店就给酒楼带来了不少甜头。随后，公司又在红星路开设了第二家店，菜品依旧定位在“菜根香”。

2003 年是“菜根香”的洗牌年，在这一年中，随着红杏、大蓉合、飘香等特色酒楼的兴起，曾经在蓉城风靡一时的“菜根香”们死伤过半，“府河菜根香”也不例外遭到重创。

（资料来源：《天府早报》，2005 年 3 月 3 日。）

点评

“府河菜根香”退出餐饮市场有四种说法：一是庆玲实业李小姐的餐饮企业经营战略转移说法；二是李大爷和曾大爷有关停车位不足的看法；三是原供职人士认为成本太高、经营不善的评价；四是省烹饪协会副秘书长周宁认为的创新不够、酒楼没有特色的分析。不论是哪种原因，或者以哪种原因为主，或者多种原因相互作用，最终的结局是投资者选择了退出餐饮市场，并且是一种相对理性和主动的行为。这一点，应该为准备进入和已经进入餐饮业的投资者提供一种决策思路。在市场经济条件下，餐饮企业进入市场后并不一定都能成功。如果正常营业，继续前进和发展，然后开分店，发展餐饮企业集团当然是最理想的。但因各种原因，不得已而退出市场也是客观存在的。为此，本节主要探讨餐饮企业的市场退出管理。这是有关餐饮企业管理的各种书籍中几乎没有涉及的问题，对餐饮企业投资人和投资主体来说，大多不愿退出。但不怕一万，就怕万一。不妨让我们一起来探讨其可能遇到的问题和方法吧，这对减少投资人的经济损失无疑是十分重要的。

一、餐饮企业市场退出的几种形式和原因分析

（一）餐饮企业市场退出的形式

餐饮企业的市场退出是针对开业后的正常营业、继续发展而言的。对餐饮企业的投资人和投资主体来说，大多不愿退出。其退出形式和退出原因密切相关，主要有以下几种，见图 10-1。

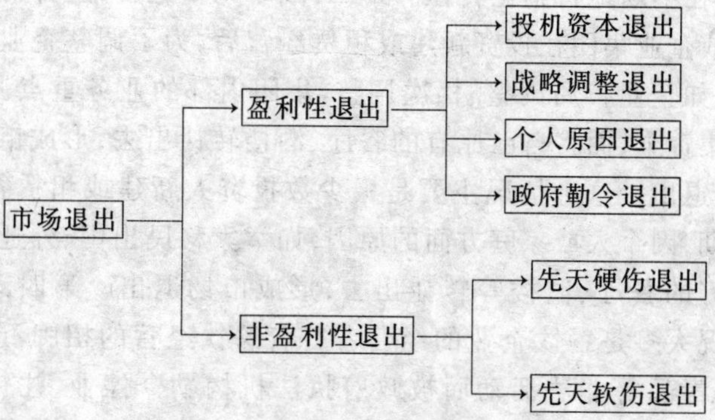

图 10-1　餐饮企业市场退出形式

（二）餐饮企业市场退出的原因分析

餐饮企业的市场退出主要表现为投资人或投资主体不再经营自己的餐厅，将企业的经营权转让给他人。随着我国市场经济的深入发展、全面建设小康社会目标的逐步实现和人民群众生活水平的迅速提高，在全国各地每天都有雄心勃勃的投资者准备进入餐饮这个既古老又朝阳的产业。行业永远存在并不意味着经营者的企业永远存在。所以，“没有失败的行业，只有失败的企业”，在餐饮业中是普遍存在的。事实上，和其他行业相比，餐饮行业的残酷可谓有过之而无不及。所谓“只听新人笑，未见旧人哭”。北京市每天都有众多新店开张，每天也有众多老店关门大吉；食客们越来越喜新厌旧，胃口也越来越刁，过了新鲜劲儿，不管你换大厨、打折还是买 100 送 100，费尽心机也难保不会有一天门庭冷落。所以，有进入餐饮业的考虑，就同时应有退出战略的考虑。

退出战略是餐饮企业开始创业之时需要考虑的重要问题之一，因为它能够让你心中清楚自己的创业有一个怎样的终点和底线，让你明确自己努力的焦点。另外，它还使你在和你的团队以及投资者沟通的时候能够清晰地解释自己的目标和期望。餐饮企业退出市场的原因主要有两种类型：一是盈利性

退出，二是非盈利性退出。说明如下：

(1) 盈利性退出。它是指餐饮企业进入市场后，在一定时期内，企业经营效果良好，处于盈利状态而出现的市场退出。其原因又有多种：第一，投机资本退出。这种情况大多是，一些既有资金实力或筹资能力又有投资意识和经验的人，从一开始投资新建或租赁餐饮企业的目的就不是为了自己长期从事这一行业，而是为了转让投机，谋取利润。所以，他们总是在不同的地点投资餐饮企业，又在不断地将企业转让。第二，战略调整退出，这种情况大多是一些大型企业或企业集团在投资新建或租赁经营后，为了调整企业或企业集团的经营战略，如企业布局调整、档次调整、集团内部的业务重点调整，甚至是为了临时筹集资金，而将自己原有的餐厅、酒楼转让出去，形成市场退出。第三，个人原因退出。这种情况主要是极少数投资人新建或租赁餐饮企业后，经过一定时期，因个人或家庭方面的原因，如举家移民出国、外迁、欠债等，将自己经营良好的餐厅、酒楼等转让出去，形成市场退出。第四，政府勒令退出。这种情况大多是餐饮企业的经营者打着餐饮经营的招牌，严重违法，从事色情、走私毒品等非法活动而被政府执法机构勒令停业，注销营业执照。也有的是因其他法律方面的原因而被政府勒令退出。因这种原因而退出市场的餐饮企业极少。

(2) 非盈利性退出。它是指餐饮企业进入市场后，经过一定时期，因经营不善、处于亏损状态，不得不将餐厅转让出去而退出市场，以便将损失降到最低。造成企业不能盈利、处于亏损状态的原因主要有两种：一是先天硬伤原因，即企业在筹建、租赁改造过程中，因各种原因而先天不足，如餐厅选址错误、交通阻塞、无停车条件、企业内部规划建设严重失误而很难改变等。由于先天硬伤严重，必然影响经营管理，造成企业亏损，在先期投资还没有收回前又需大量投资，因而不得不退出餐饮市场。二是后天软伤退出，即餐厅开业后，经营管理发生严重差错，用人失误，制度不严，管理混乱，质量太差，使餐饮企业很快陷入恶性循环，出现严重亏损，因而退出市场，将企业转让出去。

二、餐饮企业市场退出的工作步骤

对餐饮企业的投资人和投资主体来说，其市场退出就是要将自己的企业转让给他人。不管是经营权的转让还是经营权连同所有权的同时转让，寻找合适的商机即接收人，都是十分重要的。根据餐饮企业市场退出的实际情况，其工作步骤和工作内容大致分为三个方面。

（一）要找到比较合适的接收人或接收单位

餐饮企业的市场退出，除极少数投机资本退出和大型企业或集团企业的战略调整外，绝大多数企业都是不得已而为之。因而，要想较为满意地退出，减少经济损失，就要尽快找到比较合适的接收人或接收单位。一般来说，企业可以采用在餐厅门前张贴广告、登报和电台广播等形式，向社会公布餐厅转让信息。然后，与有意投资的接收人或接收单位接触，寻找商机。所谓合适的接收人或接收单位一般应具备三个条件：一是真心想要经营一家餐厅或酒楼，而不是观望等待。所以，大多应以外省市或异地的企业而又想在本地投资的个人或单位为主。二是对你的餐厅酒楼所在的地点、规模、档次比较满意，真心想在这一区域投资的单位或个人。三是对你的报价和还价，双方有可协商的条件或余地。

（二）要提前做好市场退出的底价掌握，合理报价

餐饮企业的市场退出是否能够尽快完成，在很大程度上取决于退出企业的市场价值。如果退出企业的位置优越，装修很好，又处于盈利状态，其报价必然较高。但对接收者来说，他们当然希望以较低的价格成交。因此，对退出企业来说，就要提前做好市场退出的底价掌握。所谓底价，是指转让时的最低价，其价值主要包括三个部分：一是房产价值或房租。前者是指将餐饮企业的房屋所有权一起转让。价值受房屋本身的地理位置、交通状况、建筑面积、房产质量等多种因素的影响，价值量较高，属于房地产买卖。在餐饮企业市场退出中，这种情况比较少见。后者是指房屋租金。其价值大小也受企业的地理位置、交通条件、建筑面积、装修质量等多种因素的影响。对那些多次转手的餐饮企业来说，其房租必须以产权所有人在合同中的原定或新定价值为依据，要尽量避免二房东、三房东的随意抬价。房租价值一般按每天每平方米计算，如北京地区最低的餐厅房租为每天1—1.5元/平方米，最高的房租可达每天40—60元/平方米，差别极大，其底价掌握并不容易。二是餐饮企业的装修价值，即所谓的转让费。这部分价值主要包括原投资人的餐厅装修改造费用、筹备开业费用、设备物资费用等。具体项目很多，也很难有一个统一的计算标准。转让费用的底价主要由原投资人掌握，但报价肯定高于底价。接收人或接收单位要尽可能做到心中有数。三是餐饮企业的潜在价值，即企业如果继续经营，在合同期内的价值高低。一般来说，盈利性市场退出，原投资人对这部分价值的估价较高；非盈利性即亏损性退出，这部分价值的估价较低。但在实际工作中，退出单位是将这部分价值连同上面的装修价值一起算在企业转让费用中的，并不将潜在价值单独报价。所以，餐饮企业市

场退出的底价掌握和实际成交价之间往往有很大的差距，也难以通过逐项计算来确定底价或成交价。因此，合理报价就比较重要了。

（三）抓住商机谈判成交，退出市场

在掌握餐饮企业市场退出底价，找到比较合适的接收人或接收单位的基础上，准备退出的餐饮企业要抓住商机，同有意接收的单位人员多方接触，通过谈判签订转让合同而退出餐饮市场。这时的关键是合同成交价格的高低。在谈判过程中，重点要注意三个问题：一是要尽可能让餐饮企业处于良好经营状态。不管是盈利性退出还是非盈利性退出，餐饮企业的经营者都要保持良好心态，要让企业处于良好经营状况，防止让接收单位人员感到企业是因为严重亏损、走投无路才转让的。否则，接收单位会刻意压低价格，增加谈判的难度。二是要以诚相待，分析了解接收单位的诚意。既要向接收单位人员实事求是地介绍企业转让的原因、情况，说明报价的依据，又要带领接收单位的人员进行实地考察，介绍企业内部设施设备、周围环境等情况，尽可能了解接收单位的诚意，取得他们的信任。三是互惠互利，尽可能力争“双赢”。餐饮企业的市场退出大多是万不得已的事情，所以，报价不宜太高，要考虑到接收单位如果签约，也要有利可图。所以，谈判过程中态度要诚恳，价格要力争，通过讨价还价，适可而止。要尽可能做到互惠互利、力争双赢，同时又要使双方均感到能够接受。随后，即可签订转让合同，从而达到市场退出的结果。

三、餐饮企业市场退出的手续办理

在法制比较健全的市场经济条件下，企业的市场进入和市场退出都不是随意的，它必须办理相应的手续。我国餐饮企业大多属于有限责任公司，企业进入市场时，必须按有限责任公司性质和要求办理设立、工商注册、税务登记等手续。企业退出市场，也必须按同样性质的企业要求办理注销登记手续。其基本方法是：

（一）办理注销登记申请

餐饮企业要想退出市场，首先要指定相关人员负责有关手续办理，并填写《企业指定（委托）书》。经当地原注册登记的工商部门同意后，再填写《企业备案核准通知书》和《企业注销登记申请书》，其目的是明确经办人员，提出注销企业退出市场的申请报告，以便工商行政管理部门批准注销，完成注销登记手续。

（二）股东会议做出企业清算报告

餐饮企业的市场退出，必须正确处理股东之间的利益关系。因此，在企业转让谈判、签订转让合同和填写《企业注销登记申请书》的基础上，企业必须召开股东会议，向股东公告企业的财务收支情况、资产状况、转让资金即价格的谈判结果、现有资产分配办法、债权债务的处理情况等。总之，在餐饮企业正式退出市场前，经股东会议审议，企业清算报告必须载明下列事项，并由股东逐一签名，然后报工商注销登记机关核准。清算报告应载明的内容是：

（1）债权债务已清理完毕。即餐饮企业在退出市场时，对外、对内都不存在任何债务，也无债权，完成了债权债务的清理工作。

（2）各种税款与员工工资已经结清。即企业逐年和近期应缴纳的营业税、所得税和员工工资、奖金等，均已支付完毕，没有任何拖欠，以防止企业给社会安定留下后遗症。

（3）企业剩余财产已按企业章程规定的出股比例进行分割或分配。即企业财产经过清理，债权债务和税款工资处理完毕后的剩余财产，实际上绝大多数都表现为餐饮企业的剩余利润和转让费用，包括现金和银行存款等，都已按照股东的出资比例进行分割或分配，股东之间今后不会存在财产分配纠纷。

（4）企业注销报告已经公开告示。餐饮企业要退出市场，在办理注销登记中，一般由工商登记部门指定一家当地报纸，由企业在报上连续三次刊登企业注销报告，向社会公示。之后，工商部门才能批准注销。注销报告一般要在指定的省级以上报上登出三次，并超过一个月后，才能进一步办理注销手续。

（三）完成企业市场退出的手续办理

餐饮企业在完成清算报告和注销报告公示的基础上，由指定办理人员带上上述文件和企业法人营业执照正副本，即可先后到工商行政机关、税务登记机关、卫生管理部门办理企业注销手续和银行存款取出的手续，从而合法退出市场。其中，税务机关还要检查企业纳税情况，在确定没有欠税或偷税漏税的情况下，才能合法退出市场。

主要参考书目

1. 蔡万坤等:《中国旅游企业管理大全》,北京:经济管理出版社 1992 年版。

2. 华牧:《经典管理寓言全集》,北京:企业管理出版社 2004 年版。

3. 孙兆兰、蔡万坤:《山东贵都大酒店管理模式与规范》,北京:经济管理出版社 1999 年版。

4. 赵白标:《现代餐饮业实务全书》,北京:中国国际文化出版公司 1996 年版。

5. 罗锐韧:《哈佛管理全集》,北京:企业管理出版社 1997 年版。

6. 邹益民、周亚庆:《饭店管理——理论方法与案例》,北京:高等教育出版社 2004 年版。

7. 胡志强:《总经理》,成都:四川大学出版社 2004 年版。

8. 何民慧:《餐馆赚钱之道》,广州:广州出版社 2002 年版。

9. 黄浏英等:《餐饮品牌营销》,沈阳:辽宁科学技术出版社 2003 年版。

10. 环球阳光顾问:《中层经理手册》,哈尔滨:哈尔滨出版社 2004 年版。

11. 蔡万坤:《新编现代酒店管理学》,广州:广东旅游出版社 2004 年版。

12. 郭敏文:《餐饮部的运行与管理》,北京:旅游教育出版社 2001 年版。

13. 蔡万坤:《中国饭店业务实用经典全书》,北京:中国经济出版社。